WHITE

백악관 주식회사

HOUSE

INC.

# LEADERSHIP LESSONS OF THE WHITE HOUSE FELLOWS

# WHITE
## 백악관 주식회사
# HOUSE

찰스 가르시아 지음 · 이영래 옮김

# INC.

황소북스

"WHF의 리더십 교훈은 이 프로그램에 참여했던 젊은 미국인과 그들의 흥미롭고 재미있는 이야기를 상세히 전해준다." — 일레인 L. 차오
(미국 노동부 장관, 유나이티드 웨이 오브 아메리카 CEO, 평화봉사단 단장)

"WHF로서 배웠던 교훈은 내 리더십 원칙의 기반이 되었고 나의 경력 전체에 큰 영향을 주었다. 가르시아는 설득력과 통찰력을 갖춘 이 책을 통해 독자들이 직접 자신의 삶에 이 같은 교훈을 적용할 수 있게 해준다." — 마셜 카터
(스테이트 스트리트 뱅크 앤드 트러스트 회장 겸 CEO,
하버드 대학 존 F. 케네디 행정대학원 선임 연구원)

"많은 미국 최고 지도자들의 삶을 형성한 그리고 지금도 우리의 미래에 필요한 인재를 배출하고 있는 비범한 프로그램에 대해 이야기하는 주목할 만한 책이다." — 클레이튼 M. 크리스텐센
(하버드 경영대학원 교수, 《Innovator's Prescription》, 《Disrupting Class》,
《The Innovator's Dilemma》의 저자)

"가르시아는 이 책을 씀으로써 미국 사회에 엄청난 기여를 했다. 다음 세대의 지도자를 훈련시키는 데 WHF 프로그램보다 나은 토대는 없다."

– 마이런 E. 얼먼 3세

(J. C. 페니 회장 겸 CEO, 전미소매연맹 회장)


"찰스 가르시아의 책은 사회를 위해 헌신한 미국인들의 이야기를 전하고 그들이 '어떻게' 유능한 봉사자가 될 수 있었는지 설명한다. 이 책을 통해 배움과 즐거움, 영감을 얻기 바란다."

– 버나드 뢰프케

(육군 소장, 전 남부사령부 사령관)


"WHF는 그 프로그램에 참여하는 행운을 얻은 모든 사람에게 삶과 커리어의 토대가 되었다. 이 책은 여러분에게 WHF 프로그램의 내용과 방법을 파악하고 미래를 위한 리더십 교훈의 정수를 공유할 수 있게 해준다."

– 킨니 젤리슨

(《Microtrends: The Small Forces Behind Tomorrow's Big Changes》의 공저자)

"리더십 개발에 관심이 있는 사람이라면 꼭 읽어야 할 책이다." - 개리 캐러더스
(뉴멕시코 주지사, 뉴멕시코 대학 부총장 겸 학장)


"리더십에 대한 WHF들의 재미있는 이야기로 만들어진 훌륭한 책이다."
- 수전 스타우트버그
(파트너컴 사장, 여성 기업 경영인과 벨리지언 그로브 공동 창립자)


"명료하고 솔직한 이 책을 통해 찰스 가르시아는 국가와 공동체를 위해 봉사하는 성공한 지도자들의 비밀을 공유한다. 이로써 모든 이들이 봉사와 리더십의 영감을 얻을 수 있게 되었다."
- 자미 플로이드
(코트 TV 앵커)


"영감을 불러일으키는 사려 깊고 재미있는 책! 이 야심찬 저서는 리더십이 무엇을 요구하는지 알고자 하는 모든 사람에게 귀중한 재산이 될 것이다."
- 다이앤 위
(뉴욕 대학 총장, 대통령 수석 보좌관, WHF 재단/협회 전임 대표)

"지도자와 리더십에 대해 이야기하는 훌륭한 책이다."  — 앤 E. 롱도
(해군 중장, 미 해군 역사상 최고위직에 오른 여성)


"WHF는 서로에게서 배우고 서로를 돕는 기회를 통해 어제와 오늘과 미래의 나에게 진정한 의미를 부여한 특별하고 잊을 수 없는 프로그램이었다."
— 조지 H. 하일마이어
(박사, 2005년 교토상 수상, 텔레코디아 테크놀로지 명예회장)


"가르시아의 이 책은 현재와 미래를 위해 국가 리더십의 핵심 집단을 만드는 데 WHF 프로그램이 거둔 성공을 조명한다."  — 다나 G. 미드
(테네코 회장 겸 CEO, 비즈니스 라운드테이블 회장, MIT 코퍼레이션 회장)


"이 책은 가르침과 영감을 전하는 계몽적인 리더십 교훈으로 가득하다."
— 로저 B. 포터
(하버드 대학 경영/행정학 IBM 교수)

# WHITE HOUSE FELLOWS
## Leadership & Public Service

CONTENTS

WHITE HOUSE FELLOWS
*Leadership & Public Service*

# 백악관으로 가는 문을 열다

## 위대한 지도자를 꿈꾸는
## 사람을 위한 귀중한 지침서

미국 최고 지도자를 만나기 위해 위엄에 눌린 채 처음으로 대통령 집무실에 들어서는 젊은 흑인을 상상해보라. 때는 1965년, 그 젊은이는 백악관 펠로십(White House Fellowship, 이하 WHF: 경우에 따라서는 White House Fellows도 문맥상 WHF로 표기한다-옮긴이)라고 불리는 1년 과정의 혁신적인 리더십 개발 프로그램에 선발된 론 리(Ron Lee)였다.

린든 존슨(Lyndon Johnson) 대통령은 리와 악수를 하고 자리에 앉으라고 권한 뒤 워싱턴에서 펠로십에 참여하는 한 해 동안 누구와 함께 일하고 싶은지 물었다. 리는 일초의 망설임도 없이 대답했다. 래리 오브라이언(Larry O'Brien)과 일하고 싶다고 말이다. 민주당의 전설적인 인물 오브라이언은 1950년대 두 차례에 걸친 존 F. 케네디의 매사추세츠 상원의원 경선과 1960년 대통령 선거를 성공으로 이끈 조직 기술의 천재였다. 1964년 대통령 선거에서도 린든 존슨이 압도적 승리를 거두는 데 결정적인 역할을 하고 미국에서 인종 불평등과 가난을 없애기 위해 만든 '위대한 사회(Great Society)' 법안을 기획했다. 워싱턴에 있는 사람이라면 누구나 오브라이언의 영향력에 대해 잘 알고 있었다. 리는 '위대한 사회' 법안이 당시 미국에서 가장 중요한 일이라고 믿었기 때문에 오브라이언보다 뛰어난 멘토를 만난다는 것은 상상조차 할 수 없었다.

리의 대답을 들은 대통령은 전화기를 들고 오브라이언을 집무실로 호출했다. 그때부터 론 리의 인생 궤도는 완전히 바뀌었다. 다정하고 뛰어난 멘토 오브라이언의 가르침을 받으며 단 3년 만에 미국 정부에서 가장 고위직으로 일하는 흑인 중 한 사람이 되었다.

한편 리의 동기생 토미 존슨(Tommy Johnson)은 사회경제적 혜택과 거리가 멀었던 24세의 조지아 주 출신 수습 기자였다. 그의 가장 큰 꿈은 WHF 기간 동안 백악관 공보 비서관 빌 모이어즈(Bill Moyers) 곁에서 일하는 것이었다. 놀랍게도 그의 꿈이 이루어졌다. 모이어즈 같은 뛰어난 멘토의 지도 아래 존슨은 강한 자신감과 엄청난 전문 지식을 얻을 수 있었다. 훗날 린든 존슨 대통령의 자서전 집필을 돕고 자기 분야에서 최정상에 올라 〈LA 타임스〉 발행인, CNN 사장 등을 역임했다. 하지만 자신의 일에 너무 빠져드는 바람에 가정불화를 겪고 심각한 우울증에 시달리기도 했다.

이 책에는 존슨이 지난날의 WHF를 통해 배운 교훈을 밑거름으로 그런 난관을 어떻게 극복했는지 자세히 소개하고 있다. 그의 경험은 가족을 희생하지 않고 위대한 지도자가 되고자 하는 모든 사람에게 귀중한 지침이 될 것이다.

WHF 중 아마도 가장 눈에 띄는 사람은 콜린 파월(Colin Powell)일 것이다. 파월의 멘토는 닉슨 대통령의 인사 책임자이자 예산관리처 처장이었던 프레드 말렉(Fred Malek)이었다. 파월은 이 리더십 프로그램을 경력의 전환점으로 삼아 국가 안보 보좌관, 합동참모총장, 국방장관을 역임했다.

루이스 오닐(Louis O'Neill)은 2005년 당시 국방장관이던 파월의 러시아 담당 특별 보좌관으로 WHF 프로그램에 참여했다. 스탠퍼드 대학의 사이클링 팀 주장이기도 했던 오닐은 주말에는 주로 조지 W. 부시 대통령과 산악자전거를 타며 시간을 보냈다. 펠로십을 마치자마자 1년 만에 미국에서 가장 젊은 대사 중 한 명이 되어 몰도바에 사절단으로 파견되었고 이후에는 버락 오바마 상원의원의 대통령 선거 캠페인 본부장으로 일했다. 세계에서 가장 영향력 있는 지도자들과 함께 일하며 얻은 식견과 콜린 파월의 전설적인 팀 빌딩(team-building) 기술을 통해 오닐은 자신은 물론 사람들로부터도 최선을 이끌어낼 수 있었다.

WHF 프로그램의 경험을 바탕으로 미국 사회에서 걸출한 지도자로 성장한 사람은 비단 이들뿐만이 아니다. 이 책에는 WHF 프로그램을 통해 배운 지혜와 뛰어난 리더십 기술이 망라되어 있다. 좀 더 유능한 지도자가 되고자 하는 여러분에게 그들의 이야기는 큰 깨우침으로 다가올 것이다.

## 인생을 바꾸는 기회의 문, WHF 프로그램

이 책은 WHF를 수료한 220명에 대한 인터뷰를 토대로 만들어졌다. 중요한 것은 나 또한 이곳 출신이라는 점이다. 내가 WHF 프로그램에 참여한 것은 23세 때 〈비즈니스 위크〉에서 WHF의 모집 광고를 보고 호기심이 생겼기 때문이다. 대책 없는 낙천주의 덕분에 나는 그 프로그램에 대한 정보를 요청할 수 있었다. 하지만 이윽고 도착한 브로슈어의 뒷면에 있는 펠로들의 배경과 경력을 읽고 나자 나의 낙천주의는 산산조각 나고 말았다. 내가 WHF에 지원할 수 있는 길은 없는 것 같았다. 나와는 완전히 다른 세상이었던 것이다. 나는 브로슈어를 옆으로 치워두었다. 하지만 WHF에 대한 꿈을 멈출 수는 없었다.

몇 년 후, 나는 파나마에 있는 미국 남부사령부 사령관 존 갤빈(John Galvin) 장군 휘하에서 일하게 되었다. 장군은 나에게 라틴아메리카에서 영향력을 구축하려는 쿠바의 전략에 대해 깊이 있는 분석 보고서를 쓰라고 지시했다. 1년에 걸쳐 그 지역을 여행하며 자료와 증거를 수집하는 광범위한 연구 끝에 나는 200페이지짜리 보고서를 완성했다.

갤빈 장군은 〈U. S. 뉴스 앤드 월드 리포트〉의 소유주이자 편집인인 자신의 친구 모트 주커먼(Mort Zuckerman)에게 이 보고서의 축약본을 건넸다. 주커먼은 보고서에 대해 더 많은 것을 알고 싶어 했다. 파나마로 우리를 찾아온 그에게 나는 보고서의 결론을 강조하는 슬라이드 프레젠테이션을 하게 되었다. 이후 주커먼은 〈U. S. 뉴스 앤드 월드 리포트〉에 '마약, 테러, 정치: 치명적인 새 동맹(Drugs, Terror and Poliltics: The Deadly New Alliance)'이라는 제목의 커버스토리로 내 연구의 개요를 실었다. 당시 보스턴 지역에서 WHF 프로그램의 최종 후보자를 선발하는 지역 패널의 일원이었던 주커먼은 나에게 그 프로그램에 지원하라고 제안했다. 그리고 친절하게도 내 연구 보고서를 자신의 잡지에 게재한 것을 강조하는 추천서를 써주기까지 했다. 덧붙여 갤빈 장군은 자기 휘하에 있는 두 명의 전직 펠로 버나드 뢰프케(Bernard Loeffke) 소장과 잭 르카이어(Jack LeCuyer) 대령에게 나를 소개해주었다.

나는 즉시 뢰프케 장군의 사무실로 전화를 걸어 그의 부관과 이야기를 나누었다. 부관은 장군이 다음 날 나를 도와줄지 결정할 것이라고 말했다. 하지만 내가 새벽 5시에 그의 부대와 함께 M14 소총을 메고 2마일(3.2킬로미터) 구보에 참석해야 한다는 전제를 달았다.

뢰프케 장군은 웨스트포인트를 졸업하고 엔지니어링 분야에서 학사 학위를, 러시아어로 석사 학위를, 정치학으로 박사 학위를 받은 인재였다. 게다가 러시아어, 중국어, 프랑스어, 스페인어, 포르투갈어를 유창하게 구사했다. WHF 시절에는 헨리 키신저의 국가안전보장회의 스태프로 일했고 1970년대 중반에는 중화인민공화국에 대한 군사 작전을 책임졌으며 이후 브레즈네프(Brezhnev) 시대의 소비에트연방에서 미국 대사관부 육군 무관의 자리를 역임했다. 베트남 전쟁 때는 82공수사단에서 낙하산 부대의 고문 역할을 맡으며 2개의 퍼플 하트 훈장(Purple Heart: 전투 중 부상을 입은 군인에게 주는 훈장-옮긴이), 4개의 은성 무공훈장, 5개의 동성 무공훈장을 받았다. 이후 노스캐롤라이나 포트브래그의 18공수군단 군단장으로 복무했다. 운동에도 뛰어나 웨스트포인트 시절에는 수영 챔피언이었으며 러시아에서 개최한 군 10종 경기에 참가하고 중화인민공화국에서는 풀코스 마라톤을 완주했다.

나는 여러 가지 생각을 하며 그날 밤을 지새웠다. 내가 과연 이런 사람을 따라잡을 수 있을까?

나는 용케도 그 구보를 해냈다. 힘들기는 했지만 재미있는 한 시간이었다. 그리고 다음 날 사무실에서 장군을 만났다. 그와의 만남은 대단히 성공적이었다. 뢰프케 장군은 영감을 불러일으키는 사람인 데다 나 같은 젊은 장교의 멘토가 되는 것을 무척 즐기는 듯했다. 그는 나와 한 시간가량 이야기를 나누며 WHF 지원 과정과 프로그램의 장단점, 무엇을 기대하고 어떤 것을 기대하면 안 되는지, 내가 지역과 국가 패널들을 만나는 데까지 진출한다면 인터뷰 프로세스에 어떻게 접근하는 것이 최선인지를 상세히 설명해주었다.

모든 이들의 격려와 나에 대한 믿음에 고무된 나는 마침내 WHF에 지원해 끝이 없을 것만 같은 혹독한 테스트와 인터뷰 끝에 27세 때 WHF로 선발되었다. 그리고 로널드 레이건 대통령 행정부와 조지 H. W. 부시 행정부의 전환기 동안 펠로로서 일하기 위해 워싱턴으로 향했다.

나의 어머니는 공립학교 7학년 과학 교사로 22년 동안 일했다. 어머니는 일찍이 국가의 주요 사회 문제를 해결하려면 교육 시스템을 개혁해야 한다는 생각을 나에게 심어주셨다. 당시 교육부 장관 윌리엄 베넷(William Bennett)은 학생들의 학력을 끌어올리는 데 엄청난 노력을 기울인 정력적인 교육 개혁가였다. 그 때문에 나는 베넷과 일하는 것이 나에게 적절한 임무라고 생각했다. 나의 바람이 이루어지기는 했지만 불행히도 내가 워싱턴에 도착하기 직전 베넷은 저술 활동과 대학에서의 강의를 위해 장관직을 사임했다. 나는 국무부로 재배치되었다. 그곳에서 국무부 차관 존 화이트헤드(John Whitehead)의 지도를 받으며 마약 밀수의 흐름을 막는 세계 전략에 관한 업무를 맡았다.

화이트헤드는 골드만 삭스(Goldman Sachs)의 회장을 역임한 훌륭한 멘토이자 뛰어난 지도자였다. 조지 H. W. 부시 대통령은 1989년 1월 백악관에 입성한 뒤 윌리엄 베넷을 훗날 '드러그 차르(drug czar: 마약 단속 총책)'라는 명칭으로 더 유명해진 마약정책국(National Office of Drug Control Policy) 초대 국장으로 지명했다. 베넷이 23개의 연방 기구를 통합해 '마약과의 전쟁'을 벌이는 책임을 맡자 나는 즉시 그 일에 자원했다.

'마약과의 전쟁'에 대한 내 나름의 견해로 무장한 나는 베넷과 인터뷰를 했다. 사무실로 들어서자 그는 내가 제출한 자료는 거들떠보지도 않고 나를 머리끝에서 발끝까지 훑어보더니 이렇게 말했다.

"찰리, 자네는 잘 뛸 것같이 생겼군. 재주가 좀 있나?"

"네?"

나는 어리둥절해서 반문했다.

"풋볼 말일세."

베넷이 씩 웃으며 말을 이었다.

"매주 일요일마다 게임을 하거든. 이번 주말엔 잭 켐프(Jack Kemp)의 팀하고 경기를 할 건데 와이드 리시버가 필요해. 뛸 텐가, 말 텐가?"

정신을 차린 나는 대답했다.

"저는 이제 국장님 팀 선수입니다. 최선을 다해 뛰겠습니다."

이렇게 나는 베넷 밑에서 새로운 WHF 생활을 하게 되었다. 베넷은 1989년 미국의 수도까지 스며든(심지어 주지사까지도 기소되었다) 마약 문화와 폭력 문제를 다루는 특별 프로그램을 고안했을 뿐 아니라 수요 감소와 공급 감소 조치를 균형 있게 조절한 최초의 전(全) 국가적 전략을 추진했다. 나는 지금도 그 임무에 일조했다는 데 자부심을 느끼고 있다. 무엇보다 WHF로서의 경험이 내 인생을 바꾸고 나에게 엄청난 기회의 문을 열어주었기 때문이다.


## 열정과 지식으로 가득 찬 자유로운 사회를 꿈꾸며

누군가 나 자신이 가장 읽고 싶은 책을 써야 한다는 말을 내게 해준 적이 있다. 그리고 그 결과물이 바로 이 책이다. 나는 수많은 펠로가 그들의 많은 멘토로부터 배운 리더십 교훈, 즉 미국 사회에서 가장 중요한 지도자의 자리를 맡는 데 토대가 된 교훈을 독자와 공유했으면 하는 바람을 가지고 있었다. WHF로 일한 경험이 있는 나는 그 프로그램이 '정보의 금광'이라는 것을 너무나 잘 알고 있다. 하지만 훌륭한 지도자가 되고자 하는 사람들에게 도움이 되도록 그 정보를 효과적으로 다루고 기록하는 방법을 모색하는 것은 쉬운 일이 아니었다.

나는 우선 나의 동기이자 WHF 재단과 협회의 이사직을 맡고 있는 잭 르카이어에게 도움을 청해 전임 펠로들을 찾기 시작했다. 잭은 가장 최근에 업데이트된 정보를 제공해주었을 뿐만 아니라 나의 프로젝트에 참여하도록 많은 동문들에게 연락을 취했다. 또한 현재 WHF 프로그램의 책임자로 있는 자넷 아이젠스타트(Janet Eissenstat)의 도움도 많이 받았다.

나는 먼저 펠로들에게 의뢰할 질문 목록을 만들었다. 질문지는 8개의 문항으로 구성되었다. 가장 먼저 WHF 멘토의 이름과 그의 '리더십 원칙'에 대해 질문하고 그에게서 배운 가장 심오한 교훈은 무엇인지 자세히 이야기해달라고 청했다. 또한 지도자들이 가져야 할 자질 중에서 중요하게 여기는 것이 무엇인지는 물론 자신을 따르도록 사람들을 자극하는 데 사용하는 특유의 기법이 있다면 설명해달라고 요구했다. 그들이 직면했던 가장 힘든 리더십 관련 경험을 이야기하고, 그것을 어떻게 해결했으며 그 과정을 통해 무엇을 배웠는지 말해달라는 질문도 있었다. 나는 이메일로 각 펠로들에게 인터뷰 가능한 날짜와 시간을 알려달라는 요청과 함께 질문지를 보냈다. 오래지 않아 헤아릴 수 없이 소중한 일화로 가득 찬 답변이 돌아오기 시작했다.

한편, 나는 WHF 프로그램의 역사를 종합하기 시작했다. 린든 존슨 대통령이 1964년 WHF 프로그램을 만든 이유를 밝혀내고 싶었기 때문이다. 첫 5년 동안 이 프로그램을 운영한 WHF의 창립 책임자 톰 카(Tom Carr)로부터 귀중한 관련 자료를 확보할 수 있었다. 나는 또한 프로그램의 시작 단계를 밝혀줄 자료와 기록을 찾기 위해 국회 도서관과 린든 존슨 대통령 도서관을 뒤졌다. 그 결과 린든 존슨 대통령과 영부인이 젊은이들로 하여금 최고위 행정부에서 일할 기회를 주는 것에 엄청난 관심을 갖고 있었다는 사실을 밝혀주는 서류와 녹음 기록을 찾을 수 있었다. 실제로 민주당의 존슨 대통령 부처는 공화당의 친구 존 가드너(John Gardner)와 함께 40년 이상 신뢰와 동료애, 협력의 다리 역할을 지속해온 이 초당파적 프로그램 개발에 적극적으로 참여했다.

이 책을 쓰면서 즐거웠던 부분은 200명 이상의 전임 WHF를 개인적으로 인터뷰한 것이었다. 그 결과물이 린든 존슨 대통령부터 조지 W. 부시 대통령에 이르는 모든 대통령의 행정부에 대한 재미있는 이야기와 지혜로 가득 찬 5000페이지 분량의 노트였다. 내가 수집한 각각의 이야기는 모두가 영감을 불러일으키는 한 가지 공통점을 갖고 있었다. 인터뷰 상대들은 펠로십 이후의 직업과 사생활에서 체득한 교훈도 알려주었다. 모두가 비즈니스, 금융, 미디어, 군, 신앙 공동체, 정부, 법률, 예술, 교육, 비영리 부문 등 매우 다양한 분야에서 일하기 때문에 그들의 이야기 또한 아주 다양할 수밖에 없었다.

정말 아쉬운 점이 있다면 지면의 제약 때문에 그 모든 리더십 교훈을 이 책에 싣지 못했다는 것이다. 사실 이 책에 소개한 이야기는 내가 인터뷰한 귀중한 일화 중 절반에 불과하다. 리더십 프로그램을 강화하는 데 일조하기 위해 나는 이 책의 판매 인세를 모두 WHF 재단에 기부하기로 했다. 그것은 당연한 일이다. 이 책은 내가 인터뷰한 모든 WHF에 의해 쓰여진 것이기 때문이다.

골프에 대한 책을 읽기만 해서는 누구도 세계적인 골프 선수가 될 수 없다. 리더십도 마찬가지이다. 성공한 지도자는 실천과 인내, 멘토의 적절한 지도를 통해 가장 효과적으로 리더십 기술을 개발한 사람들이다. 나는 리더십에 대한 이러한 교훈을 배우는 것이 더 나은 지도자가 되는 데 도움이 된다는 굳은 확신을 가지고 있지만 또 한편으로는 그것이 현장에서 책임을 맡고 어려움을 헤쳐나가는 과정을 대체할 수는 없다고 믿는다. 이 책을 읽는 여러분이 가족을 이끌든, 지역 공동체나 군부대·영업 팀·스포츠 프랜차이즈·포천 500 기업을 이끌든 이 책에서 소개한 리더십 교훈을 영감이 필요한 순간마다 지침으로 사용해주었으면 한다.

내가 인터뷰한 대부분의 펠로들은 워싱턴에서 1년을 보낸 뒤 엄청난 경력을 성공적으로 쌓았다. 하지만 심한 좌절을 겪은 사람도 있다. 어떤 이들은 자신이 옳다고 믿는 것을 지키기 위해 직업적으로나 개인적으로 큰 희생을 치르기도 했다. 하지만 그들은 자신이 겪은 모든 경험으로부터 교훈을 얻고 성장했다고 말한다. 그것이 긍정적인 것이든 부정적인 것이든 막론하고 말이다.

WHF들은 리더십이 번개를 맞듯이 갑자기 생기거나 뇌성처럼 갑자기 떨어지는 것이 아니라는 사실을 알고 있다. 여러분도 그 점을 깨닫게 되기를 바란다. 리더십은 워싱턴에서 한 해 동안 놀라운 경험을 한다고 해서 저절로 생기는 결과물이 아니다. 진정한 리더십이란 매일매일의 확신에 찬 선택에 의해 만들어진다. 나는 이 책을 통해 진정한 리더십의 장점뿐 아니라 그에 따른 대가까지 명료하게 얘기해줄 것이다.

　모쪼록 이 책이 우리 사회와 세상이 절실히 필요로 하고 있는 강력한 리더십을 발휘하고자 하는 모든 이들에게 지침이 되기를 간절히 바란다. 그렇게 된다면 열정과 지식으로 가득 찬 적극적인 사람들로 넘치는 진정 자유로운 사회를 원했던 린든 존슨의 비전에 한 발 더 가까이 다가가는 셈이 될 것이다.

플로리다 보카레이튼에서

찰스 가르시아

# 미국의 미래를 위해
# 백악관의 문호를 개방하다

방관자들의 사회는 진정으로 자유로운 사회가 될 수 없다. 자유는 그 기저에서부터 열정과 지식을 다하는 참여를 요구한다. 그러한 목표를 향해 나는 오늘 WHF라고 명명한 새로운 프로그램을 시작한다.

-1964년 10월 3일, 린든 존슨

WHF 프로그램은 1965년부터 매년 가장 전도유망한 젊은 지도자들에게 대통령 집무실과 기타 워싱턴 행정부에 대한 접근권을 허락한다. 영국 옥스퍼드에서 공부할 가장 뛰어난 인재 32명을 선발하는 로즈 장학금과 비슷하게 다양한 분야의 젊은 미국인에게 1년간 행정부에서 일할 기회를 주는 것이다. 매년 수천 명의 지원자 중에서 20명 이하의 뛰어난 인재를 선발해 내각의 장관과 부통령, 그 외 상급 관리들과 함께 행정 부서에서 경험을 쌓는다.

WHF 프로그램의 공식 목적은 '재능 있고 의욕 넘치는 미국 젊은이에게 국가 통치 과정에 대한 직접적인 경험을 제공하고 사회 리더십에 대한 참여 의식을 키우는 것'이다.

하지만 가장 특별한 점은 세계에서 가장 강력하고 부유한 국가의 심장부에 있는 사람들과 장소, 정책 결정 과정에 접근할 수 있는 권한을 얻게 된다는 것이다.

공군 소령 존 푸스테이(John Pustay)는 젊은 나이에 이미 많은 것을 이룬 상태였다. 이 뉴저지 토박이는 한국과 일본에서 장교로 복무했고 박사 학위를 받았다. 뿐만 아니라 대(對)게릴라전에 대한 책을 출간하고 공군사관학교에서 교편을 잡고 있었다. 그리고 엄격한 선발 과정을 거친 후 1966년 WHF 클래스로 선발되었고 국무장관 딘 러스크(Dean Rusk) 밑에서 일하게 되었다.

푸스테이는 펠로로서 워싱턴 최고위 인사들 이외에 일반 사람은 대체로 접근할 수 없는 인물들과 접촉하게 되리라는 것은 막연히 알고 있었지만, 자신이 앞으로 겪게 될 일에 대한 준비는 전혀 되어 있지 않았다. 펠로가 된 첫 달에 러스크 장관은 그를 대통령 집무실로 보내 린든 존슨 대통령과 대외 정책 고문들의 미팅에서 오간 대화를 메모해 오라고 했다. 당시는 베트남 전쟁이 한창이었고, 따라서 미팅의 주제는 주로 남베트남의 혼란에 대한 미국의 대응 방식과 북베트남에 대한 폭격, 즉 '우레 소리 작전(Operation Rolling Thunder)'의 타깃 선정이었다.

국방장관 로버트 맥나마라(Robert McNamara), 국가 안보 담당 보좌관 맥조지 번디(McGeorge Bundy), 중앙정보국장 리처드 헬름스(Richard Helms), 합참의장 얼 휠러(Earle Wheeler) 장군 등이 대통령을 둘러싸고 있었다. 젊은 공군 소령은 러스크 장관에게 이 중요한 미팅에 관한 브리핑을 제대로 하기 위해 열심히 귀를 기울이며 상세히 기록했다.

"미팅이 끝난 후 모두가 자리에서 일어났습니다. 모두가 연장자이자 상급자였기 때문에 내가 마지막으로 방을 나섰죠. 그런데 대통령이 내 어깨를 치며 말했습니다. '버번과 브랜치 워터 어떤가?' 어리둥절했습니다. 브랜치 워터가 뭔지 몰랐거든요. 하지만 미국 국가원수가 버번과 브랜치 워터를 권한다면 그게 뭐든 감히 누가 거절을 하겠습니까. 급사가 버번 한 병과 맑고 투명한 액체가 담긴 피처를 가지고 왔습니다. 나는 곧 브랜치 워터가 생수의 남부식 표현이라는 것을 알게 되었죠. 우리는 대통령 집무실 소파에 앉아 잡담을 나누었습니다. 나는 버번을, 대통령은 스카치와 소다수를 마셨죠. 이렇게 대통령 집무실에서 대통령과 술을 마시며 대화를 나눈다는 게 믿기지 않았습니다. 고향 뉴저지에 있는 가족들은 절대 믿지 못할 거라는 생각이 들더군요. 그런데 혼자 미소를 지으며 위스키를 한 모금 마시고 시선을 드니 대통령의 눈에 눈물이 가득 맺혀 있었습니다."

당황한 푸스테이는 얼결에 이렇게 말했다.

"각하, 미팅 때 논의한 상황이나 각하께서 내린 결정의 심각성에 대해 제가 미처 깨닫지 못하고 있었나봅니다."

그러자 존슨 대통령이 천천히 말했다.

"그런 게 아닐세. 이곳이 아직 잭 케네디의 백악관이기 때문에 슬픈 거라네. 잭은 매력 있는 사람이었지. 재기가 있고 핸섬했어. 그런데 나를 보게. 가난한 텍사스 출신 학교 선생을 말이야. 난 보잘것없는 시골뜨기일 뿐이야. 우리가 댈러스에서 올라온 후 이곳 백악관에서 나를 진심으로 받아들이는 유일한 사람은 레이디 버드(영부인)뿐이라네."

일테면 공직 생활의 대부분을 가난과 인종 불평등을 없애기 위해 헌신한 존슨 대통령의 개인적 삶의 일면을 엿볼 수 있었던 것이다. 그때의 경험을 통해 푸스테이는 일찍이 가장 힘 있는 지도자 역시 인간이며 인간의 행동을 움직이는 동기는 감정이라는 것을 배웠다. 그러한 교훈이 푸스테이를 중장의 반열에 오르게 하고 합참의장 수석 보좌관, 국방대학교 학장으로서 일하는 데 도움이 된 것은 말할 나위도 없다.

존슨 대통령은 펠로십 프로그램을 도입함으로써 백악관의 문호를 열었다. 그가 의도했든 하지 않았든 푸스테이가 경험했듯이 존슨 대통령은 국가의 최고 지도자가 엄청난 책임과 기대 그리고 무자비한 대중의 비난이라는 짐을 개인적으로 어떻게 감당하는지, 또한 일반인은 좀처럼 볼 수 없는 행정부 핵심 인사들의 인간적 면모를 직접 목격할 수 있는 기회의 문도 열어준 셈이다.

## 젊은 인재를 국가의 보물로 삼다

1964년 존슨 대통령 행정부의 핵심 그룹 중 미국 젊은이들에게 정부에서 가장 뛰어난 관료들과 직접 일할 수 있는 기회를 제공하자는 의견이 더러 있었다. 물론 절박한 일은 아니었다. 게다가 애송이들에게 심각한 국가적 문제를 다루게 하는 것은 분명 위험을 수반하는 일이었다. 그러나 선견지명을 가진 이 그룹의 우두머리는 존슨 대통령 자신이었다. 존슨은 젊은이들과 일하면서 자신의 지혜를 나누고 다른 사람이 그에게 했던 것과 같은 방식으로 그들에게 기회를 주고 싶었다.

텍사스에서 가난한 멕시코 어린이들을 가르치던 존슨은 30세도 채 되지 않은 젊은 나이에 리처드 클레버그(Richard Kleberg)의 보좌관으로 정계에 입문했다. 1935년에는 전국청소년대책국(National Youth Administration, NYA)의 텍사스 지사를 맡아 운영했다. NYA의 목표는 16세에서 25세 사이의 젊은이들에게 카운슬링과 레크리에이션, 교육, 직업의 기회를 제공하는 것이었다. 이 일은 존슨이 젊은이들의 에너지와 이상과 열정을 북돋우는 일에 관심을 갖는 계기가 되었다.

1937년 첫 선거에서 승리한 존슨은 센트럴 텍사스를 대표하는 하원의원이 되었다. 선거 직후 프랭클린 D. 루스벨트는 기차를 타고 텍사스를 지나던 중 이 젊은 하원의원 당선자에게 동승을 청했다. 이후 루스벨트 대통령은 존슨이 '남북전쟁 이후 최초의 남부 출신 대통령'이 될 것이라고 예견했다고 한다. 대통령과 기차에 동승한 계기로 존슨은 해군위원회(Naval Affairs Committee)에서 일하게 되었다. 당시 대통령과 동석했던 하원 원내총무 샘

레이번(Sam Rayburn)이 해군위원회의 지명을 받도록 도움을 주었던 것이다. 1948년 상원의원에 당선되었을 때는 또 다른 멘토인 조지아 주 상원의원 리처드 러셀(Richard Russell)이 막강한 권력을 자랑하는 상원 군사위원회(Armed Services Committee)에서 일할 수 있게 도와주었다. 당시 러셀 자신은 이 위원회의 의장으로 있었다. 훗날 존슨은 자신을 신뢰하고 지원을 아끼지 않은 선배 정치인들의 공로를 높이 평가했다. 그리고 당대의 젊은이들 역시 자신이 가졌던 것과 같은 멘토들의 도움을 받는다면 커다란 변화를 이끌어낼 수 있으리라는 생각을 하게 되었다.

존슨의 특별 보좌관이자 백악관 공보 비서관으로 있던 빌 모이어즈는 이렇게 증언한다.

"존슨은 공직 생활을 시작할 때부터 젊은이들에게 신임을 주고, 그들에게서 뛰어난 성과를 기대하고, 그들을 주위의 다른 사람들과 동등하게 대우했습니다. 그 자신 역시 그러한 보호와 후원의 수혜자였기 때문에 본능적으로 다른 사람에게도 베풀어야 한다고 느꼈던 것입니다. 그는 또한 WHF 프로그램이 케네디의 어젠더가 남긴 유물이 아니라 자신이 직접 시작한 프로그램이라는 사실에 의미를 부여했고, 데이비드 록펠러(David Rockefeller)나 존 가드너 같은 온건한 공화당원들과 힘을 합치게 되었다는 것도 마음에 들어 했습니다."

1964년 7월 중순의 샌프란시스코, 11월 선거에서 존슨에 맞설 후보자를 선출하기 위해 공화당 전당대회가 열렸다. 그리고 애리조나 주 출신 강경 보수파 배리 골드워터(Barry Goldwater) 상원의원이 온건파 라이벌인 뉴욕의 넬슨 록펠러(Nelson Rockefeller)를 물리치고 승리를 거두었다.

이번 경선으로 공화당은 심각하게 분열되었다. 전당대회를 통해 등장한 골드워터는 존슨 대통령의 자유주의 프로그램에 강력히 도전했고, 전국의 대학 캠퍼스에서는 젊은이들이 골드워터를 지지하는 청년 조직에 가입하기 시작했다.

이런 와중에 공화당 전당대회가 끝나고 정확히 일주일 후, 공화당원이자 카네기 코퍼레이션(Carnegie Corporation)의 회장인 존 가드너가 존슨 대통령의 특별 자문인 에릭 골드먼(Eric Goldman)에게 '국가 봉사 계획(National Service Plan)'의 개요를 전달했다.

가드너는 1912년 캘리포니아에서 태어났다. 아버지는 그 이듬해에 숨졌고, 어머니는 여러 차례 재혼을 했다. 금을 찾아다니던 그의 계부 중 한 사람은 골드러시에 대한 흥미진진한 이야기로 어린 양아들의 마음을 설레게 했다. 가드너는 그때의 일을 이렇게 회상한다.

"주제는 매번 똑같았습니다. 찾아내지 못한 엄청난 보물이 남아 있다는 거였죠."

가드너는 스탠퍼드와 UC 버클리에서 심리학 박사 학위를 받고 코네티컷의 여자 대학에서 교편을 잡았다. 이후 연방통신위원회(Federal Communications Commission)의 외국정보방송서비스(Foreign Intelligence Broadcast Service)에서 일하며 적국(敵國)의 선전 활동을 분석했고 제2차 세계대전 중에는 해병대로 복무했다. 1945년에는 카네기 코퍼레이션에서 국제연합 프로그램은 물론 교실에서의 텔레비전 사용 프로그램 모델을 만드는 데 일조했다. 1961년에는 그의 주요 저서 중 하나인《엑셀런스

(Excellence)》를 출간했다. 이 책에서 가드너는 미국이 사회의 모든 수준에서 우월성과 평등을 이루기 위해 노력해야 한다고 주장했다. 이 책이 당시 케네디 대통령의 관심을 끌었고, 가드너는 교육 개선을 위한 연방 정부의 노력에 한층 적극적으로 참여하는 한편 JFK의 많은 연설과 정책 방침을 모은 책을 편집하는 일을 맡게 되었다. 이어 자신의 두 번째 주요 저서《자기 쇄신(Self-Renewal)》에서 가드너는 미국이 이제 막 근본적인 사회·문화·정치 변화의 시기를 맞고 있으며 개인적 변화와 사회적 변화를 쇄신의 가장 중요한 요소로 받아들여야 한다고 주장했다. 1964년 가드너는 리더십에 대한 연구와 저술 활동에 대한 공로로 대통령 자유훈장을 수상했다.

가드너는 에릭 골드먼에게 보낸 '국가 봉사 계획'의 개요에서 '탁월한 역량과 강렬한 동기를 가진 미국의 젊은이 100명을 선발해 15개월 동안 정부를 위해 일하도록 하는 소규모 조직을 구성하자.'고 제안했다. 그리고 대통령이 그 조직의 명예회장이 되고 사회 각 분야 출신으로 구성된 그룹이 그 젊은이들을 선출할 것을 건의했다. 또한 '지성과 성품, 특별한 재능, 총체적인 가능성에 입각하고 기준을 아주 높게 정해 선발된 젊은이에게 큰 영예가 되어야 한다.'고 주장했다. 후보자의 연령대는 21~31세에 4년제 대학 학위 취득자로 한정하고 적절하되 과하지 않은 봉급을 지급하고 결혼한 사람에게는 가족 수당도 제공할 것을 제의했다. 여기에 덧붙여 학점을 인정하고 해당 프로그램을 병역으로 인정하자는 내용도 포함되었다.

가드너는 '국가 봉사 계획'에서 이렇게 적었다.

이 계획의 성공 여부는 이러한 임무의 교육적 가치에 달려 있다. 개인에게 판에 박힌 의미 없는 업무를 맡긴다면 그 경험은 헛된 일이 될 것이다.

　가드너는 참여자가 맡을 임무는 현재의 일이나 교육과 밀접하게 관련되어야 한다고 제안했다. 예를 들면 ROTC에 들어간 젊은이는 군에 관한 일을, 회계사는 행정관리예산국의 일을 하는 식이었다. 중요한 요구 조건은 참여자들에게 정부의 프로세스를 노출시켜야 한다는 것이었다. 그룹의 결속력을 유지하기 위해 가드너는 젊은이들을 통치의 '큰 그림'에 노출시키는 주간 세미나를 개최하고 10일 동안 업무에서 벗어나 클래스 전체가 리더십 원칙에 대해 논의하는 시간을 가질 것도 제안했다. 그리고 마지막으로 참여자가 기간이 끝난 후에도 워싱턴에 남기를 원할 경우 그 시간을 공무 근속 연수로 적용시킬 것을 제안했다.

　가드너는 계속해서 이렇게 적었다.

　18세기 후반, 미처 자리를 잡지 못한 아메리카 식민지가 워싱턴(Washington)과 제퍼슨(Jefferson), 애덤스(Adams), 먼로(Monroe), 메디슨(Madison), 해밀턴(Hamilton), 프랭클린(Franklin)을 비롯해 비길 데 없이 탁월한 재능과 넓은 도량과 정치적 수완을 가진 지도자들을 내놓았다면 우리는 그 수의 10배, 아니 50배의 인재를 길러낼 수 있지 않겠는가? 그런데 그들은 어디에 있는가? 우리에게는 그런 인재들이 거의 없다. 다듬어지지 않은 원석만이 있을 뿐이다. 여기에서 설명한 프로그램은 이렇게 특출한 자질을 가진 젊은이들에게 적절한 경험을 줄 수 있게 고안되고 관리되어야 한다. 그렇게 된다면 그들은 정부에 남거나 아니거나 상관없이 국가의 귀중한 자원을 이루게 될 것이다.

　자신의 계부가 그랬듯이 존 가드너는 '국가 봉사 계획' 프로그램을 통해 묻혀 있는 보물을 캐내고 싶어 했다. 이제 남은 일은 대통령이 그가 금을 발견했다고 생각하는지 기다려보는 것밖에 없었다.


## 새로운 유형의 리더십 사회봉사 프로그램

　'국가 봉사 계획' 프로그램을 제안받은 골드먼이 그 계획서를 대통령과 영부인에게 보낼 준비를 하고 있을 때 노스캐롤라이나 대학의 젊은 총장 윌리엄 C. 프라이데이(William C. Friday)로부터 연락이 왔다. 프라이데이는 골드워터가 대학 캠퍼스에서 대대적인 바람을 일으키고 있는 것을 염려하며 한시라도 빨리 대통령이 학생 지도자들을 백악관으로 초대해야 한다고 제안했다. 골드먼은 당시의 일을 이렇게 회상한다.

　"나는 프라이데이와 가드너의 의견을 종합하기로 결정했습니다. 그래서 백악관에서의 대학생 미팅 때 그 계획을 발표하기로 했죠. 그것은 선거전 동안 그리고 장래 존슨 대통령의 재임 기간 동안 백악관과 젊은 세대 간의 상호 이해를 증진시킬 좋은 기회였습니다."

　1964년 9월 15일, 골드먼이 보고서를 올리자 존슨 대통령은 기다렸다는 듯이 계획을 추진하라고 명령했다. 영부인이 'WHF'라는 이름이 마음에 든다고 언급했기 때문에 프로그램의 명칭도 자연스럽게 정해졌다. 그리고 이 프로그램을 1964년 10월 3일 열리는 학생 대표들과의 미팅 행사에서 발표하기로 했다.

카네기재단은 이 프로그램의 실험 자금으로 22만 5000달러의 지원을 승인했다. 한창 선거 운동 중인 존슨 대통령은 초당파적인 WHF 위원회를 설립하고 공화당원인 데이비드 록펠러를 의장으로 위촉했다. 데이비드 록펠러는 뉴욕 주지사이자 공화당 대통령 후보를 역임한 넬슨 록펠러의 동생이었다. 당시 록펠러는 체이스 맨해튼 은행(Chase Manhattan Bank) 사장, 현대미술관 회장, 아메리카협의회(Council of the Americas) 의장, 하버드 칼리지 감시이사회위원회(Committee of the Harvard College Board of Overseers) 등 다양한 직책을 맡고 있었다. 그는 대단히 바빴지만 존슨 대통령의 지명을 수락해야 한다는 의무감을 느꼈다. 록펠러는 2008년의 편지에서 이렇게 적었다.

'나는 은행 사무실에 앉아 있었습니다. 존슨 대통령이 통화를 원한다는 이야기를 들었죠. 대통령 전용기에서 말입니다. 대통령에게서 무슨 일을 하라고 요구받는 것은 흔한 일이 아니죠. 나는 아마도 그 요구를 명령으로 받아들인 것 같습니다. 그 때문에 WHF 위원회의 첫 위원장으로 일하는 데 동의하게 되었죠. 나는 그 결정을 결코 후회해본 적이 없습니다. WHF 프로그램은 대단히 성공적이었습니다. 나는 지난 40년 동안 선발된 많은 펠로들을 통해 우리가 존슨 대통령이 계획한 모든 목표를 이루었다고 확신합니다. 625명 이상의 펠로들이 워싱턴에서 일했고, 이후 미국 사회에 헤아릴 수 없이 큰 봉사를 했습니다.'

2005년 10월, WHF 40주년 기념식 연설에서 콜린 파월은 이렇게 말했다. "존 가드너는 WHF 프로그램을 시작한 인물일 뿐 아니라 그 자체가 이

32

프로그램의 정신입니다. 그는 아주 오랜 세월 동안 이 프로그램과 함께했습니다. 그는 우리 곁을 떠나기 전까지 자신의 온 마음과 정신, 애정과 에너지를 이 프로그램에 쏟았습니다. 이것은 존 가드너의 프로그램이며, 그 점은 언제나 변치 않을 것입니다."

가드너는 WHF 프로그램을 만드는 데 폭 넓은 신뢰를 받았지만 초기에는 존슨 대통령의 일부 스태프들이 이를 탐탁지 않게 여기면서 그 업적을 대통령의 것으로 돌려야 한다고 생각했다. 어떻든 그 성과는 팀워크의 결과, 그것도 초당파적인 팀워크의 결과였다. 빌 모이어즈는 그 점을 잘 이해하고 있었다. 그는 2002년 4월 17일, 존 가드너의 추도식 때 이렇게 연설한 적이 있다.

"그들 두 사람[린든 존슨과 존 가드너]은 적절한 시기에 만난 인물이었습니다. 존슨은 성급하고 자신만만하고 참을성이 없는 반면 가드너는 사려 깊고 공정하고 결단력이 있었습니다. 두 사람은 기회의 폭을 넓혀 많은 사람들로 하여금 그 길을 갈 수 있게 하겠다는 믿음을 가진 급진 중도주의자였습니다. 나는 어느 여름날 저녁 백악관 남쪽 뜰에 앉아 있던 일을 잊지 못합니다. 린든 존슨 대통령과 영부인 그리고 존 가드너와 나를 비롯한 6명이 함께 있었죠. 그날 저녁 나는 그저 듣기만 했습니다. 권력과 정치에 대해 확실히 이해하고 있는 한 사람과 프로세스와 프로그램에 대해 확실히 알고 있는 또 다른 한 사람의 이야기를 말입니다. 그들의 정치 담론에서 평등은 낯선 주제가 결코 아니었습니다. 존슨은 기회를 만드는 방법을 알고 있었고, 가드너는 그것을 실현시키는 방법을 알고 있었죠."

WHF는 존슨 대통령의 리더십을 입증하는 것이었다. 하지만 그는 기꺼이 공화당원인 자신의 친구 존 가드너에게 모든 공을 돌렸다. 존슨은 명예에 관심이 없었다. 그는 목표를 이루었다. 백악관의 문호를 개방해 미국에서 가장 명석한 젊은이들이 워싱턴에서 멘토들과 함께 나라가 당면한 문제에 맞설 수 있게 했다. 진정한 초당파적 정신을 가진 두 명의 위대한 미국인, 린든 존슨과 존 가드너는 함께 화합해 미국에 새로운 유형의 리더십 사회봉사 프로그램을 창설했다.

존 가드너는 이렇게 말했다.

"우리 건국의 아버지들은 모두가 시골이나 변두리 혹은 우리가 지금은 아주 작은 도시라고 여기는 곳 출신이었습니다. 그들 모두 젊은 시절 통치 프로세스를 직접 경험하는 기회를 얻었습니다. 오늘날에는 그와 같은 능력을 가진 젊은이들이 복잡하고, 거대하고, 소란한 사회 속에서 성장하고 있습니다. 정부를 가까이에서 볼 수 있는 사람이 거의 없는 것입니다. WHF 프로그램은 이 불행한 현실에 대처하려는 하나의 시도입니다. 매년 이 나라에서 가장 촉망받는 젊은이들에게 최고 수준의 통치 프로세스를 지켜보고 거기에 참여할 수 있는 기회가 주어집니다. 세월이 흐르면서 그들은 조국을 위해 봉사할 준비를 갖춘 뛰어난 인재들의 보고(寶庫)를 이루고 있습니다."

제 1 장

리더는 일보다
인생이 중요하다는 것을 안다

LEADERS KNOW THERE'S MORE
TO LIFE THAN WORK

링컨은 남북전쟁 당시 백번 넘게 극장에 감으로써 자신의 걱정거리를 접어두었고, 루스벨트는 백악관에서 매일 저녁 간단한 칵테일파티를 즐김으로써 제2차 세계대전이라는 엄청난 부담감에서 잠시 다른 곳으로 주의를 돌렸다. 존 F. 케네디는 하이애니스 항에서 요트를 즐기고 터치 풋볼 경기를 했다. 그들은 모두 자신을 압박하는 부담감 뒤에 있는 삶이 한층 중요하다는 것을 알았고, 이 점이 그들을 한결 유능한 리더로 만들어주었다.

## 일과 사랑과 휴식의 건전한 균형이 중요하다

나는 이 책을 쓰기 위해 220명의 전임 WHF를 인터뷰하며 훌륭한 리더의 가장 중요한 특성이 무엇인지 말해달라고 했다. 내가 예상했듯이 그들은 주로 정직과 통찰력, 판단력, 지구력 그리고 효과적인 커뮤니케이션 능력과 영감을 불러일으키는 역량을 리더십의 필수 조건으로 제시했다. 하지만 그중 가장 깊은 인상을 준 것은 아주 많은 사람이 일과 사무실 밖 생활의 적절한 균형을 강조했다는 점이다. 퓰리처상을 수상한 작가이자 NBC 뉴스 애널리스트 도리스 컨즈 굿윈(Doris Kearns Goodwin, WHF 67-68)도 그중 한 사람이었다.

1973년 몹시 추운 1월의 어느 날 오전 6시에 전화벨이 울렸다. 굿윈은 전화를 건 사람이 누구인지 정확히 알고 있었다. 린든 존슨 대통령이었다. 퇴임 후 텍사스 농장에서 생활하던 그는 이른 아침 종종 전화를 걸곤 했다. 당시 자서전을 집필하던 존슨은 굿윈의 도움을 많이 받았고, 수년이 흐르는 동안 이 젊은 여성은 존슨이 신뢰하는 조언자가 되었다.

"그날 아침 존슨은 아주 부드럽게 이야기를 했어요. 굉장히 슬픈 것 같았어요. 샌드버그(Sandburg)가 쓴 링컨 대통령의 자서전을 읽고 자신이 어떻게 기억될지 생각해봤다더군요. 그는 훗날 사람들이 자신을 잊게 될까봐 두려워했습니다. 나는 하버드에 있는 동안 시험 때마다 그에 대한 문제를 내서 모두가 그를 기억하도록 하겠다고 약속하며 기운을 돋워주려고 노력했죠. 그런데 그가 나의 말을 가로막았습니다. 흔히 있는 일은 아니었죠. 그리고 자신의 말을 잘 들어달라고 부탁하더군요. 그는 가족과 더 많은 시간을 보냈어야 했다고 얘기했습니다. 그것이 평생 정치 경력을 쌓으면서 추구해온 공적인 일보다 더 가치 있는 일이기 때문이라면서요. 그것이 우리의 마지막 대화였습니다. 이틀 후, 그는 심장마비로 사망했습니다. 마지막으로 나에게 아주 귀중한 교훈을 남겨준 것이죠."

몇 년 뒤, 지미 카터 대통령 행정부의 평화봉사단 단장 후보로 거론되었을 때 굿윈은 린든 존슨의 현명한 조언을 떠올렸다.

"내가 그 일을 맡게 될지는 미지수였지만 당시로선 그걸 감당할 방법이 없었습니다. 저에게는 가족이 있었어요. 어린 아이가 둘이었죠. 평화봉사단은 항상 여행을 해야 하기 때문에 일과 가정생활의 균형을 맞추는 게 거의 불가능했습니다. 그래서 나는 그 자리를 욕심내지 않았습니다."

케네디가(家)에 대한 책을 쓸 때에도 마찬가지였다.

"린든 존슨의 조언은 그때뿐 아니라 책을 집필하는 데도 도움을 주었습니다. 덕분에 아이들과 지내면서 좀 더 오랜 시간을 갖고 작업할 수 있었지요. 사실 책이 5년 만에 나오거나 10년 만에 나오는 것은 그리 중요한 일이 아니죠. 하지만 아직 어린 아이들과 함께 있어주고 그 애들이 학교에서 돌아왔을 때 집에서 맞아주는 엄마의 존재가 중요하다고 생각했어요. 내 삶에서 일과 생활의 균형을 맞추기 위해 노력했던 것이죠. 이 모두가 말년에 후회하며 쓸쓸해하던 린든 존슨의 모습을 통해 배운 교훈이었다고 생각합니다."

출세가 행복을 가져다준다고 생각하기 쉽다. 하지만 굿윈은 가장 풍요롭고 부유한 삶을 사는 사람은 일과 사랑과 휴식 사이에 올바른 균형을 달성한 사람이라고 믿는다.

"어느 하나에만 몰두하는 것은 자신의 말년이 슬픔으로 가득 차도록 방치하는 것과 다를 바 없습니다. 일이 끝나고 나면 아무것도(취미도, 운동도) 남지 않기 때문입니다. 물론 가족은 당신을 사랑하겠지요. 하지만 당신 삶의 중심에 있지 못한 것을 아쉬워하고 항상 당신의 관심을 원했는지도 모릅니다. 나는 긴장을 풀고 에너지를 재충전하는 능력이 절대적으로 필요하다고 생각합니다."

굿윈은 남북전쟁이 한창일 때 백번 넘게 극장에 감으로써 걱정거리를 접어두었던 링컨과 백악관에서 매일 저녁 간단한 칵테일파티를 즐김으로써 제2차 세계대전이라는 엄청난 부담에서 잠시 다른 곳으로 주의를 돌렸던 프랭클린 루스벨트를 기억했다.

"파티가 진행되는 동안 전쟁에 대해서는 이야기하지 않는 것이 규칙이었죠. 사람들에 관해 한담을 나누거나 읽었던 책 또는 보았던 영화를 갖고 토론하면서 잠시나마 전쟁에 대해 잊을 수 있는 귀중한 시간을 가졌던 것입니다. 언젠가 처칠이 방문했을 때 두 사람은 새벽 2시까지 시가를 피우고

술을 마시며 이야기를 나누었습니다. 그러자 영부인 엘리너가 그들을 살피러 들어가서 이렇게 말했죠. '자, 이제 어린이들은 잠자리에 들 시간이에요.' 루스벨트는 포커를 즐기면서 긴장을 풀기도 했죠. 존 F. 케네디는 하이애니스 항에서 요트를 즐겼고 터치 풋볼 경기를 하기도 했습니다. 그들은 모두 자신을 압박하는 부담감 뒤에 있는 삶이 한층 중요하다는 것을 알았고, 이 점이 그들을 한결 유능한 리더로 만들어준 것입니다."

## 나 없이는 안 된다는 생각에서 벗어나라

내 동기인 존 셰퍼드 주니어(John Shephard, Jr. WHF 88-89)는 이 점을 너무 늦게 깨달았다. 2003년 9월 셰퍼드는 원자력 항공모함과 잠수함으로 가득한 조선소 '노스롭 그루먼 뉴포트 뉴스(Northrop Grumman Newport News)'의 수석 부사장이었다. 버지니아 해안은 그해 대서양에서 가장 치명적이고 파괴적인 허리케인 이사벨이 지나는 경로에 있었다.

수백만 달러가 넘는 해군 함정, 건물, 크레인, 부두 등 조선소를 지키는 것이 셰퍼드의 책임이었다.

허리케인은 앞바다를 휘저으며 뉴포트 뉴스로 직행하고 있었다. 다행히 조선소는 태풍에 대비한 준비가 잘 이뤄져 있었기 때문에 셰퍼드는 잠시 쌈을 내서 집으로 갔다. 집에서 아내와 함께 화분에 심은 나무를 차고로 옮기고 있는데 갑자기 머리에 심한 통증을 느꼈다. 셰퍼드는 당시를 이렇게 회상했다.

"정수리에 칼이 꽂힌 것 같았습니다. 정말 최악의 두통이었죠. 구역질이 나서 토를 하기 위해 화장실로 갔습니다. 편두통의 일종일 거라고 생각했죠. 아내는 병원 응급실로 가야 한다고 했지만, 조선소에 가서 긴급 복구 요원들을 도와야 한다면서 무시해버렸습니다. 그깟 두통 때문에 직원들을 저버리는 나약한 사람이 될 수는 없다고 생각했던 겁니다."

조선소로 돌아간 셰퍼드는 30시간 동안 태풍과 맞서 싸웠다. 태풍의 눈이 대규모 선박 단지와 시설을 곧장 지나갔다. 그러는 동안에도 두통은 전혀 가라앉지 않았다. 하지만 다른 사람에게 그 사실을 알리지 않았다. 태풍이 지나간 뒤에는 시설 복구를 감독했다. 허리케인은 그 지역에 심각한 피해를 입혔지만 다행히 조선소는 큰 피해를 입지 않았다.

다친 사람도 없었다. 해군 함정들도 피해를 입지 않았다. 인근의 많은 집이 큰 피해를 입었지만 셰퍼드의 집과 가족도 무사했다. 다음 며칠 동안, 그는 조선소와 이웃을 오가며 복구 작업을 도왔다.

"두통은 나아질 줄 몰랐습니다. 편두통보다 심각한 무슨 일이 일어났다는 것을 알았지만 병원 문은 닫혀 있고 전화나 전기도 모두 끊겨 있었지요. 내가 할 수 있는 유일한 일은 응급실에 가는 것이었습니다. 하지만 응급실에는 두통으로 고생하는 사람을 치료하는 것보다 더 중요한 일들이 많을 거라고 생각했습니다. 허리케인으로 크고 작은 부상을 입은 사람들이 엄청 많았거든요."

셰퍼드는 강행군을 계속했다. 조선소는 태풍이 지나간 지 불과 6일 만에 다시 문을 열었다. 그제야 그는 응급실을 찾았다. 일련의 검사를 한 후 의사는 셰퍼드에게 '지주막하출혈'이라는 진단을 내렸다. 종종 마비나 사망에 이르는 병이었다. 그는 2주 동안 집중 치료를 받고 겨우 생명을 건졌다.

리더는 종종 자신이 없어서는 안 되는 사람이라고 생각하는 경우가 많다. 하지만 전혀 그렇지 않다. 프랑스의 전 대통령 드골이 말했듯이 "묘지에는 자신이 없어서는 안 되는 사람이라고 믿는 이들로 가득하다." 우리가 없어서는 안 되는 곳은 가정이다. 하지만 우리는 직장에서 슈퍼맨처럼 일하는 동안 가족이 우리를 필요로 한다는 것을 잊곤 한다. 셰퍼드는 이렇게 회고한다.

"조선소는 사전 준비가 잘되어 있고 현장의 긴급복구 팀도 훌륭해서 태풍을 잘 견뎌낼 수 있었습니다. 허리케인 이사벨이 상륙한 동안 그리고 그 이후에 내가 현장에서 발휘한 리더십은 다른 사람도 할 수 있는 일이었습니다. 그것을 인정하는 약간의 믿음과 겸손함만 있으면 되었죠. 만약 내가 조선소에서 쓰러졌다면 그것이야말로 위험한 일이었죠. 아마도 큰 방해가 되었을 겁니다. 그런데도 직원들에게 부담을 주어서는 안 된다는 생각에 아무에게도 아프다는 말을 하지 않았습니다. 신의 보살핌으로 죽지 않고 일을 계속할 수 있었죠. 하지만 의사는 몸이 신호를 보내는데도 도움을 구하지 않고 기다리는 것이 얼마나 어리석은 일인지 얘기해주었습니다. 내가 죽었다면 가족이 얼마나 큰 충격을 받았을까요. 그러니 머리에 칼날이 지나가는 느낌이 들면 만사를 제쳐두고 당장 의사를 찾아가십시오."

이 이야기는 건강 검진을 위해 정기적으로 병원을 찾는 것이 얼마나 중요한 일인지 확실히 보여준다. 더 중요한 것은 일상적인 운동과 건강한 라이프스타일의 가치를 이해해야 한다는 사실이다. 그것이 직업적인 생활에서 오는 고도의 스트레스를 제어하는 방법이다.

## 임종의 순간 사무실에서 좀 더 많은 시간을 보내고 싶어 하는 사람은 없다

감사하게도 셰퍼드는 모든 일이 잘 해결되었지만 윌리엄 드러먼드 (William Drummond, WHF 76-77)는 개인적인 비극을 겪고 나서야 일과 생활의 조화가 얼마나 중요한지를 깨닫게 되었다.

드러먼드는 켄터키 주에 있는 지역 신문 〈루이스빌 커리어 저널(Louisville Courier-Journal)〉에서 저널리스트로 경력을 시작했다. 이후 〈LA 타임스〉에서 출세가도를 달려 평기자에서 중앙국 부편집장, 뉴델리와 예루살렘 지국장의 자리에까지 올랐으며 이어 제럴드 포드 대통령 행정부에서 WHF로 선발되었다. WHF에서 처음엔 국무부의 일을 맡았으나 1977년 1월 지미 카터가 취임하자 백악관 공보 비서관의 참모로 일하기도 했다.

펠로십이 끝난 후 〈LA 타임스〉로 돌아간 뒤에는 공영 방송 NPR의 '모닝 에디션(Morning Edition)' 편집국장이 되었다. 이후 1983년 NPR를 떠나 UC 버클리의 신문방송학 교수가 되어 지금에 이르고 있다.

드러먼드는 신문, 방송과 대학 강단에서 경력을 쌓는 내내 자칭 일중독자였다. 1997년 그의 아내가 유방암 진단을 받기 전까지. 그때 이후 갑자기 사무실에서의 모든 일이 더 이상 중요하지 않게 되었다.

"아내는 화학요법 치료를 받았습니다. 대단히 고통스러워했죠. 나는 아무런 도움이 되지 않는 무용지물 같았습니다. 정말 아내를 돕고 싶었습니다. 그래서 마사지 테라피 코스에 등록했죠. 지압사 자격을 땄습니다. 지압이 아내에게 많은 도움이 되었습니다. 나는 너무 기뻐서 정서 균형과 관련한 또 다른 코스에 등록했죠. 그리고 우리가 가장 행복했던 시절에 가봤던 곳을 찾아갔습니다. 아내와 나는 멕시코를 자주 방문했었죠. 우리가 가장 좋아한 곳은 멕시코에 있는 한 리조트였어요. 1984년 그 리조트가 문을 연 지 얼마 되지 않았을 때 우리는 그곳의 타임셰어(Timeshare: 1년을 52주로 나눈 후, 리조트 숙박 시설을 자신의 집처럼 일주일간 사용하는 시스템)를 구입했었죠. 해변을 오래도록 산책하기도 했고요. 우리가 그 장소를 기억하는 것은 어렵지 않았습니다. 그곳을 다시 찾은 것이 우리 두 사람 모두에게 도움이 되었습니다."

그때 문득 동료와 그들 가족의 삶 역시 자신처럼 엄청 힘든 상황에 처해 있다는 걸 깨달았다. 드러먼드는 그 사람들에게 뭔가 다른 길이 있다는 걸 보여주고 싶었다.

"그래서 무언가를 해야겠다고 결심했지요. UC 버클리에 '저널리스트를 위한 정서 균형'이라는 과목을 개설했습니다. 학생들에게 몸과 마음이 서로 연관되어 있음을 보여주고 직업적인 삶뿐 아니라 인간으로서의 삶을 연장시키는 기법들을 가르치는 과목입니다. 임종의 순간 사무실에서 좀 더 많은 시간을 보내고 싶어 하는 사람은 없습니다. 오늘날에는 누구나 스트레스가 죽음과 파멸을 부른다는 것을 알고 있지요. 하지만 뉴스 비즈니스 세계에서는 스트레스를 당연하게 받아들이는 경향이 있습니다. 나는 그런 타협을 거부합니다. 나는 학생들이 내적인 평정을 얻도록 노력하고 있습니다. 이것은 좋은 식생활, 휴식, 운동 같은 단순한 개념에서 시작합니다. 나는 이런 것이 갖는 치유의 힘을 굳게 믿습니다. 일주일에 한 번은 방송 집필과 보도 입문 수업을 체육관에서 합니다. 명상과 신체 활동 등으로 두 시간을 보내지요."


## 균형 잡힌 생활로 일중독에서 벗어나라

토미 존슨(WHF 65-66)이 1960년대에 신문방송학을 공부할 때 드러먼드의 수업이 있었다면 얼마나 좋았을까. 그랬다면 그 수업에 깊이 공감하고 훗날 자신과 가족이 겪은 고통을 피할 수 있었을 것이다. 십대 때부터 일간지에서 일을 시작한 존슨은 줄곧 스트레스가 심한 자리에 있었다. 자신의 일에서 성공하고 남보다 탁월하기 위해 스스로에게 엄청난 압박을 가했다. 〈메이컨 텔레그래프(Macon Telegraph)〉 시절부터 하버드 경영대학원을 졸업하고, 백악관 WHF를 거쳐 훗날 〈댈러스 타임스 헤럴드〉 발행인의 자리에까지 오르는 수십 년 동안 존슨은 앞만 보고 달렸다.

존슨은 출세하겠다는 야심에 모든 것을 완전히 소모했다. 아내와 두 남매를 무척 사랑했지만 최고의 지위에 이를 때까지 일을 최우선으로 삼았다. 그리고 마침내 1980년 〈LA 타임스〉의 발행인이 되었다. 하지만 늘 그랬듯이 존슨은 일에 자신을 완전히 던져 넣었다. 아홉 살이 된 딸 크리스티나는 아버지가 축구 경기에 또 참석하지 못하자 화를 내며 이렇게 말했다.

"아빠라는 사실을 잊지 마세요!"

존슨은 그때 문득 자신이 중용을 잃고 있다는 사실을 깨달았다. 하지만 그걸 어떻게 되찾아야 하는지는 알지 못했다. 자신의 모든 가치를 일과 명예에 투자해왔으니 그럴 만도 했다.

1989년에는 그해의 소득, 발행 부수, 수익이 신문이 발행된 이래 최고 수준을 기록했다. 그럼에도 불구하고 '타임스 미러 컴퍼니(Times Mirror Company)'의 소유주 가족이 자유주의적 성향이 덜한 신문을 원하게 되면서 존슨에게 사설 부문 편집장 토니 데이를 해고하라고 지시했다. 존슨은 그 명령을 거절했고, 곧바로 해고되었다. 존슨으로서는 첫 번째 '실패'였다. 그는 큰 충격을 받았다.

"발행인으로서의 자리를 빼앗기자 스스로를 패배자라고 생각하게 되었습니다. 모든 자부심이 무너졌죠. 나는 심각한 우울증에 빠졌습니다. 땅이 꺼진 것 같았죠. 나는 곧 깊은 어둠 속으로 빨려 들어갔습니다. 위에 있는 불빛이 전혀 보이지 않았죠. 아내는 나를 구하기 위해 노력한 첫 번째 사람이었습니다. UCLA 메디컬로 나를 데려가 정신과 의사를 만나게 했죠."

그 정신과 의사는 존슨이 만성 우울증의 일반적인 징후를 보이고 있다고 판단했다. 절망에 빠진 그는 자신이 무가치하다고 느끼며 상처를 받은 채 어찌할 바를 모르고 있었다. 아침에는 침대에서 일어나려 하지 않았고 혼자 어두운 방 안에 있으려고만 했다. 아내에게 갑자기 고함을 지르기도 하고 의욕을 완전히 잃다시피 했다. 의사는 리튬과 프로작이 포함된 항우울제를 처방했다. 이 약 때문에 존슨은 좀비가 된 듯한 기분을 느껴야 했다. 어떤 것도 도움이 되지 않았다. 심지어 자살을 생각하기까지 했다.

"입버릇 사나운 실패자인 아버지가 없다면 아내와 아이들이 오히려 더 행복할 수 있을 거라고 자신을 합리화했죠. 내가 죽으면 가족은 살기가 더 나을 거라고 말이죠. 하지만 팔순의 어머니 때문에 자살을 할 수 없었습니다. 나는 외아들이었고, 어머니는 일생 동안 나를 대단히 자랑스럽게 생각하셨죠. 어머니는 내가 세상에서 가장 좋은 아들이라고 생각하셨습니다."

가족과 친구, 동료들의 격려와 지원이 쏟아졌다. 전국 각지에서 새로운 일자리를 제의했다. 일반적인 상황이라면 당장에 마음을 설레게 할 만한 것들이었다. 〈뉴욕 타임스〉 발행인 펀치 슐츠버거와 돈 그레이엄, 그의 어머니 캐서린 그레이엄이 〈인터내셔널 헤럴드 트리뷴(International Herald Tribune)〉의 발행인 자리를 제의했다. '나이트 라이더(Knight-Ridder)'의 알바 채프먼 회장, 짐 배튼 사장, 리 힐즈 부회장 역시 〈필라델피아 인콰이어러(Philadelphia Inquirer)〉의 발행인을 포함한 여러 자리를 제안했다. 그의 친구 조 얼브리튼은 자신의 미디어 · 금융 회사에서 최고 경영자 자리를 맡아달라고 권했다. 존슨은 곧바로 자리를 털고 일어나지는 못했지만 서서히 주변 사람들이 보내주는 사랑과 호의를 받아들이기 시작했다.

"절벽 끝에서 나를 끌어올린 것은 믿음이었습니다. 가장 절망적인 때라도 우울증의 손아귀에서 벗어나 출구를 찾을 수 있다는 믿음 말입니다. 1990년 8월, 테드 터너가 CNN의 사장직을 제의했습니다. 세계적인 보도 기구를 경영한다는 흥분감, 고향인 조지아로 돌아간다는 설렘, 타임스 미러 컴퍼니에서 벗어날 수 있다는 격앙된 마음이 테드의 제안을 받아들이게 만들었습니다."

새로운 희망을 찾은 존슨은 에모리 의과 대학의 정신과 과장인 찰스 네메로프에게 치료를 받기 시작했다. 네메로프 박사는 에펙사라는 약물을 처방해주었다. 존슨은 이 약을 과거의 자신을 되찾게 해준 '기적의 약'이라고 말한다.

"아직도 종종 우울증에 빠집니다만, 1980년대 말에 겪었던 것만큼 심각하거나 오래가는 것은 아닙니다. 나는 심각한 우울증을 겪는 사람들도 적절한 전문적 도움을 받으면 그 우울증에서 빠져나올 수 있다는 것을 보여주기 위해 내가 겪은 일에 대해 솔직하게 이야기하곤 합니다. 우울증은 단순한 질병일 뿐입니다. 절대 불명예스러운 게 아닙니다. 이 부분에서도 나는 내 역할을 해낼 생각입니다."

존슨이 지금 깨달은 것을 일찍이 알았더라면 많은 일을 다르게 했을 것이다.

"일과 생활에 조화를 꾀했을 겁니다. 지금 할아버지로서 그렇듯이 좋은 아빠가 되었을 겁니다. 아내를 더 사랑하고 더 많이 웃고 사무실 밖의 아름다운 세상을 더 많이 즐겼을 겁니다. 딱딱하고 엄격한 일중독자가 아닌 훨씬 균형 잡힌 사람이 되었을 겁니다."

간단히 말해서 WHF의 공동 설립자인 존 가드너와 한층 비슷한 사람이 되었을 것이라는 말과 같다.


## 가족과의 시간을 희생하지 않으면서
## 귀중한 것을 성취할 기회는 많다

내가 만났던 훌륭한 리더 중에 조화로운 삶을 사는 방법을 가장 잘 보여준 예는 존 가드너일 것이다. 나는 펠로십 기간 동안 그를 처음 만났고 대통령 비서관과 장관, 작가, 시민 단체의 창립자 등으로 직업적인 면에서 대단히 많은 것을 이룬 이 대단한 사람이 365일 사무실 책상에 묶여 밤을 지

새우는 일중독자가 아니라는 놀라운 사실을 알게 되었다. 가드너는 주중에
도 오후에는 적당한 시간에 일을 끝내고 가족이 있는 집으로 돌아가곤 했
다. 보통은 문서들로 가득 찬 서류 가방을 들고 가긴 했지만 가족이 북적거
리는 집에서 일을 하고 책을 쓰는 데 아무런 제약도 받지 않았다.

"아버지의 책상은 언제나 가족들의 온갖 소란과 방해와 기복에 노출되
었습니다. 그분이 모든 일에 관심을 가질 수 있게 말입니다. 결코 문을 닫지
않는다는 규칙이 있었어요. 우리에게 도움이 많이 되었죠."

가드너의 딸 프란체스카의 회상이다. 말년에 그녀가 일에 대해 묻자 가
드너는 이렇게 대답했다고 한다.

"문을 닫지 않기 위해 노력을 많이 했지. 너희들이 일으키는 소동이나 혼
란이 항상 내 관심 안에 있게 말이야. 나는 필요에 따라 거기에 주의를 기
울이지 않는 법을 배웠지만, 그럴 때조차 너희들에게서 멀어지지 않도록
노력했단다. 그래서 가족들 마음속에서 생기는 어떤 작은 불안도 알 수 있
었지. 그게 바로 가족이고, 가족은 소중한 존재니까."

하워드 네메로프스키(Howard Nemerovski, WHF 65-66)는 WHF 기간 동
안 보건·교육·복지부 장관 시절의 존 가드너와 함께 일했다. 가드너는 가
족생활과 평생 동안 이어진 다양한 교우 관계를 중요하게 여기면서도 경력
면에서 큰 성공을 거두었다.

"가드너는 사적인 영달에 전혀 관심을 갖지 않았습니다. 물론 누구나 부
러워할 만한 큰 성공과 커다란 명예를 얻었지만 말입니다. '다음번 자리는
뭐가 될까. 누가 벽에 걸릴 내 초상화를 그리게 될까?' 내각에는 이런 생각
을 하는 사람도 있었겠지만 존은 달랐습니다. 1966년의 일입니다. 그가 나

를 대통령 연두 교서를 발표하는 자리에 데리고 갔습니다. 국회로 가는 길에 케네디 대통령이 그에게 국무부 국제 담당 차관보를 제의했다는 말을 들었습니다. 그런데 존은 그 명예로운 자리를 거절했다고 하더군요. 가족을 떠나기 싫고, 당시 맡고 있는 자리가 좋다면서요. 그는 가족과의 시간을 희생하지 않으면서도 귀중한 것을 성취할 수 있는 기회가 많다는 걸 믿고 있었습니다."

가드너는 출세에 연연하지 않았다. 뿐만 아니라 권위를 내세워 저녁 7시에 회의 시간을 잡는 따위의 일을 전혀 하지 않았다.

"존은 힘을 과시하는 사람이 아니었습니다. 사회에 유익한 일을 많이 했기 때문에 그에게는 늘 처리해야 할 과제가 가득했습니다. 하지만 항상 직무와 조용한 숙고, 가족, 친구 사이에서 균형 있게 시간을 분배했습니다. 그는 내가 백악관에서 본 누구와도 다른 부류의 사람이었습니다."

사실 가드너는 네메로프스키를 포함해 많은 사람의 사랑을 받은 멘토이자 역할 모델이었다.

"친구들에게 보여주는 존의 관대함은 놀랄 만한 것이었습니다. 한 번은 그가 자신의 친한 친구를 스탠퍼드 대학의 경영대학원 학장으로 추천한 적이 있었죠. 국제적으로 유명한 대기업의 CEO로 있던 그 친구는 가드너가 그런 제의를 했다는 사실도 모른 채 미국 재계의 최상류층에서 편안하고 명예로운 자리를 계속 누리고 싶어 했죠. 그러자 가드너가 그 친구에게 이렇게 말했습니다. '누구에게나 적어도 20년에 한 번씩은 분갈이가 필요해!' 일테면 20년에 한 번씩은 아주 새로운 변화가 필요하다는 얘기였죠. 분갈이를 하지 않으면 화초가 제대로 자랄 수 없으니까요. 나도 지난 40년간 비숫한 상황을 만날 때마다 친구들에게 이 말을 써먹곤 했습니다."

음산한 구름이 잔뜩 덮인 2002년 어느 날, 네메로프스키는 스탠퍼드 기념 교회에서 열린 가드너 추도식에 참석했다. 사회자가 잠시 동안 조용히 존 가드너를 기리는 시간을 갖자고 청했다. 네메로프스키는 그때를 이렇게 회상했다.

"오르간 음악이 시작되고 얼마 지나지 않아 두꺼운 구름 사이로 태양이 나타나더니 스테인드글라스 사이로 밝은 빛이 비쳤습니다. 갑작스레 밝고 다채로운 기운이 교회 안을 밝힌 거죠. 추도식이 끝난 뒤 몇몇 사람이 그 이야기를 했습니다. 존이 그 우울한 날에 친구들의 기운을 돋우어주고 싶어 하리라는 것을 알고 하나님께서 태양에게 구름을 뚫고 나가 햇빛을 비추라고 명령하신 거라고 말입니다."

당시의 추도 예배를 회상하던 네메로프스키는 복잡하지만 한편으로는 아주 단순한 가드너 철학의 또 다른 중요한 측면을 이렇게 증언한다.

"존의 관대함은 공짜 식사는 없고 문명사회에서 살려면 우리 모두가 다른 사람에 대한 도리를 지켜야 한다는 신념과 균형을 이루었습니다. 추도식 프로그램 첫 페이지에 존이 자주 언급한 '자유와 책임, 해방과 의무. 그것이면 족하다.'라는 말이 들어가 있었는데, 아주 적절하고도 감동적인 글귀였습니다. 그것이 바로 존 가드너라는 인물의 정수이니까요."

가드너는 행복한 삶을 살기 위해서는 모든 상충하는 이해관계 사이에서 균형을 이루어야 한다는 것을 본능적으로 알고 있었다. 그러한 본능 덕분에 개인적으로나 직업적으로 큰 성공을 거둘 수 있었다. 뿐만 아니라 WHF 프로그램을 통해 자신의 지혜를 후배들에게 직간접적으로 전해주었다.

## 자신에게 진정으로 가장 중요한 것이
## 무엇인지 알아야 한다

미미 게즈(Mimi Ghez, WHF 00-01)가 펠로십 기간 동안 정신적인 토대를 구축함으로써 자신의 삶에서 균형을 일구어냈다는 이야기를 듣는다면 가드너 역시 크게 기뻐할 것이다.

게즈의 어머니는 가톨릭 신자였고 아버지는 유대인이었다. 부부는 자녀들에게 종교를 강요하지 않기로 약속했다. 그 때문에 게즈는 종교에 거의 노출되지 않고 성장기를 보낼 수 있었다. 하지만 시간이 흐르면서 그녀는 훌륭한 지도자들이 종교로 인해 큰 영향을 받는다는 사실을 알게 되었다. 그녀의 호기심을 가장 많이 끈 인물은 마틴 루서 킹 박사와 맬컴 X였다.

WHF가 된 후 미미 게즈는 처음으로 종교에 대해 논의하고, 종교 의식의 다양성에 대해 이야기하는 사람들에 둘러싸이게 되었다. 특히 한 동기생과 가까워졌다. 그녀는 펠로십 기간 내내 그 동기의 가치관과 성격에 감탄했다.

"동기생 중 그가 유독 깊은 인상을 주었습니다. 아주 자연스러운 카리스마와 사람 대하는 기술을 가진 가장 뛰어난 사람이었기 때문입니다. 다른 이들에 대해 험담을 하지 않는 유일한 사람이기도 했죠. 개인적으로 대화를 하던 중 공동체나 인간관계 등 인생의 여러 측면을 어떻게 평가하는지에 대해 논의한 적이 있습니다. 그는 언제나 하나님을 첫 번째에 둔다고 말했습니다. 무척이나 사랑하는 아내보다 먼저 말입니다. 나는 충격과 동시에 호기심을 느꼈어요. 그가 아내를 얼마나 사랑하는지 잘 알고 있었기 때문이죠. 우리는 성경에 나오는 일련의 리더십 우화에 대해서도 논의를 했습니다. 일테면 성경에 대한 이해와 하나님에 대한 사랑이 아내와 동료 또는 아랫사람과 좀 더 나은 관계를 맺도록 해주었던 것입니다."

동기생은 그녀에게 자신의 가족과 함께 예배에 참석할 것을 권했고, 펠로십 마지막 주일에 게즈는 그의 초대에 응했다. 그때의 경험과 다른 WHF 동기생들 덕분에 게즈는 마침내 하나님을 알게 되었다. 그녀는 이제 정기적으로 예배에 참석한다.

"내가 이런 개인적인 일화를 공개하는 것은 나와 친한 펠로들이 나를 더 나은 인간, 더 나은 친구, 더 나은 리더가 되도록 이끌었기 때문입니다. 내가 WHF 프로그램을 통해 얻은 가장 중요한 것은 믿음입니다. 항상 그것에 감사하고 있죠. 그 결과 내 삶이 더 나아졌고 좀 더 균형 있는 생활을 하게 되었다는 것을 알고 있으니까요."

훌륭한 리더는 육체적, 정신적, 정서적 에너지를 충분히 비축해둔다. 그 에너지는 보통 사랑하는 사람과의 끈끈한 인간관계, 정기적인 운동, 건전한 라이프스타일, 반성의 시간을 통해서 마련된다.

나는 일주일에 적어도 세 번 운동을 하는 등 일정한 라이프스타일에 따라 건강을 유지하기 위해 노력한다. 균형과 관련해서는 내 삶의 가장 중요한 세 가지 측면에 질 높은 시간을 할애하기 위해 부단히 애쓴다.

가족과 가까운 친구, 즉 내가 사랑하는 사람들이 그 첫 번째이다. 두 번째는 직업이나 공동체 또는 취미같이 내게 활력을 주는 활동, 즉 열정을 느끼게끔 하는 활동이다. 마지막으로 다른 무엇보다 중요한 것은 나의 영적인 삶, 즉 하나님에 대한 믿음이다. 나는 이 세 가지가 적절한 균형을 이루었을 때 가장 행복하고 가장 큰 능력을 발휘할 수 있다고 믿는다.

물론 사람들에겐 각자 자신만의 우선순위가 있으며 이는 스스로 결정해야 하는 문제이다. 그리고 일단 자신에게 진정으로 중요한 것이 무엇인지 알았다면 그에 마땅한 질 높은 시간을 할애해야 한다. 이렇게 찾은 균형이 당신의 내적 역량을 강화해 더 유능한 리더가 되는 데 도움을 줄 것이다.

제 2 장

---

# 리더는
# 사명에 집중한다

---

LEADERS FOCUS ON THE MISSION

" 미국 최초의 흑인 국무장관이자 가장 영향력 있는 사람 중 한 명인 콜린 파월은 사명을 '당신이 존재하는 이유'라고 말한다. 또 사명은 성취 가능한 것이어야 하며, 사람들의 믿음을 이끌어내서 그들이 단순히 '그래야 하기 때문에' 당신을 따르는 것이 아니라 '자발적으로' 당신을 따르도록 하는 것이라고 조언한다. 미국의 44대 대통령 버락 오바마도 유명한 연설을 통해 '정치는 사업이 아니라 사명'이라는 점을 강조했다. "

## 조직의 사명이 무엇인지 간단명료하게 제시하라

"사명이란 당신이 존재하는 이유입니다. 사명 앞에서는 모든 것이 부차적인 것이 됩니다."

전 국무장관 콜린 파월(WHF 72-73)은 이렇게 설명한다.

"사명은 사람들로 하여금 언덕을 오르게 하는 힘입니다. 사명은 위에서부터 조직의 모든 단계를 거쳐 아래로 구동되어 모든 사람이 무엇을 이루기 위해 애쓰고 있는지, 그것을 성취하기 위해 무엇이 필요한지 알 수 있어야 합니다. 사명은 명확해야 합니다. 그리고 직접적이며 이해할 수 있는 것이어야 합니다. 하지만 무엇보다 사명은 성취 가능한 것이어야 하며 사람들의 믿음을 이끌어내서 그들이 단순히 '그래야 하기 때문에' 당신을 따르는 것이 아니라 '자발적으로' 당신을 따르도록 하는 것이어야 합니다."

1965년 WHF의 첫 클래스로 선정된 톰 베블린(Tom Veblen)은 35세의 나이에 다국적 곡물 회사로 유명한 '카길(Cargill Inc.)'의 부사장이 되었다. 버지니아 노퍽에서 카길의 대두 사업을 관리하며 6년을 보낸 그는 높은 성과를 올리는 수완 좋은 사업가였다. 하지만 워싱턴 D. C.에서는 좀처럼 자신의 재능을 발휘할 수가 없었다.

펠로가 되어 내무부에서 보낸 첫 주는 그 부서의 활동에 대한 엄청난 서류를 읽고 직원과 일상적인 업무 절차를 배우는 데 할애되었다. 그는 조금이라도 빨리 그 분위기를 좋아하기로 마음먹었다. 사람들은 대단히 철저하고 사리에 밝았으며 그의 질문에 전문적이고 솔직한 방식으로 대답해주었다. 하지만 어떤 서류나 직원도 대답해주지 못한 질문이 있었다.

내무부의 사명은 무엇일까?

베블린은 그 질문에 대한 해답을 알아보기로 결심했다.


며칠 뒤, 베블린은 젊은 펠로들의 임무에 대해 논의하는 자리에 내무부 장관 스튜어트 유댈(Stewart Udall)의 초대를 받았다. 유댈은 케네디 대통령이 내무부 장관으로 임명하기 전까지 고향 애리조나 주에서 하원의원으로 활동했다. 열렬한 자연보호주의자로서 수질개선법, 야생보호법, 국립 트레일 시스템, 멸종위기종보존법 등 존슨 대통령의 '위대한 사회' 입법에서 도출된 많은 환경법을 통과시킨 인물이기도 하다.

1965년 9월, 젊은 베블린이 사무실에 들어서자마자 유댈은 의례적인 인사치레를 건너뛰고 곧바로 본론으로 들어갔다.

"우리와 함께 일하게 되었다니 반갑네. 바로 일할 준비가 되었다고 들었네만, 그동안 배운 것은 뭔가?"

"많은 것을 배웠습니다."

베블린은 대답했다.

"내무부에서 진행하고 있는 일이 대단히 광범위하고 다양하더군요. 서류를 읽는 일주일 동안 프로그램의 중요성에 대해 잘 알게 되었습니다. 하지만 약간 혼란스럽다는 점을 밝혀두고 싶습니다. 저는 아직 내무부의 사명을 명료하게 직접적으로 제시하는 말을 들은 적이 없습니다. 아무도 저에게 말해주지 못하더군요. 그건 이 조직이 표류하고 있거나, 아니면 제가 적절한 질문을 발견해내지 못한 것이라는 뜻이겠지요."

스튜어트 유댈은 베블린을 잠시 바라보고는 웃음을 터뜨렸다.

"케네디 대통령이 내게 이 일을 맡아달라고 했을 때, 나 역시 그런 말을 했다네. 그러자 케네디 대통령은 이렇게 말했지. '스튜어트, 이리로 와서 국립공원이 있는 이 지도를 보세요. 정말 훌륭한 나라 아닙니까. 우리는 최고의 국립공원 시스템을 가지고 있어요. 문제는 그 공원이 모두 서부에 있고, 사람들은 대부분 동부에 있다는 거죠. 당신의 사명은, 그러니까 당신이 내무부 장관직을 수락한다는 전제로, 당신의 사명은 사람들이 있는 곳에 공원을 만드는 방법을 찾아내는 것입니다. 그게 내무부의 사명이에요. 이제 사명이 뭔지 아셨으니 내무부 일을 맡아주시겠습니까?'"

상사가 간단하고 명확하게 사명을 전달하자 베블린은 모든 것을 한순간에 이해할 수 있었다. 그는 열성적으로 대답했다.

"가장 중요한 일을 하고 싶습니다. 어려운 일일수록 더 좋습니다. 그리고 가능하다면 이곳 장관님의 집무실에서 일하고 싶습니다."

"좋네."

유댈이 말했다.

"3등 보좌관이 필요한데 그 자리를 자네가 맡으면 되겠군. 우리가 해야 할 일이 몇 가지 있네. 그중 하나가 울프 트랩 팜(Wolf Trap Farm)에 공연 예술을 위한 국립공원을 조성하는 것일세. 나는 그게 왜 불가능한지 이해할 수가 없어. 자네가 한 번 시도해봤으면 하네. 내 보좌관인 오렌 비티가 여기 일이 어떻게 돌아가는지 기꺼이 대답해줄 걸세. 해야 할 일이 없거나 내 도움이 필요할 때는 언제든 나를 찾아오게. 주말 잘 보내고."

말을 마친 유댈은 문으로 향했다. 그리고 잠시 걸음을 멈추더니 돌아서서 이를 드러내고 싱긋 웃으며 이렇게 말했다.

"아, 그런데 우리는 토요일마다 여기에서 일을 한다네."

## 훌륭한 리더가 되기 위해서는
## 조직의 핵심 사명에 초점을 맞추어야 한다

비티는 베블린에게 울프 트랩 팜이 워싱턴 외곽에 있다고 설명해주었다. 시내와 새롭게 완공된 덜레스(Dulles) 국제공항 사이에 있는 그 멋진 땅은 캐서린 샤우스가 소유하고 있었다. 그녀는 부유한 미망인으로서 1960년대 초에 이미 그 땅에 국립공원 관리하에 국립 공연예술 센터를 만들고 싶다는 의사를 밝힌 적이 있었다. 유댈은 물론 그 계획에 찬성했다. 그것은 사람들이 있는 곳에 공원을 조성한다는 내무부의 사명과도 맞아 떨어지는 것이었다. 유댈은 공원관리국에 계획을 세워 그 지역을 개발하라고 지시했다. 그런데 얼마 후 샤우스 부인이 새로운 제안을 하면서 계획은 곧 중단되었다. 그녀는 새로운 공원 정책과 운영에 대해 자신이 전적으로 통제권을 유지하는 조건에서만 그 농장을 정부에 기증하겠다고 했다. 공원관리국은 샤우스 부인에게 자문 역할 이상을 맡길 수 없다고 주장했고, 이윽고 그녀는 자신의 제의를 철회했던 것이다.

샤우스 부인은 가능한 모든 정치적 압력을 동원해 공원관리국을 압박했다. 하지만 아무런 효과도 얻지 못했다. 오히려 공원관리국을 압박하려는 그녀의 시도는 역효과를 낳았다. 공원 관리국장 조지 하트조그는 유댈에게 전화를 걸어 이렇게 말했다.

"샤우스 부인에게 전해주십시오. 우리는 더 이상 그녀는 물론 그 문제와 관련해 그녀의 변호사나 그녀의 건축가와 더 이상 대화하지 않을 것입니다."

샤우스 부인은 유댈에게 중재를 요청했다. 하지만 유댈로서도 방법이 없었다. 그는 문제는 의회에 달려 있으며 자신이 생각하기에는 정부가 그녀의 기부를 수락하는 데 필요한 법안을 통과시킬 가능성은 없다고 말했다. 이로써 협상은 교착 상태에 빠졌고, 울프 트랩 팜 공연예술 공원 계획 자체도 폐기되었다.

"처음에는 나도 그 아이디어를 폐기하고 싶었습니다. 그런데 문득 이런 생각이 들었습니다. '아이디어 자체는 좋다. 사실 무척 멋진 아이디어다. 어쩌면 공원관리국이 과민 반응을 보이는 것일 수도 있다.'"

베블린은 얼마 후 울프 트랩 팜에 공연예술 센터를 건립하는 것과 관련해 샤우스 부인이 유일한 장애물은 아니라는 것을 알게 되었다.

"나는 하트조그 국장을 만나러 갔습니다. 아주 성실한 사람이라는 인상을 받았죠. 인사를 나눈 후 그에게 그 일과 관련한 모든 내막을 들었습니다."

당시 국립공원 시스템은 예산이 엄청 부족했다. 새로운 공원 시설은 물론이고 기존의 시설을 유지하는 것조차 불가능한 상태였다. 따라서 샤우스 부인으로 하여금 울프 트랩 파크에 대한 통제권을 포기하게 만든다 해도 국회와 예산국이 새로운 지출을 승인할 리가 없었다. 하물며 공원관리국이 울프 트랩 파크같이 돈 많이 드는 사업을 맡는 게 과연 옳은 일일까?

"울프 트랩 파크는 복잡한 문제였습니다. 토지가 정부에 양도되기 전까지 아무것도 할 수 없고, 양도는 의회가 승인할 때까지 이루어질 수가 없었죠. 게다가 공원관리국과 예산국이 승인하고, 상원의원이 발의하고, 상하원 승인위원회의 허가가 나야 했습니다. 샤우스 부인은 예술적 요소에 대한 통제권이 주어지지 않으면 땅을 기부하지 않겠다고 했죠. 공원관리국은 전적인 관리권을 고집했고요. 소유권이 그들에게 있다면 관리도 그들이 맡는 게 옳다는 주장이었죠. 모든 문제가 얽혀서 꼼짝도 못하는 상황이었습니다."

베블린은 거의 손을 들 지경이었다. 하지만 케네디 대통령의 말이 계속 귓가를 맴돌았다.

"사람들이 있는 곳에 공원을 만드는 방법을 찾아라."

그러자 희미하나마 빛이 보이기 시작했다. 공원관리국의 공연예술 관리가 자체적으로 이루어진다면 그 프로젝트의 진행을 정당화할 수 있을 터였다. 더욱이 새로 통과된 야외레크리에이션법은 내무부 장관에게 지역 공원의 발전을 촉진하기 위해 조건부 기부를 받아들일 수 있는 권한을 위임했다. 샤우스가 울프 트랩 팜을 내무부 장관에게 양도하면 되지 않을까? 그런 다음 국가 기관이 아닌 공원관리국에 양도된 땅을 이전하면 국회도 공원 설립을 인가할 수 있을 것이다. 그리고 샤우스 부인이 기부한 땅으로 재단을 설립하면 공연장을 짓고 훗날 울프 트랩 공원에서 이루어지는 공연을 지원할 수 있다. 공원관리국은 공원의 물리적 시설을 계획하고 그것을 관리할 수 있을 것이다. 재단은 공연에 대한 계획을 세우고, 그 비용을 지불하고 관리한다. 샤우스 부인은 재단의 회장직을 맡고 공원 자문으로 일한다. 베블린은 아이디어를 구체화시켰다.

이윽고 베블린의 계획에 대한 관심이 높아졌다. 버지니아 주 상원의원은 이 법안의 발의에 동의했다. 공원이 자립형이기 때문에 승인위원회 의장 역시 그 계획에 찬성했다. 샤우스 부인이 필요한 이전 서류에 서명한 것은 물론이다.

"나는 상황을 약간 이용했습니다. 땅과 돈의 이전을 정당화하기 위해 약간의 묵인이 필요했죠. 그러나 봄이 되자 모두가 동참하게 되었고, 법규의 초안이 마련되었습니다. 하지만 법안을 상정하기 전에는 예산국장에게 승인을 해달라는 탄원을 하지 않기로 했습니다. 그것이 오히려 심각한 장애가 될 수 있다고 생각했기 때문입니다. 예산국장이 처음 그 법안에 대해 알게 된 것은 국회에 상정되었을 때였습니다. 몇 시간 안 되어 이 유명한 사건이 사람들에게 알려졌습니다. 내무부 법률 고문과 비티 그리고 나, 이렇게 세 사람이 범인으로 밝혀졌지요. 예산국장을 만난 자리는 팽팽한 긴장감이 흘렀습니다. 하지만 그도 어쩔 수 없었지요. 상황이 너무 멀리 와버렸거든요. 예산국장은 스튜어트 유댈에게 전화를 걸어 다시는 그런 일이 없도록 해달라는 다짐을 받고 노기를 풀었지요. 얼마 후 유댈이 비티와 나를 집무실로 불러 이렇게 말했습니다. '예산국장에게 울프 트랩 공원은 하나로 충분하다고 말했네. 아주 잘했어!'"

베블린의 펠로십은 1966년 8월에 끝났다. 공원 설립 법안은 여전히 계류 중이었다. 2개월 후 법안은 상원과 하원을 통과했고 대통령의 재가를 받았다. 그리고 2년 6개월 후 샤우스와 스튜어트 유댈은 공원 건축물의 첫 삽을 떴다. 샤우스 부인은 센터 건립의 모든 과정에 참여하며 공연예술 파크에 생명을 불어넣는 데 시간과 재정적 지원을 아끼지 않았다.

현재 설립 40주년을 맞은 울프 트랩 공연예술 국립공원은 여전히 오페라와 발레, 재즈, 연극을 비롯한 모든 유형의 공연예술을 전문으로 하는 미국 유일의 국립공원으로 남아 있다. 이는 민간의 이해관계와 연방 정부가 힘을 합쳐 어떤 일을 할 수 있는지를 보여주는 훌륭한 사례이며, 부서의 사명을 지키고 일을 성사시키려는 젊은 WHF의 결단력과 한 발 물러서서 부하에게 신뢰를 보낸 리더의 역량을 입증한 사례이기도 하다.

WHF의 초대 프로그램 디렉터였던 톰 카는 다음과 같이 말했다.
"훌륭한 부하는 상관의 문제를 해결할 뿐 아니라 상관의 상관이 가진 문제가 무엇인지 주의 깊게 보는 사람입니다. 대통령은 내무부가 공원을 사람들에게 가까이 다가가게끔 만드는 사명을 이루기를 바랐고 베블린은 본능적으로 그 일을 성사시키는 데 몰두했던 겁니다. 그는 '정부의 일에 대해 배우는 것'에 안주하는 방관자가 아니었습니다. 그는 상관의 허가를 구하고 스스로 부서의 사명을 수행하는 일에 나섰습니다."

카길로 돌아가 사업 분야에서의 경력을 다시 시작한 베블린은 유명한 농업 기업 컨설팅 업체인 푸드 시스템 어소시에이트(Food System Associates,

Inc.)와 엔터프라이즈 컨설팅(Enterprise Consulting, Inc)을 설립했다. 이들 업체의 주요 업무는 비즈니스 리더들에게 자신의 핵심 사명을 인식시키고 거기에 집중해 점점 힘들어지는 비즈니스 환경에서 자신의 사업을 성장시키도록 도움을 주는 것이다. 현재 슈피리어 비즈니스 펌 라운드테이블(Superior Business Firm Roundtable)의 의장이기도 한 베블린은 최근《비즈니스의 길: 목적과 우수성에 대한 연구(The Way of Business: An Inquiry into Meaning and Superiority)》를 저술했다. 미국에서 사업을 하는 사람과 대중에게 비즈니스가 맡은 사회적 역할에 대한 식견을 제공하고자 하는 사명을 갖고 저술한 책이다.

## 사명은 어두운 하늘에서
## 당신의 모든 행동을 인도하는 북극성이다

훌륭한 리더가 되기 위해서는 조직의 핵심 사명에 초점을 맞추어야 한다. 사명이 무엇인지 파악하고 이해하고 그것을 실행해야 한다. 그것은 당신의 에너지를 쏟고자 하는 것이 무엇인지 알려주고 불필요한 과제에 귀중한 시간을 낭비하는 것을 막아주는 필터이다. 군 경험이 있는 사람이라면 신병훈련소에서 최우선적으로 배워야 하는 게 바로 사명이라는 사실을 알 것이다. 사명이 없다면 사람들은 방향 없이 허우적거리다 결국은 실패하게 될 것이다.

물론 마지막까지 중요한 것은 결과라는 사실을 잊지 말라. 조직은 반드시 조직의 사명을 수행하고 달성해야 한다. 그렇지 않으면 방향타를 잃고 조직원은 당황하게 된다. 조직의 모든 사람이 "우리는 누구인가? 우리가 하는 일은 무엇인가? 우리는 누구를 위해 봉사하는가?"라는 질문에 정확히 대답할 수 있어야 한다. 사명은 어두운 하늘에서 당신이 취하는 모든 행동을 인도하는 북극성이다.

제 3 장

---

# 리더는
# 자기 사람들에게 집중한다

---

LEADERS HAVE A LASERLIKE
FOCUS ON THEIR PEOPLE

## 자기 사람들에게 레이저 같은 집중력을 발휘하라

많은 사람이 군대를 부하의 의견이나 감정을 고려하지 않고 단순히 고함을 지르며 명령만을 하달하는 리더들이 있는 독재적인 집단으로 생각하는 듯하다. 하지만 나는 이 책을 집필하기 위해 WHF를 인터뷰하면서 그러한 믿음을 의심케 하는 패턴을 볼 수 있었다. 군에 있거나 군 경력을 가진 상관 곁에서 일했던 전임 WHF들로부터 훌륭한 리더는 사려 깊고 인정 어린 태도로 부하의 니즈에 집중한다는 말을 자주 들었다.

이번에 소개할 이야기가 모두 군과 관련 있는 것은 우연이 아니다. 사람의 생명이 가장 위태로울 수 있는 군대에서 인정과 배려의 여지가 있다면 회사의 중역실이나 라커룸, 교실, 사무실에도 분명 인정과 배려의 여지가 있어야 한다.

자기 사람에게 집중하라는 교훈을 받아들이고 실천한 사람 중 피트 도킨스(Pete Dawkins, WHF 73-74)를 빼놓을 수 없다. 도킨스는 리더십과 관련해 일생 동안 가장 인상적인 목록을 쌓아온 사람이다. 그는 소년 시절부터 승자(勝者)가 되기로 마음먹었다. 도킨스는 열한 살 때 소아마비 진단을 받았다. 환자에게 종종 신체 마비라는 심각한 후유증을 남기는 병이었다. 1955년 조너스 솔크(Jonas Salk)가 소아마비 백신을 내놓기 전인 1940년대와 1950년대에 소아마비는 전염성이 매우 높고 때론 죽음으로 이어지기도 했다. 그런 가운데 도킨스는 사지를 다시 쓸 수 있도록 수개월에 걸쳐 힘든 물리 치료를 받았고 마침내 병을 이겨냈다. 그 승리의 순간부터 도킨스는 쉬지 않고 비범한 도전에 나서며 자신의 역량을 다듬었다.

소아마비를 이겨낸 도킨스는 디트로이트 외곽에 있는 유명한 사립학교 크랜브룩 킹스우드 스쿨(Cranbrook Kingswood Schools)의 장학생으로 선발되었다. 그는 성적 면에서 탁월했을 뿐 아니라 야구 팀의 주장으로 활약했고 미식축구에서는 리그 최고의 쿼터백이기도 했다.

도킨스는 예일 대학에 입학할 수 있는 기회를 포기하고 웨스트포인트 사관학교를 선택했다. 그곳에서도 두각을 나타내 풋볼 팀의 하프백으로 주장을 맡음과 동시에 하키 팀의 부주장을 맡았다. 또 여단장에 학년 대표를 맡고 동기생 중 상위 5퍼센트의 성적을 거두었다. 너무나 특출하고 장래가 촉망되는 학생으로 〈라이프〉와 〈리더스 다이제스트〉에 소개되기도 했다. 1958년에는 칼리지 풋볼 최고의 영예인 두 개의 상, 즉 하이즈먼 트로피(Heisman Trophy)와 맥스웰 어워드(Maxwell Award)를 수상해 토니 도르셋(Tony Dorsett), 마커스 앨런(Marcus Allen), 비니 테스타버드(Vinnie Testaverde), 로저 스타우바흐(Roger Staubach), 폴 호닝(Paul Hornung)과 같은 반열에 올랐다. 웨스트포인트를 우등으로 졸업한 뒤에는 로즈 장학생으로 옥스퍼드 대학에 진학했다.

옥스퍼드에서 철학과 정치학, 경제학 학위를 받은 도킨스는 보병훈련대와 특별유격훈련대를 마치고 82공수사단에 배치되어 소총 중대를 이끌었다. 베트남 전쟁 때는 1공수대대의 수석 참모를 맡았다. 두 개의 동성 무공훈장을 받았으며 한국에서는 대대장, 포트 오드의 여단장, 101공수사단의 사단장을 지냈다. 이후 웨스트포인트에서 강의를 하고 WHF로 선발되어 국방장관 빌 클레먼츠(Bill Clements)의 군사 고문으로 일했다. 펠로십 기간 동안 도킨스는 베트남 전쟁 후 전군(全軍)을 지원병으로 전환하는 책임을 맡은 부서에서 일을 맡았다. 24년에 걸친 군복무를 마친 도킨스는 준장으로 전역한 후 세계적인 투자 은행 리먼 브라더스(Lehman Brothers)의 파트너로서 민간 부문에서의 경력을 시작했다. 이어서 비즈니스와 전략 컨설팅 기업 베인 앤드 컴퍼니(Bain and Company)의 부회장, 금융 서비스 업체 프라이메리카(Primerica)의 CEO, 트래벌러스 그룹(The Travelers Group)의 복합 유통 부문 CEO를 역임하고 시티그룹(Citigroup)의 부회장이 되었다.

이렇게 엄청난 성과를 거두면서 피트 도킨스는 성공적인 리더가 되는 데 필요한 것이 무엇인지 무수히 깨달았다. 하지만 그는 리더십 성공의 열쇠는 아주 단순하게 한 가지뿐이라고 말한다. 그것은 바로 자기 사람들에게 레이저 같은 집중력을 발휘하는 것이다. 낙하산을 타고 적진에 침투하는 공수 중대를 이끌 때나 이윤을 극대화하기 위해 애쓰는 기업 이사회를 이끌 때 그리고 완벽한 성적을 내기 위해 뛰는 풋볼 팀을 이끌 때에도 그 중심에는 항상 그의 사람들이 있었다.

도킨스는 이렇게 말한다.

"사람을 대하는 기술은 단순하지만 가장 중요합니다. 어떤 조직이든 사람들로 하여금 자기 리더가 그들을 알고, 그들을 이해하고, 그들을 배려한다고 믿게 해야 합니다. 그들과 친구가 되어야 한다는 뜻이 아닙니다. 강인하고 무서운 사람이 되지 말라는 뜻도 아닙니다. 사람들은 리더에게 자기 친구가 되어주기를 바라지 않습니다. 그들은 리더가 '존경'할 만한 사람이기를 바랍니다. 물론 리더는 기술적인 능력이 있어야 합니다. 자신이 무엇을 하고 있는지도 알아야 합니다. 그러나 무엇보다 사람을 다루는 능력을 반드시 갖추어야 합니다."

도킨스는 사람을 다루는 능력이란 자신의 팀이나 조직에 속한 사람들을 존중하는 것이라고 말한다. 그것은 아주 단순하다. 사무실에 있는 모든 비서관과 직원의 이름을 외우고 마주칠 때마다 따뜻하게 인사를 건넨다. 도킨스는 밤에 자기 사무실을 청소하는 사람의 이름까지도 모두 알고 있다.

"내 주변에서 일하는 사람들에 대해 결혼했는지, 독신인지, 자녀는 몇인지, 건강한지, 아픈지, 어떤 여가 생활을 하는지 파악하고 있어야 합니다. 그런 것은 기계적으로 익히는 게 아닙니다. 아주 자연스러워야 합니다. 그럼으로써 당신의 관심과 배려가 그들이 당신이나 조직을 위해 뭔가를 해주기 때문이 아니라 한 사람의 인간으로서 대우받는다는 것을 이해하게 하십시오. 그러는 사이 당신에 대한 신뢰는 쌓이게 마련입니다. 신뢰는 사람들이 흔히 생각하는 것보다 훨씬 큰 힘을 발휘합니다."

## 팀원들로 하여금 자신이 존중받고 있음을 깨닫게 하라

미첼 리스(Mitchell Reiss, WHF 88-89) 역시 자기 사람들에게 집중하는 것이 리더에게 엄청 강력한 도구가 된다는 사실을 깨달았다. 그는 WHF 기간 동안 자신의 상관인 국가 안보 담당 보좌관이자 전 국무장관 그리고 전임 WHF이기도 한 콜린 파월에게서 귀중한 교훈을 얻었다.

"펠로십을 시작하고 2주가 지난 어느 날 국가안전보장회의 직원과 가족을 위한 주말 피크닉이 있었습니다. 우리는 서둘러 피크닉 장소로 향했습니다."

그런데 파월 장군은 벌써 도착해서 버거와 핫도그를 구우며 행사 준비를 돕고 직원뿐 아니라 가족까지 한 사람 한 사람을 맞이하고 있었다. 그때의 일을 리스는 이렇게 회상한다.

"장군이 내게 다가왔습니다. 장군은 내 이름을 알고 있었을 뿐 아니라 내 아내 엘리자베스에게 자신을 소개하기까지 했습니다. 그리고 아내에게 남편인 나를 국가안전보장회의에서 일할 수 있게 해주어서 고맙다고 인사했습니다. 짧지만 아주 친밀했던 파월 장군과의 그 대화가 나에게 큰 인상을 남겼습니다. 장군이 자리를 떠난 뒤 아내가 내게 이렇게 말했습니다. '저분을 위해서라도 당신은 열심히 일해야겠어요. 밤늦게까지 일한다 해도 불평하지 않을게요.' 이것이 리더십에서 비롯되는 변화의 능력입니다. 나는 그 사실을 콜린 파월을 통해 직접 경험할 수 있었죠. 훗날 국무부에서 일하며 그러한 팀워크와 공감을 이끌어내기 위해 노력할 때 당시의 경험이 아주 유용한 교훈이 되었습니다."

파월의 팀원은 자신들이 존중받는다는 사실을 잘 알고 있었다. 파월 스스로 그들이 어떤 존재인지를 직접 보여주었기 때문이다.

## 필요할 때는 언제나 상사에게
## 도움을 청할 수 있다는 것을 알게 하라

샤론 리치 멜번(Sharon Richie Melvan, WHF 82-83) 역시 자기 직원들의 가치를 높이 사고 그것을 증명하는 기회를 결코 놓치지 않는 상관을 모신 경험을 갖고 있었다. 종군 간호사 출신인 멜번은 WHF 당시 소령이었다. 그녀의 상관은 '정부 간 문제(Intergovernmental Affairs)' 담당 대통령 보좌관 리처드 윌리엄슨(Richard Williamson)으로서 당시 주지사, 시장, 행정관들과 연방정부와의 상호 관계를 지원하는 임무를 맡고 있었다. 멜번은 오랜 군 생활 동안 세계에서 가장 훌륭한 군사 지도자들과 함께 일했음에도 불구하고 자신이 아는 최고의 리더로 주저 없이 윌리엄슨을 꼽았다.

"윌리엄슨과 다른 직원들의 상호 관계를 보면서 많은 것을 배웠습니다. 그는 상호 관계를 대단히 중시했기 때문에 모든 사람에게 그것을 요구했죠. 우리는 매일매일 열심히 일했고 늦게까지 사무실을 지켰습니다. 금요일 5시만 되면 윌리엄슨의 비서가 맥주며 와인에 과자를 꺼내놓았죠. 모두 윌리엄슨이 우리에게 주는 것이었습니다. 우리는 문을 잠그고 발을 책상에 올린 채 한 시간 정도 그 주일 동안 일어난 일에 대해 잡담을 했습니다. 매주 금요일마다요. 윌리엄슨은 모든 팀원을 존중하고 소중히 생각하고 지원을 아끼지 않았습니다. 우리에게도 똑같이 하라고 가르쳤죠."

직원을 대하는 윌리엄슨의 일상적인 자세는 멜번에게 꾸준히 영향을 미쳤다. 하지만 자기 사람에게 집중하는 일이 정말 어떤 것인지를 가장 확실하게 보여준 사례는 어느 날 오후에 일어났다. 멜번이 통합 업무국에서 일하고 있을 때였다. 그녀는 자신이 중령으로 조기 승진했다는 소식을 들었다. 그것도 전화로. 멜번이 당황한 것은 당연했다. 승급 대상자라는 사실조차 몰랐기 때문이다. 전화를 끊고 멍하니 있는데 옆에 앉아 있던 비서가 무슨 일이냐고 물었다.

"나는 그녀에게 내가 중령으로 승진했다는 얘기를 해주었습니다. 그런데 그녀가 별다른 반응을 보이지 않는 거예요. 그래서 승진이 내게 얼마나 중요한 일인지 모르는 모양이라고 생각하며 다시 일을 계속했습니다. 승진 때문에 무척 흥분했지만 다른 사람에게는 그 사실을 말하지 않았죠. 그날 오후 4시에 윌리엄슨이 저를 호출했어요. '회의실에 가서 보고서를 가져오게.' 나는 복도를 가로질러 회의실로 갔죠. 모든 직원이 그곳에 있었습니다. 샴페인과 장미꽃도 있고요. 벽에는 커다란 미국 국기까지 붙여두었더라고요. 동료 직원 중 하나는 패튼 장군처럼 머리에 큰 헬멧을 쓰고 있었어요. 그 친구가 내게 국기 앞에 있는 자리를 권했어요. 윌리엄슨은 몇 주 전부터 내가 승진 대상에 올랐다는 사실을 알고도 내색하지 않았던 거예요. 그리고 나 몰래 깜짝 파티를 준비해 모두가 나를 축하해주도록 했던 것이죠. 멋지다는 생각밖에는 들지 않았습니다."

몇 년 후 미국 최고의 육군 병원 세 곳에서 수간호사가 된 멜번은 WHF 시절 상관으로부터 배운 것을 실천에 옮겼다. 병원에 출근하는 모든 간호사를 직접 만나 개인적인 목표와 직업적인 목표에 대해 물었다. 매일 병원을 돌아보며 간호사들이 일을 하는 데 필요한 것은 없는지 확인하고, 그들이 자신의 목표를 이루어가고 있는지 계속해서 눈여겨보았다. 진급을 했거나 생일 또는 기념일을 맞이했거나 자녀가 탄생한 직원에게 개인적으로 편지를 보내는 것도 잊지 않았다.

"내 얘기의 요점은 필요할 때는 언제나 상관에게 도움을 청할 수 있다는 사실을 아랫사람들이 알고 있어야 한다는 것입니다. 근무지가 바뀌어 마지막 소감을 말하는 자리에서 많은 직원이 하나같이 말하는 게 있습니다. 내가 자신들을 배려해주었고 자신들의 삶에 많은 변화를 주었다고요."

## 조직원을 부하 직원이기에 앞서
## 한 인간으로서 대하라

멜번 대령이 WHF 기간 동안 민간인으로부터 중요한 리더십 교훈을 얻은 것처럼 로즈 장학생이자 웨스트포인트 졸업생으로 WHF 당시 소령이었던 존 티엔(John Tien, WHF 98-99) 역시 그랬다. 티엔은 WHF 시절 통상대표부 부대사 수전 에서먼(Suzan Esserman)과 함께 일하게 되었다. 에서먼은 티엔에게 외국 통상대표부와의 회의를 준비하는 일뿐만 아니라 그 회의 석상에 참석할 수 있는 기회도 주었다.

티엔은 에서먼이 테이블 반대편에 앉아 있는 사람들과의 개인적 인간관계를 형성하기 위해 얼마나 헌신적으로 노력하는지를 직접 목격했다. 외국 통상대표와 만나기 전에 에서먼은 먼저 상대방이 만남을 허락해준 데에 대한 감사의 편지를 쓰곤 했다. 또 회의가 열리기 전날에는 상대국 대표에게 전화를 걸어 자신이 그 혹은 그녀와의 만남을 얼마나 고대하고 있는지 전함으로써 그런 고위급 회담에 따르게 마련인 딱딱한 분위기를 누그러뜨렸다. 마지막으로 에서먼은 교섭 사안에 대한 연구는 물론 상대방이 어떤 사람이며 그 나라의 국민은 어떤 사람들인지에 대한 조사도 빼놓지 않았다.

티엔은 이렇게 말한다.

"나는 에서먼에게서 상대방과의 개인적 인간관계를 정립하고 난 뒤 공식적 관계를 맺는 것이 얼마나 중요한 일인지 배웠습니다."

10년 후, 티엔은 1000명의 병사와 함께 이라크의 탈 아파르로 파견되었다. 도시의 치안과 안정을 도모하기 위해서였다. 이라크에서 함께 일하게 될 파트너 나짐 압둘라 알 자바우리(Najim Abdullah Al jabouri) 소령을 대할 때 그는 에서먼에게서 배운 편안한 접근 방식을 적용했다. 그는 탈 아파르 시내 중심가에 있는 나짐 소령의 사무실에서 50미터가량 떨어진 곳에 살며 박격포와 자살 폭탄 공격을 함께 견뎠다. 수많은 밤을 그 지역과 세계의 정세에 대해 토론하며 보냈다. 그리고 1년 후, 두 사람은 평생의 친구이자 서로를 신뢰하는 동지가 되었다.

"이라크는 한 국가로서 성공할 수도 있고, 성공 못할 수도 있습니다. 하지만 어찌 되든 우리 병사들과 나짐 소령 그리고 나는 탈 아파르를 전쟁의 폐허에서 독립적인 도시로 바꾸는 일을 돕기로 했습니다. 2006년 10월 18일을 기해 미군은 100퍼센트 탈 아파르를 떠났고, 나는 직접 내가 가지고 있던 '열쇠들'을 나짐 소령과 이라크군에게 건넸습니다. 그 이후 지금까지 탈 아파르는 안정을 유지하고 있습니다. 나는 에서먼에게 커다란 빚을 졌습니다. 저에게 진정한 세계 시민이 되는 방법을 가르쳐주었으니까요."

티엔은 통상대표부 부대사 리처드 피셔(Richard Fisher)에게서 또 다른 귀중한 교훈을 얻었다. 리처드 피셔는 현재 댈러스 연방준비은행의 행장이자 CEO로 일하고 있다. 피셔가 이룬 성과는 대단히 인상적이다. 그는 해군사관학교와 하버드 대학, 스탠퍼드 대학을 졸업하고 옥스퍼드 대학에서 라틴 아메리카 정치학을 공부했다. 또 투자 은행가로서 캐피털 매니지먼트 펀드 회사의 CEO을 역임했고 카터 행정부 시절에는 재무차관으로 일했다. 미국 무역대표부 부대사로 활동할 당시 피셔는 북아메리카 자유무역협정을 비롯해 그 외 다른 협정의 이행을 감독하기도 했다. 하지만 피셔가 가졌던 이 높은 직함과 다양한 지식에도 불구하고 리더십에 대한 티엔의 견해를 바꾸게 한 것은 아주 간단한 메시지였다.

1999년 4월의 일이었다. 티엔은 피셔와 함께 전 국무장관 제임스 베이커(James Baker)가 라이스 대학에서 주최하는 행사에 참석하기 위해 휴스턴으로 가는 길이었다. 피셔는 그 행사에서 연설을 한 후 텍사스 주지사 마크 화이트(Mark White)와 회담을 갖고 다음 날 워싱턴으로 돌아올 예정이었다. 주지사의 보좌관이 휴스턴의 고급 정부 청사 중 한 곳에서 비공개 오찬을 하자고 제안했다. 하지만 피셔는 그 제안을 거절하고 다른 장소를 잡았다. 라이스 대학 근처의 작은 멕시칸 레스토랑이었다.

"나는 피셔에게 왜 좋은 정부 청사 대신 작은 식당에서 식사를 하려는 건지 물었습니다. 그가 대답했죠. '그래야 존, 자네가 테이블에 앉기가 쉽지 않겠나. 자네만 혼자 두고 싶지 않았다네.' 내가 경험한 최고의 정치학 수업이었습니다!"

점심 식사 후, 피셔는 워싱턴으로 즉시 돌아오라는 전화를 받았다. 다음 날 아침 일찍 열리는 중국과의 중요한 통상 관련 회의에 꼭 참석해야 했던 것이다. 휴스턴 경찰이 피셔와 티엔을 공항까지 에스코트했고, 티엔은 가장 빨리 출발하는 비행기를 타기 위해 황급히 티켓 카운터로 달려갔다.

"카운터 직원이 일등석은 하나만 남아 있고, 대사는 일반석 요금으로 그 좌석을 이용할 수 있다고 말했습니다. 그 비행기에 탑승하면 피셔는 저녁 무렵이면 워싱턴에 도착할 수 있었습니다. 나는 피셔에게 표를 건네주면서 말했습니다. '저는 원래 예약한 대로 내일 비행기 편으로 가겠습니다.' 그러자 피셔가 이렇게 말했습니다. '존, 자네는 군에 있는 동안 가족과 함께 보내는 저녁 시간을 이미 많이 놓쳤지 않나.' 그러고는 직접 티켓 카운터로 가서 일등석 표를 다음 비행기의 일반석으로 바꾸었습니다. 우리는 함께 저녁을 먹었습니다. 그는 나와 나란히 앉아 '사막의 폭풍 작전'에 참전했던 내 이야기를 들었습니다. 우리는 오후 8시에 워싱턴에 도착했습니다. 1999년 4월의 그날 밤을 가족과 함께 보낼 수 있었던 거죠. 그날 낮에는 진정한 리더와 함께했고 말입니다. 피셔 부대사처럼 높은 자리에 오른 적은 없습니다만, 나 역시 부하 직원들과 비슷한 관계를 맺고 있습니다. 나이나 직위의 차이를 막론하고 말이죠. 나는 언제나 그날 피셔에게서 배웠던 것을 실천하려고 노력합니다. 조직원을 부하 직원으로서보다는 우선 인간으로서 대하라는 가르침을 말입니다."

## 뛰어난 리더는 부하들과의
## 훌륭한 커뮤니케이션 수단을 갖고 있다

이처럼 티엔은 에서먼 대사와 피셔 부대사에게서 긍정적 리더십에 대해 배운 반면 불행히도 자신의 상관에게서 해서는 안 될 일을 배운 WHF들도 있었다. 공군 소령 존 푸스테이(WHF 66-67)는 펠로십 기간 동안 국무장관 딘 러스크의 국방 보좌관으로 일하게 되었다. 러스크는 케네디 대통령과 존슨 대통령 행정부의 국무장관으로서 오랫동안 백악관에서 일했다. 남부의 가난한 농가 출신으로서 독학으로 학업을 마치고 마침내 로즈 장학생, 법률가 그리고 훈장을 받은 군인이 되기까지 엄청난 노력을 한 사람이었다. 하지만 푸스테이가 보기에 러스크의 리더십 테크닉에는 심각한 하자가 있었다.

푸스테이는 그때의 일을 이렇게 회상한다.

"러스크는 전혀 거만한 사람이 아니었습니다. 하지만 국무부 사람들과 많은 시간을 보내지 않았죠. 그가 자기 사람들과 통한다는 느낌을 받은 적이 거의 없습니다. 그는 오직 자신의 일만 했죠. 서류를 읽는 것 같은 일 말입니다. 하지만 조직의 전체적인 측면에서는 그가 진정한 리더십을 발휘했다고 볼 수 없습니다. 나는 군인으로서 그런 면을 아주 중요하게 생각합니다. 그때의 경험 때문에 이후 내 경력에서 모든 통솔력이나 지도력의 가장 중요한 특징은 전체 조직에 나의 발자취를 스며들게 하는 것이 되었습니다."

예를 들어, 푸스테이는 병원과 정비 시설 그리고 훈련을 위한 부속 건물이 포함된 대규모 공군 트레이닝 센터의 지휘관으로 있을 때 그곳에서 일하는 사람들과 이야기를 나누기 위해 밤낮없이 그 복합 건물의 여러 구역을 방문했다.

"병원의 정신과 병동에 가서 레지던트들과 이야기를 나누기도 하고, 주방으로 들어가 요리사들과 대화를 하기도 했죠. 모든 사람에게 내가 누구인지 알리고, 내가 그들에게 관심을 가지고 있다는 것을 보여주는 것이 내겐 아주 중요했으니까요."

자신을 휘하에 있는 모든 사람이 가까이 다가올 수 있도록 만드는 푸스테이의 리더십 기법은 조직 전체에 긍정적인 영향을 주었다. 한밤중에 일하는 일용직 직원부터 부사령관까지 모든 사람이 자신들의 불평과 제안에 귀를 기울이는 리더가 있고, 그 리더에게 뭐든 의지할 수 있다는 것을 알게 된 것이다. 푸스테이는 자신과 부하 직원 사이에 커뮤니케이션의 통로를 만들었고 그것을 유지하는 데 최선을 다했다.

푸스테이 장군이나 버나드 뢰프케(WHF 70-71) 장군 같은 훌륭한 리더는 사람들이 인정과 지원을 받는다고 느낄 때 자연스럽게 좀 더 생산적이 되며 자기 일에 헌신하게 된다는 것을 이해하고 있었다.

WHF를 떠난 후 오랜 시간이 지나 뢰프케는 미 남부사령부 사령관으로 임명되었다. 그곳에서 뢰프케는 부하들에게 일상적으로 "관등성명을 대라."는 요구를 했다. 하지만 그것은 보통 하는 대로 잘못한 부하를 추궁하거나 꾸짖기 위함이 아니었다. 좋은 성과를 내고 있는 부하인지 알아내 감사의 메모를 전달하기 위해서였다. 그는 손수 쓴 감사의 편지로 고마움을 표현하곤 했다.

"누가 실수했는지는 알고 싶지 않았습니다. 부정적인 것은 듣고 싶지 않았죠. 부정적인 얘기는 듣고 싶지 않아도 항상 듣게 되니까 말입니다. 나는 부하들이 장단기적인 목표를 달성하는 데 누구의 도움이 가장 컸는지 알고 싶었습니다. 그리고 그들의 이름을 기억했습니다. 예를 들어, 사격 연습장에 갔다가 정말 일 잘하는 하사관을 본 적이 있습니다. 내가 본 최고의 사격장이었죠. 물론 그의 이름을 기억해두었습니다. 내 전속 부관이 주소를 일러주면 나는 매일 밤 내 부하들을 도와준 사람이나 일 잘하고 있는 부하들에게 직분을 성실히 해주어서 감사하다는 편지를 직접 썼습니다. 하룻밤에 최소 다섯 통의 편지를 썼죠. 누구나 인정(認定)을 필요로 하는 법입니다."

제 4 장

## 리더는 자신과 타인에 대한 선입견을 근절한다

LEADERS ROOT OUT PREJUDICE
IN THEMSELVES AND OTHERS

> 리더는 언제나 다른 사람에게 손을 내밀 준비가 되어 있으며, 진정한 리더인지 아닌지 여부는 일을 공정하게 처리하는지 여부에 따라 확인할 수 있다. 훌륭한 리더는 누구에게나 재능과 역량이 잠재되어 있다는 사실을 알고 있다. 따라서 인종이나 성별, 종교, 연령 등으로 사람에 대한 판단을 내리지 않는다. 자기 자신뿐 아니라 다른 사람에 대한 편견을 뿌리 뽑고 자기 조직 내에서 모든 계층의 모든 사람이 재능과 공적을 기반으로 동등한 기회를 가질 수 있도록 한다.

## 진정한 리더는 역경을 극복의 대상으로 여긴다

1964년의 공민법이 발효된 지 11년이 지났지만 미국 사회 내에서는 여전히 인종차별이 만연하고 있었다. 흑인인 클리프 스탠리(Cliff Stanley, WHF 88-89)는 해병대에서 5년간 복무하고 1975년 당시 대위 계급까지 진급한 상태였다. 그는 해군사관학교에서 학생들을 가르치는 데 많은 시간을 할애했지만 아내 로즈와 어린 딸 엔지를 비롯해 유대감이 강한 대가족과 함께하는 시간은 항상 따로 챙겨두었다.

1975년 4월 13일 일요일 오후 5시경, 스탠리와 그의 가족은 형의 집이 있는 메릴랜드 휘튼에서 저녁 식사를 하고 아나폴리스로 돌아오는 길이었다. 스탠리가 운전을 하고 아내 로즈는 앞자리 그의 옆에, 어머니와 아버지는 엔지를 안고 뒷자리에 앉아 있었다. 앞에서는 그의 삼촌 코니가 차를 운전하고 있었다. 스탠리 가족이 조지아 애버뉴와 유니버시티 대로를 지나 워싱턴 D. C.로 향하는 작은 캐러밴 속에서 이야기를 나누고 있을 때 갑자기 앞유리가 산산조각 났다.

"나는 차를 세웠습니다. 로즈는 제게 몸을 기대고 있었죠. 그녀는 괜찮다고 말했습니다. 아버지와 나는 삼촌의 차가 앞쪽에 서 있는 것을 보았습니다. 우리는 차에서 내려 뛰어갔죠. 가슴과 복부에 총을 맞은 삼촌은 이미 숨을 거둔 뒤였습니다. 우리는 눈앞에 있는 현실을 믿을 수 없었습니다. 우리 차를 돌아보니 응급 요원들이 로즈를 끌어내고 있었습니다. 그때 우리는 로즈도 총에 맞았다는 것을 깨달았습니다. 아내는 자신이 총에 맞았다는 사실조차 모르고 있었던 겁니다. 사람들은 계속해서 소리치고 있었습니다. '엎드려! 엎드려!'"

근처에 아직 총을 든 살인범이 설치고 있었던 것이다.

경찰이 살인범을 둘러쌌다. 살인범은 45구경 권총과 총탄이 든 가방으로 무장하고 있었다. 범인이 총을 내려놓지 않자 경찰은 그를 사살했다. 살인범은 식료품 봉지를 손에 들고 일터에서 집으로 걸어가는 젊은 남성을 포함해 그날 오후 인근을 걷거나 차를 타고 지나던 무고한 두 명의 흑인을 죽이고 다섯 명에게 부상을 입혔다.

그때 일로 로즈 스탠리는 다시는 걷지 못하게 되었다. 총격으로 인해 반신불수가 되었던 것이다. 그의 가족은 그녀가 남은 생애를 휠체어에서 보내야 한다는 사실을 받아들여야만 했다.

해병대에서는 스탠리에게 충분한 시간을 주고 젊은 부부가 휠체어 접근이 쉬운 해군사관학교 캠퍼스의 관저로 이주해 살 수 있게 배려했다. 심지어 그가 원한다면 아나폴리스가 아니 다른 지역에서 근무해도 좋다고 했다. 하지만 그는 그토록 심각한 인종차별 사건을 겪었음에도 불구하고 그곳에 남기로 했다.

"해병대는 완벽하지 않았습니다. 하지만 어떤 것도 완벽하지는 않죠. 어디나 그렇듯 그곳에도 편견이 있었습니다. 예를 들어, 해병대 내 2만 1000명의 장교 중 흑인 장교는 100명도 되지 않았습니다. 흑인 장군은 물론 대령조차 없었습니다. 당시 나는 진부한 생각들과 맞서 싸웠지만 그것은 단지 시대의 산물이었을 뿐입니다. 나는 진급을 하기 위해 다른 사람보다 다섯 배는 더 열심히 일해야 한다는 것을 알고 있었습니다. 그래서 모든 힘을 쏟았죠. 인종 문제 따위에 에너지를 낭비하고 싶지는 않았습니다. 그래도 나는 해병대를 사랑합니다. 해병대는 큰 사랑으로 우리 가족을 포용해주었죠. 그리고 세상은 변해가고 있습니다. 그것이 미국 사회의 가장 아름다운 점이죠."

세상은 변했다. 하지만 아직도 개선의 여지는 많이 남아 있다. 최근의 통계는 스탠리가 겪었던 시대에 비해 사정이 그리 크게 나아지지 않았다는 것을 보여준다. 2008년 7월 연합통신은 미군의 전체 장성 중 5.6퍼센트만이 흑인이라고 보도했다. 해리 트루먼(Harry Truman) 대통령이 군에서의 인종차별을 철폐한 지 60년이 지난 시점에서도 흑인 고급 장교가 그토록 드문 것은 대단히 놀라운 일이다.

스탠리는 자신의 경력 내내 마주쳤던 편견과 1975년 그의 가족에게 닥친 비극을 극복할 수 있었던 것을 믿음의 힘으로 돌렸다.

스탠리는 이렇게 말한다.

"그 모든 일을 거치는 동안 우리 가정은 더욱 강건해졌습니다. 내 눈앞에서 로즈가 총에 맞고 삼촌이 숨을 거둔 일을 겪은 후 나는 바로 그것이 내 인생이라고 생각했습니다. 다른 사람이, 특히 편견을 가진 다른 사람이 나를 어떻게 생각하는가라는 문제보다 더 중요한 것이 있었으니까요. 내게는 감사해야 할 것들이 대단히 많습니다. 그리고 내 인생의 고난조차 내게는 축복이었다는 것을 나는 알고 있습니다."

스탠리는 미 해병대 최초로 흑인 연대장이 되었다. 2002년 소장으로 전역할 때 그는 해병대에서 최고 직위에 오른 흑인 장교 중 하나였다. 장군으로서 얻은 두 개의 별은 역경을 이겨내리라는 굳은 결단을 통해 이루어낸 결실이었다.

오랜 기간 동안 그는 수백 명의 사병 특히 흑인 사병과 장교들의 자애로운 멘토가 되었다. 그 젊은이들이 고위직에 있는 같은 인종에게서 역할 모델을 찾았던 것이다. 그는 그들에게 다가가 상담을 해주고 일과 개인 생활에 대한 지원을 아끼지 않았다. 경력 내내 그는 인종차별 문제를 신중하게 다루었다. 그가 복무하는 곳마다 공정한 경쟁의 장이 되고 모두가 능력과 품성에 따라 판단하는 군대가 되도록 만전을 기했다.

스탠리는 평생 간직해온 학문에 대한 관심을 성취하기 위해 중장이 되는 것을 포기하고 펜실베이니아 대학의 부총장이 되었고, 그곳에서 '대학 내 인성 개발의 중요성'이라는 논문으로 박사 학위를 받았다. 2004년에는 스칼러십 아메리카(Scholarship America)의 CEO가 되어 150만 명 이상의 학생들에게 20억 달러의 장학금을 전달함으로써 그들이 대학에 진학할 수 있는 길을 마련해주었다.

## 누구에게나 재능과 역량이
## 잠재되어 있다는 믿음을 가져라

사실 훌륭한 리더들은 언제나 다른 사람에게 손을 내밀 준비가 되어 있다. 특히 도움이 필요한 사람들에게 말이다. 책임 있는 진정한 리더인지 아닌지 여부는 일을 공정하게 처리하는지 여부에 따라 확인할 수 있다.

공정한 대우로 유명한 사람 중 전 교통부 장관 존 A. 볼페(John A. Volpe)를 빼놓을 수 없을 것이다.

이탈리아 이민자의 아들이었던 볼페는 건설 회사를 차려 일하던 중 정치 경력을 시작해 1960년 매사추세츠 주지사에 당선되었다. 주지사 재임 기간 동안 볼페는 교육 기회의 평등을 촉진하는 법안과 가난한 사람을 위한 공공 주택 확충 법안에 서명했다. 1968년 대통령직에 도전했으나 실패하고 1969년 1월 대통령에 당선된 리처드 닉슨에 의해 교통부 장관으로 임명되었다. 이때 볼페는 파스토라 산 후앙 카페르티(Pastora San Juan Cafferty, WHF 69-70)를 자신의 WHF로 선택했다.

조지 워싱턴 대학의 강사였던 카페르티는 WHF로 선발되어 볼페 장관의 특별 보좌관이 되기 전에 월 스트리트 펠로(Wall Street Fellow)이자 스미소니언 리서치 펠로(Smithsonian Research Fellow)였다. 교통부에서 보낸 펠로십 기간은 리더가 어떻게 변화를 불러일으키는지 그녀에게 가르쳐주었다.

"볼페는 연안경비대 식당에서 토요일마다 부관들과 점심 식사를 같이했습니다. 연안경비대 식당은 시내에서 음식이 가장 맛있었습니다. 백악관보다 훨씬 나을 정도였죠. 하루는 장관이 나를 토요일의 점심 식사에 초대했습니다. 나는 못 가겠다고 대답했죠. 당시 연안경비대 식당에는 여자가 들어갈 수 없었거든요. 하지만 그는 여자가 식당에 못 들어가도록 하는 건 부적절한 일이라며 그 규칙을 바꿀 것이라고 했습니다. 결국 나는 연안경비대 식당에 들어가 밥을 먹은 최초의 여성이 되었죠."

볼페는 교통부 건물 위층에서 일하는 사람은 모두 백인이고 아래층에서 일하는 사람은 대부분 흑인이라는 사실을 알고는 진저리를 쳤다. 그는 보좌관들을 소집해 그러한 상황을 용인할 수 없으며 그해가 끝나기 전에 인종차별을 없애겠다고 단언했다.

카페르티는 이렇게 말한다.

"어떤 결과가 나왔는지 아십니까. 정말 그해 안에 차별이 사라졌습니다. 나는 볼페 장관으로부터 리더십에 관해 많은 것을 배웠습니다. 일인자는 변화의 어젠더를 마련하고, 측정 가능한 명확한 목표를 제시하고, 그것을 이루겠다는 의지를 확실히 밝혀야 한다는 것을 말입니다. 우리는 목표를 확인하기 위해 일주일에 한 번씩 볼페의 집무실에서 채용과 진급에 관련된 통계를 검토했습니다. 나는 그 일을 통해 리더가 어떤 일을 해야 하는지 제시하고, 그것을 평가하고, 사람들이 그 일에 대해 책임감을 갖게 되면 그 일은 이루어진다는 것을 배웠습니다. 얼마나 어려운 일이든지 말입니다. 우리가 들어갈 당시의 교통부는 완벽하게 분리되어 있었습니다. 도시 전체에서 어떻게 그토록 극단적인 인종 분리가 이루어지고 있는지 믿기 힘들 정도였죠."

## 현재의 타성을 깨고 미래를 개척하라

1960년대 워싱턴의 고위직에서도 역시 유색인종의 접근은 불가능했지만 WHF는 그러한 트렌드에 단호히 반대하고 처음부터 흑인을 받아들였다. 론 리(WHF 65-66)는 최초의 흑인 WHF였다. 오늘날 그가 갖게 된 독특한 시각은 대부분 미국 우정공사에서 일한 펠로십 기간 동안 형성되었다. 론 리가 흑인이라는 사실은 물론 그의 상관 래리 오브라이언이 그에게 조직 변화의 전권을 주는 데 아무런 장애가 되지 않았다. 존슨 대통령의 의회 및 인사 담당 특별 보좌관으로 일하던 오브라이언은 1965년 워싱턴에 WHF 첫 클래스가 도착한 직후 미국 우정공사의 총재로 지명되었다. 당시 오브라이언은 존슨의 '위대한 사회' 법안 통과에 깊이 개입하고 있었다. 그래서 우정공사의 책임을 맡은 후에도 여전히 백악관 집무실에 머무르며 법안의 의회 통과를 위해 일했다. 그는 리에게 우정공사를 운영하는 데 도움이 필요하다고 말했다.

리는 그 도전을 열정적으로 받아들였다. 오브라이언이 여전히 백악관에서 머무르며 법안에 대한 상원의 인준을 기다리는 동안 워싱턴 우정공사 관리국뿐 아니라 국내 모든 우체국의 실무를 익히기 시작했다. 1966년 당시 미국 우정공사는 정부에서 가장 큰 민영 기관이었다. 60만 명의 직원과 7만 대의 차량을 이용해 매년 6000만 개의 노선에 700억 개의 우편물을 배달했다. 그러던 중 리는 전국 4만 4000명의 우체국장 중 겨우 2명만이 흑인이라는 사실을 발견하고 깜짝 놀랐다.

"창피한 일이었습니다. 래리와 나는 뭔가가 잘못되었다는 데 생각을 같이했습니다. 그것은 확연한 인종차별이었습니다. 당시 우정공사 직원의 30퍼센트는 소수 민족 출신이었기 때문입니다. 오브라이언은 즉시 저에게 진급 가능한 사람들을 찾아보라고 명령했습니다."

리는 소수 민족 중에서 우체국장이 될 만한 자격을 갖춘 직원을 찾는 일에 착수했다. 그리고 몇 달 만에 4명의 후보를 찾는 데 성공했다. 뉴욕과 시카고, 로스앤젤레스에서 각각 흑인 한 명 그리고 샌프란시스코에서 아시아인 한 명을 뽑은 것이다.

"이들 도시는 국내에서 우체국이 가장 큰 4개 지역을 대표하는 곳이었습니다. 우리는 그들을 우체국장으로 임명해 소수 민족의 사기를 진작시킬 생각이었습니다. 그들은 모두 해당 지역의 내부 사정을 잘 알고 있을뿐더러 모두가 그곳에 오랫동안 재직하면서도 승진 기회를 놓친 사람들이었습니다."

그해 말까지 리는 오브라이언이 존슨 대통령에게 추천할 10명의 우체국장을 물색하는 데 열중했다. 또 우정공사 본부의 고위 경영진에 있는 흑인의 숫자를 5퍼센트에서 12퍼센트로 늘리는 것에도 일조했다. 리는 우정공사 총재 오브라이언의 참모로서 그리고 이후 총재의 여섯 보좌관 중 한 명으로 일한 31개월 동안 5만 명의 흑인 직원을 더 고용해 총 11만 명에 이르도록 하는 일에 계속 힘을 보탰다. 또 그들의 평균 봉급 수준을 40퍼센트 올려주는 일에도 일조했다.

그 문제를 해결한 후 리는 또 다른 불공정 관행을 발견했다. 당시 우정공사는 매일 2500만 달러에 이르는 우편 수익을 내고 있었다. 하지만 국내의 21개 흑인 소유 은행에는 돈을 전혀 예치하지 않았다. 모든 수익금은 국고로 들어가고 그것은 다시 연방준비은행이나 그와 비슷한 성격의 은행에 예치되고 있었다. 하지만 분명한 사실은 미국에는 흑인들이 경영하는 은행도 있다는 사실이었다. 리는 그런 사실을 언급하며 래리에게 제안했다.

"우리 예치금의 일부라도 지금 막 시작된 흑인 소유 은행에 넣는 것이 어떨까요? 우리는 사람들에게 엄청난 부를 창출하고 있습니다. 그것을 여러 곳에 분배하는 것이 좋지 않겠습니까?"

오브라이언은 그의 아이디어에 찬성했다. 미국 내 소수 민족에게 좀 더 공정한 경쟁의 장이 열린 것이다.

1965년 이래 WHF들은 펠로십을 통해 존슨 대통령과 존 가드너가 희망했던 일을 해냈다. 그들은 젊은 세대의 참신한 아이디어를 조국의 수도로 가져왔고, 자신의 상관들과 함께 현재의 타성을 깨고 차별의 뿌리를 뽑는 일을 해냈다. 오랜 세월에 걸친 이러한 노력이 워싱턴을 더 나은 곳으로 만드는 역할을 했다는 데에는 의심의 여지가 없다.

제 5 장

리더는
정직하게 행동한다

LEADERS ACT WITH INTEGRITY

> 다른 사람이 듣고자 하는 것만을 말한다면 당신은 당신이 속한 조직을 도울 수 없을 것이다. 그것은 타이타닉 위에서 망을 보는 것과 같은 일이다. 침몰하는 배 위에서 "전방 이상 무!"라고 외치는 것은 당신에게나 조직에게 전혀 도움이 되지 않는다. 명예롭고 정직하게 행동해야만 당신을 따르는 사람과 신뢰 관계를 구축할 수 있다. 훌륭한 리더의 행동은 자신의 말과 일치한다. 옳은 일을 말하는 것은 아무런 의미도 없다. 사람들이 열정적으로 당신을 따르게 만들려면 옳은 일을 하는 것이 무엇보다 중요하다.

## 신뢰를 얻지 못하는 리더는 조직을 이끌 수 없다

훌륭한 리더는 사생활이나 일에서나 항상 명예와 정직의 표본이 되어야한다. 공군사관학교 학생 시절 우리는 개인적, 직업적 결과에 상관없이 항상 옳은 일을 해야만 한다고 교육받았다.

공군사관학교 생도 비행단의 명예위원회 회장이었던 나는 우리 비행단의 생도들에게 명예 의식을 고취하는 책임을 맡고 있었다. 생도들은 "우리는 거짓말을 하거나 속이거나 훔치지 않으며 우리 중에 그런 일을 하는 사람을 묵인하지 않을 것이다."라는 명예 규약을 준수할 것을 맹세했다. 명예위원회 회장으로 있는 동안 나는 250건 이상의 사건을 조사했고 명예위원회 회의만도 106회를 개최했다. 그중 72번의 회의에서 직접 의장(일종의 행정법 판사)을 맡았다. 회의 때마다 매번 생도 비행단 중 8명이 무작위로 선정되어 증거를 조사하고 증인의 증언을 듣는 배심원 역할을 했다.

명예위원회 회장으로서 준사법적인 역할을 하며 나는 증인 심문에 참여했고 생도 배심원이 갑자기 궤도에서 벗어나는 것을 막기 위해 심의에 참석하기도 했다. 그리고 내가 의장을 맡은 72번의 위원회 회의에서 60명의 생도가 명예 규약 위반으로 사관학교에서 퇴학당했다.

사관학교 졸업반이던 내 친구 한 명은 학사 일정을 모두 마치고 졸업식만 남겨두고 있었다. 그때 고등학교 동창들이 그를 만나러 왔다. 부모님이 졸업식에 참석하기 위해 메인 주에서 먼 길을 운전해 오는 동안 그 친구는 밤늦게까지 고등학교 동창들과 파티를 했다. 한밤중이 되자 그는 동창들에게 기숙사를 구경시켜주기로 했다. 그런데 문제는 민간인은 기숙사에 들어올 수 없다는 데 있었다. 그 생도가 동창들을 데리고 기숙사로 들어오자 당시 규율을 맡고 있던 한 하급생이 그들을 막으면서 출입 권한에 대해 이의를 제기했다. 졸업을 앞둔 그 생도는 신분증을 꺼내 보여주면서 동창들 역시 생도라고 거짓말을 했다. 하급생은 방문객들을 인정해주었지만 그들의 외양이 전혀 군인 같아 보이지 않아 그 일을 상부에 보고했다.

졸업반인 생도는 그렇게 하급생에게 거짓말을 해 명예 규약을 위반했다. 곧 명예위원회가 개최되었고, 그 생도는 졸업을 목전에 두고 퇴학당했다. 학위는 겨우 받았지만 한순간의 실수로 전투기 조종사가 되겠다는 꿈을 이루지 못한 것이다.

여러분 중에는 그런 처벌에 동의하지 않을 분도 있을지 모르지만 어쨌든 사관학교 생도 시절 우리는 그 명예 규약에 따라 생활했다. 그리고 모두가 그 규약을 따르는 것이 얼마나 중요한지 알고 있었다. 너무나 많은 조직에서 정직이 단순히 표어에 그치고 리더의 신뢰성은 땅에 떨어져 있다. 사람들에게 신뢰를 얻지 못하는 리더는 조직을 이끌 수 없다. 리더는 회사의 윤리 기준을 강화해야 한다. 윤리 기준은 단순히 회사 규칙에 집어넣기만 하면 되는 것이 아니다. 규칙 위반에 대해서는 반드시 불이익을 주어야 하고, 처벌은 잔소리에 머물러서는 안 된다.

찰스 '척' 라슨(Charles 'Chuck' Larson, WHF 68-69) 제독은 해군에 재직하는 동안 그리고 WHF 기간 동안 외부의 압력에도 불구하고 자신의 명예와 정직을 지켜내기 위해 싸웠다. 이글 스카우트(Eagle Scout: 21개 이상의 공훈 배지를 받은 보이스카우트 단원-옮긴이)이자 해군사관학교 출신인 라슨은 옳고 그른 것에 대해 확고한 기준을 가졌고 어떤 상황에서도 그 신념을 저버리지 않았다.

라슨이 처음으로 그런 곤경에 처한 것은 해군 경력 초반의 일이었다. 훈련 장교로 임명된 지 얼마 되지 않은 때였다. 그의 분대는 중요한 검열을 준비하고 있었다. 하지만 분대에게 필요한 훈련의 일부를 미처 마치지 못한 상태였다. 그러자 상관이 라슨에게 훈련 기록을 위조해서 모든 수업을 받은 것처럼 보이게 만들라고 지시했다.

"물론 거절했죠. 나는 좋은 훈련 프로그램을 만들어서 확실히 이행하겠다고 말했습니다. 또 그런 짓이 필요하다면 다른 사람을 훈련 장교로 임명하는 것이 나을 거라고 했죠. 결국 상관은 포기했습니다. 우리는 좋은 훈련 프로그램을 실행에 옮겼고 검열도 잘 마쳤습니다. 그때 나는 하급자일 때 작은 것에 타협하면 상급자가 되었을 때는 더 큰 일에 타협하게 된다는 것을 배웠습니다."

그 일이 있은 지 얼마 되지 않아 라슨은 WHF에 선발되었다. 펠로 기간이 반 정도 지난 어느 날 그는 닉슨 대통령의 국방 보좌관으로 임명되었다. 그런데 준장 계급의 한 상관이 백악관을 뒤져서 정보를 찾아내라는 명령을 내렸다. 일테면 스파이가 되라는 얘기였다. 그는 자신의 정직성이 커다란 시험대에 올랐다는 것을 본능적으로 깨달았다.

"그 상관은 자신이 알아야 할 것들이 조금 있다고 말했습니다. 말하자면 나더러 백악관 내부를 염탐해서 뭔가를 찾아내라는 것이었지요. 하지만 내 판단 기준은 명확했습니다. 나는 상관에게 이렇게 말했습니다. '나는 언제나 해군에 충성을 다했고 언제나 해군의 표본으로서 행동해왔습니다. 하지만 지금은 최고사령관인 대통령을 보좌하고 있으며 내가 충성을 바칠 대상도 대통령입니다. 만약 WHF 중에서 그런 인물을 찾는 것이라면 사람을 잘못 선택하셨습니다. 그러려면 나를 다시 군대로 돌려보내는 게 나을 것입니다.' 상관은 결국 포기했고, 나는 두 번 다시 그와 같은 요구를 받지 않았습니다."

라슨은 군 생활을 통틀어 대단한 경력을 쌓았다. 해군사관학교 교장을 두 차례 역임했고 미 태평양사령부의 총사령관직을 맡기도 했다. 2002년에는 작고한 로버트 케네디 상원의원의 장녀 캐슬린 케네디 타운센드(Kathleen Kennedy Townsend)가 메릴랜드 주지사 선거에 나서면서 그를 부주지사 후보로 지명했고 선거에서 승리를 거두었다. 현재 라슨은 비아글로벌 그룹(ViaGlobal Group)의 창립자이자 사장, 이사회 회장으로 일하고 있다. 메릴랜드 아나폴리스에 있는 비아글로벌 그룹은 군과 민간 기업에 훈련과 리더십 개발, 기술적 지원 등을 제공하는 경영 리더십 전문 회사이다.

## 항상 올바른 일을 선택하기 위해 노력하라

데니스 블레어(Dennis Blair, WHF 75-76)는 척 라슨과 같이 태평양사령부의 총사령관을 지낸 또 다른 전임 펠로이다. 로즈 장학생이기도 한 블레어는 2002년 장군으로 전역하기 전까지 30년 이상 군에 몸담았다.

WHF 기간 동안에는 주택·도시 개발부 장관 칼라 힐즈(Carla Hills)의 특별 보좌관 중 한 명으로 일했다. 당시 그는 힐즈 장관이 표리부동하기 쉬운 여건에도 불구하고 정직성과 공명정대한 환경을 지키기 위해 싸우는 모습을 지켜보았다.

"주택·도시 개발부는 수년 동안 계속 이어진 스캔들로 곤경에 빠져 있었습니다. 그 부서는 대단히 많은 돈을 운용하고 각 지역의 하부 조직으로 자금을 배분합니다. 그 과정에서 부정이 개입할 요소가 상당히 많지요. 모든 운용 과정이 개발업자로부터 상납을 받고 그들과 밀월 관계를 이룰 가능성을 내포하고 있습니다. 부패하기가 쉽다는 뜻입니다. 그때 제가 배운 리더십 교훈 중 하나는 칼라 힐즈가 구축한 기조였습니다. 그녀는 움츠러들지 않고 맹렬하게 옳다고 믿는 일을 밀고 나갔습니다. 그리고 그 일에 대해서는 결코 흔들리는 법이 없었죠. 위법 행위가 밝혀질 때마다 신속하고 효과적으로 처리했습니다. 필요하다면 과감하게 해고하고 다음 일을 진행했죠."

블레어 자신을 비롯한 몇몇 특별 보좌관이 돌아가면서 장관과 주택·도시 개발부에 들어오는 압력 전화를 막아내는 일을 하기도 했다. 오로지 정치적인 이유만을 근거로 어떤 일을 해달라고 압력을 넣는 경우도 있었다.

블레어는 당시의 경험을 이렇게 웃으면서 말한다.

"일테면 특정인이 8구역의 주택 계약을 수주하게 하라는 식으로 말이죠. 그런 전화가 오면 우리는 일률적으로 이렇게 이야기했습니다. '네, 스미스 씨. 그 요청을 서면으로 작성해서 보내주시면 검토해보겠습니다.' 물론 아무것도 제출되지 않았죠. 다시는 그 사람의 전화를 받는 일도 없었고요."

블레어가 워싱턴에서 WHF로 일하는 동안 포드 대통령이 재선에 출마했다. 대통령과 블레어의 상관인 칼라 힐즈를 비롯한 내각은 선거 결과에 대해 심한 압박을 받고 있었다. 모두의 자리가 걸린 문제였다. 하지만 블레어는 그 누구도 선거에 영향을 주기 위해 자신의 권력을 남용하거나 값싼 수법을 쓰지 않는 것을 보았다.

"주택·도시 개발부도 압력에서 자유로울 수는 없었죠. 그럴듯한 프로그램을 운용해 자금을 만들어내라는 압력이 있었죠. 하지만 정치적 이유에서 나쁜 프로그램이 만들어진 적은 결코 없었습니다."

블레어는 계속해서 말한다.

"칼라 힐즈는 절대로 '오하이오에 문제가 있어요. 8구역의 자금을 오하이오로 좀 보냈으면 해요. 그쪽에서 지명도를 확실히 높여 표를 많이 좀 끌어와야겠어요.'라는 식으로 말하는 법이 없었습니다. 사실 그런 사람은 아무도 없었지요. 그들은 규칙대로 게임을 했고 공정하게 싸웠으며 언제나 올바른 일을 하려 했습니다. 그것이 나에게 자극제가 되었죠. 사실 그것이 내가 펠로십을 통해 얻은 가장 큰 교훈이었습니다. 지금까지 경력을 쌓아오는 동안 몇 번인가 옳은 일과 내 원칙에서 조금 벗어나지만 내 출세에 도움이 되거나 일을 쉽게 풀 수 있는 방법 사이에서 고민한 적이 있습니다.

그때마다 나는 항상 옳은 일을 선택하기 위해 노력했죠."

블레어는 리더십에 대해 중요한 덕목을 발견했고 이것이 그가 해군에서 경력을 이어가는 동안 많은 도움이 되었다. 조직의 상부로 올라갈수록 원칙의 변절이 심해지고, 옳은 것과 그른 것에 대한 명확한 판단력을 유지하는 데 더 큰 어려움이 따른다는 사실을 배운 것이다.

"해군의 하급 장교나 회사의 하급 관리에게는 반드시 따라야 할 '규정'이 주어집니다. 하지만 높은 곳으로 올라가면 규정이 줄어들거나 약화되고, 큰 조직의 가장 높은 자리에는 어떤 규정도 없게 됩니다. 모든 것이 결국 그 사람의 인품, 그 사람이 지금까지 무엇을 배워왔는가에 의해 좌우됩니다. 내가 존경하는 리더들은 칼라 힐즈처럼 그것을 단순하게 생각합니다. 그는 모순 없이 성실하게 규정을 지키려 노력하고 빠져나오기 쉬운 편법을 찾으려 하지 않는 사람입니다. 어떤 것이 옳은 행동 방침인지를 아는 데에는 높은 지능이 필요치 않습니다. 정교하고 화려한 전략을 만들어야 하는 것도 아닙니다. 단순하면서도 하기 어려운 일을 선택하고 그것을 하기로 결정하면 됩니다. 그런 일이 그토록 하기 힘든 이유는 리더십의 함정이 그런 일들을 하지 못하게 하기 때문입니다. 리더라는 당신의 자리가 아주 쉽고 편한 것만 보게 만들기 때문입니다. 거기에 말려들지 않고 견뎌내려면 그 결과에 대한 책임을 스스로 져야 합니다."

블레어는 옳은 일을 했다는 이유로 큰 대가를 치르기도 했다. 물론 자세한 것까지는 밝히지 않았지만 말이다(진정한 리더는 신중해야 한다). 실제로 그는 몇 가지 이유로 합참의장이나 부의장이 되는 데 실패했다. 이런 자리에 오르려면 새로운 행정부를 만족시키기 위해 자신의 철학을 수정하고 리더십 스타일을 변화시켜야 한다. 하지만 그는 자신이 경력 내내 발전시켜 온 가치와 방법을 고수했다. 그 때문에 그런 자리에 오르지 못하리라는 것을 알면서도 말이다.

"그다지 어려운 결정은 아니었습니다. 그렇게 높은 자리에서 좀 더 많은 변화를 이뤄낼 기회를 가졌다면 좋았겠지만, 그렇더라도 나의 철학이나 스타일을 바꾸고 싶지는 않았습니다. 나는 내 가치관에 강한 확신을 가지고 있고, 어떤 이유로도 그것을 바꿀 수는 없습니다. 그것이 조직의 더 높은 자리로 올라갈 수 없다는 뜻이더라도 말입니다."

이 글을 쓰고 있는 현재 대통령 당선자 버락 오바마는 블레어를 국가정보국 국장으로 지명했다.

## 리더는 자신에 대해 알고 자신을 믿어야 한다

올바른 일을 하는 것을 두려워하지 않았던 또 다른 전임 펠로 중 한 명은 제인 케이힐 파이퍼(Jane Cahill Pfeiffer, WHF 66-67)였다.

최초의 여성 WHF였던 파이퍼가 펠로십을 끝낸 뒤에도 당시의 많은 멘토와 친구들은 친한 동료이자 지원자로서 그녀가 보이지 않는 승진의 장벽을 깨뜨리고 나아갈 때마다 격려를 아끼지 않았다. 그 열렬한 지원자 중 한 사람이 린든 존슨 대통령의 공보 비서관 빌 모이어즈였다. 그는 너무나 정직하고, 솔직하고, 열정적이며 말에 신용이 있기 때문에 그녀와 일하는 것이 항상 즐겁다고 말했다. 펠로십 프로그램의 공동 설립자였던 존 가드너 역시 그녀에게 큰 자부심을 느꼈다. 가드너는 목표를 성취해가는 그녀의 모습에 크게 기뻐했다.

펠로십 프로그램을 끝낸 후 파이퍼가 거둔 성과는 인상적이었다. 그녀는 펠로십을 마치자마자 CEO 토머스 왓슨 주니어(Thomas Watson Jr.)의 직속 비서로 일하기 위해 전 직장인 IBM으로 돌아갔다. 토머스 왓슨 주니어는 까다롭지만 대단히 높은 평가를 받는 경영자로서 뛰어난 식견과 유능한 리더십으로 IBM이 업계 최강의 자리에 오르는 기초를 다진 인물이다.

파이퍼는 자신의 상관을 대단히 존경했다.

"톰은 고객을 정말 소중하게 생각하는 사람이었습니다. 그는 우리가 고객을 돕는 일에 전력을 다하기를 기대했죠. 불가능하고 지나친 과제란 없었습니다. IBM은 대단히 단순한 지도 원리를 가지고 있었습니다. 예를 들면 회사는 모든 직원과 고객을 최대한 존중하고 지원해야 한다, 정직은 회사가 하는 모든 일의 특징이 되어야 한다 등등입니다. 마지막으로 톰은 우리 각자가 일하거나 생활하면서 영향을 미치는 모든 공동체에서 없어서는 안 되는 좋은 이웃이 되기를 바랐습니다. IBM에는 톰의 아버지 때부터 시작된 '기업 책임'이라는 강력한 중심핵이 있었고 사람에 대한 존중, 공정, 정직의 문화가 있었습니다. 톰은 그와 같은 원칙을 따랐고 그것이 IBM의 토대를 이루었다고 해도 과언이 아닙니다."

사람을 가장 중요시하는 왓슨의 경영 철학은 파이퍼에게 큰 영향을 미쳤다. 일찍이 1950년대 말 그녀는 버뮤다 지역의 책임자로서 자신의 문제 해결 능력을 효과적으로 보여주었다. 본사에서 직원의 급료가 늦게 도착하자 파이퍼는 지역 은행에서 대출을 받아 직원들에게 봉급을 나눠주었다. 그런 다음 즉각 IBM 본사의 관리자에게 대출 상환이 곧 다가오니 빨리 서두르라고 경고하는 편지를 보냈다. 왓슨은 파이퍼의 창의성과 대담함에 깊은 인상을 받았고, 그녀를 자신이 알고 있는 가장 유능한 임원이라고 불렀다.

IBM에서 파이퍼의 행동과 자세는 모범이 되었고, 오래지 않아 그녀는 커뮤니케이션과 대(對)정부 홍보를 담당하는 부사장으로 승진했다. 그녀는 그 일에 몰두하며 회사에 진정성과 신의의 문화를 촉진했다. 훗날 RCA를 비롯한 많은 기업의 독립 경영 컨설턴트가 되었고 지미 카터 대통령으로부터 상무부 장관직을 제안받았지만 정중하게 거절했다. 새 남편과 그로 인해 얻은 10명의 자녀와 더 많은 시간을 보내고 자신의 건강에도 신경을 쓰기 위해서였다(그녀는 당시 갑상선암에서 회복 중이었다). 1978년 파이퍼가 NBC 텔레비전 네트워크의 회장으로 임명되고 미국에서 가장 높은 보수를 받는 여성이 되었을 때 그 기쁜 소식을 제일 먼저 함께 나눈 사람 중 하나는 존 가드너였다. 파이퍼는 이렇게 말한다.

"나는 평생 나를 격려해주는 많은 좋은 사람들에 둘러싸여 있는 행운을 누렸습니다. 존 가드너도 그중 한 사람이죠. 내가 NBC 회장직에 올랐을 때 그는 정말 감격했습니다."

그러나 3주 후 파이퍼는 가드너에게 전화를 걸어 자신이 맡은 새 자리에 끔찍한 문제가 있다고 털어놓았다. 자신이 실제로는 엄청난 스캔들과 정면으로 마주하는 자리에 앉아 있었던 것이다.

"내가 그 자리에 앉은 지 한 달도 지나지 않아 3명의 연방 검사로부터 전화를 받았습니다. 그들은 우리 경영 부문 중 한 곳이 자금을 올바로 관리하지 않아서 심각한 문제가 발생했으며, 그 일로 인해 우리를 수사하고 있다고 말했습니다. 충격이 컸지요. 존 가드너에게 '당신이 그렇게 감격스러워 했던 이 훌륭한 직책에 무슨 일이 일어났는지 믿을 수 없으실 거예요.'라고 말했던 것이 기억납니다."

파이퍼는 아직도 이후 생긴 일들에 대한 상세한 얘기를 피하고 있지만 (그녀는 지금도 거의 30여 년 전에 서명한 보안 협약의 제약을 받고 있다) 나는 그녀가 제공한 몇몇 정보와 예전 뉴스들을 이용해 이야기를 꿰맞춰보았다.

파이퍼의 말에 따르면 처음 문제가 드러난 것은 불법 행위에 대해 알고 있던 누군가가 캘리포니아와 워싱턴 D. C. 그리고 뉴욕의 연방 검사에게 그 사실을 밀고한 때였다. 〈뉴욕 타임스〉 기자는 나중에 한 방송 채널에서 이 사건을 "분식 회계 처리한 판공비와 NBC 자금 수십만 달러의 횡령과 연관된 추잡한 스캔들"이라고 불렀다.

증권거래위원회는 전면적인 조사 착수를 준비했지만 집행 부서의 책임자였던 스탠리 스포킨(Stanley Sporkin)은 파이퍼에게 우선 그 문제를 바로잡을 수 있는 기회를 주었다. 파이퍼는 곧 유닛 매니저(unit manager: 스튜디오 밖 현장에서 스포츠 경기를 담당하거나 텔레비전 프로그램을 촬영하는 직원)들이 실제와 다른 지출 영수증을 가지고 온다는 사실을 알아냈다. 〈뉴욕 타임스〉는 "서류가방에 돈을 넣고 다니면서 여행과 숙박, 음식 기타 제작 비용을 지불하는 유닛 매니저들은 통상의 필요 경비 처리 방법에 만족하지 못했다. 그들은 인건비를 부풀리고 사용하지 않은 비행기 티켓을 돈으로 바꾸고 요식업자, 호텔 매니저, 장비 영업 사원들로부터 리베이트를 받았다."고 보도했다.

파이퍼는 그때의 일을 이렇게 말한다.

"나는 모스크바로부터 케이블과 조명에 대한 온갖 영수증을 받았습니다. 컬럼비아 대학에 의뢰해서 영수증을 모두 번역한 결과 실제로는 보석, 보드카, 캐비아(caviar) 영수증이라는 것을 알게 되었죠. 가장 이상한 것은 이미 모든 시설이 구비된 스튜디오의 2만 달러짜리 가구 영수증이었습니다. 영수증이 터무니없이 쉽게 만들어진 것입니다."

파이퍼는 유닛 매니저들을 직접 인터뷰하기 시작했다. 그중 대부분이 그렇게 하지 않으면 위협을 가하는 상부 관리자의 명령에 따랐을 뿐이라고 말했다.

"그들은 그 관리자가 '중국에서 이 물건을 가지고 와. 그렇지 않으면 일자리를 잃게 될 거야.'라는 식으로 협박했다고 증언했습니다. 그런 일이 수년간 계속된 것이 분명했습니다."

〈시카고 트리뷴〉의 기사는 유닛 매니저들이 관리자의 명령에 따라 외국에서 귀국할 때 "비취와 고급 구두, 동양의 카펫, 금화, 현금"을 가져왔고 뇌물은 그 계획의 자금을 마련하는 데 사용되었으며 그런 일이 파이퍼가 취임하기 전 적어도 10년 이상 계속되었다는 NBC 임원의 말을 인용해 보도했다. 〈뉴욕 타임스〉기사는 한 유닛 매니저가 마사지 클럽에서 지출한 내역을 '영화 연구소 비용'으로 보고했다고 언급했다. 또 다른 유닛 매니저는 중요한 방송국 서류가 가득 든 가방을 잃어버렸다고 주장하기도 했다. 그는 관리자로부터 그 가방을 안전하게 반환받기 위해 1만 달러의 '배상금'을 치르라는 승인을 받았다. 단지 신문만 들어 있는 서류가방을 찾기 위해서 말이다.

파이퍼는 NBC에서 그런 일이 있으리라고는 생각지도 못했다. 그녀는 존 가드너를 비롯해 다른 사람들에게 조언을 구했고, 마침내 이를 해결하는 데는 세 가지 선택만이 있다는 것을 깨달았다. 첫째, 이전의 관행을 인정하면서 증권거래위원회가 물러서는 선까지만 가장 눈에 띄는 위법 행위를 중지시킨다. 둘째, NBC를 그만두고 덜 혼란스러운 일자리를 구한다. 셋째, 자기 자신만의 스타일로 일을 해결한다. 파이퍼는 말한다.

"나는 이런 문제에 직면하면 그 뿌리까지 파헤쳐 고치는 세상에서 온 사람이었습니다. 내가 내 방식으로 일을 관철해낼 수 있는 사람인지 혹은 '질려버렸다'며 그만두는 유형의 사람인지 알 수 있는 흥미로운 순간이었죠. 나는 내 스타일대로 일을 하리라 마음먹었습니다. 그것이 옳은 일이었으니까요."

파이퍼는 이사회나 당시 NBC의 모회사이던 RCA 상층부의 승인을 구하는 데 시간을 할애하지 않고 재빨리 사외에서 사람들을 불러들였다. 방송국 내에서 얽힌 문제를 풀기 위해 228명의 회계사로 구성된 독립 회계법인과 뛰어난 기업 위기 관리인이자 변호사인 빅터 팔미에리를 끌어들인 것이다. 파이퍼는 이렇게 말한다.

"이 일과 관련해 윗사람의 승인을 얻지는 않았습니다. 내가 그런 일을 해야 마땅한 사람이라고 생각했기 때문입니다."

〈타임〉 지에 따르면 조사관들은 가능한 한 모든 증거를 보존하기 위해 목수에게 유닛 매니저들의 관리자이던 부사장 스티븐 웨스턴의 사무실을 폐쇄하라고 지시했다고 한다. 조사 팀이 모든 유닛 매니저의 타자기에서 활자 샘플을 요구하자 늦은 밤에 일어난 사무실 화재로 한 매니저의 비품

이 사라지는 수상한 사건도 발생했다. 이 일로 결국 55명의 유닛 매니저 가운데 18명이 관리자 웨스턴과 함께 해고되었다.

NBC의 부패를 단호하게 밝혔기 때문에 파이퍼는 많은 사람과 충돌하고 날카로운 비난의 화살을 맞았다. 들리는 바에 의하면 중역 회의에서 NBC 부회장 리처드 샐런트(Richard Salant)는 파이퍼가 마치 "고양이를 구하기 위해 해병대를 파견한 것"처럼 보인다고 말했다고 한다. 불만을 품은 직원들은 젊은 시절을 수녀원에서 보낸 파이퍼의 경력을 빗대어 그녀를 성녀 제인(Saint Jane)이나 훈족의 왕 아틸라(Attila)라고 불렀다. 하지만 그녀는 모든 비난과 반감에도 불구하고 자신의 길을 고집했다. 그녀는 힘들 때마다 WHF 시절 상관이었던 주택·도시 개발부의 장관 밥 위버(Bob Weaver)와 IBM의 CEO 토머스 왓슨 주니어를 떠올렸다. 그리고 자신이 옳은 일을 하고 있다는 믿음으로 힘을 얻고 일을 추진해갔다.

"상부로부터 심한 압력이 있었죠. 하지만 그 과정에서 저를 도와주는 분도 많이 있었습니다. 이름을 밝히기도 하고 그렇지 않기도 한 많은 이들이 내가 NBC에 있는 것이 기쁘다고 말하면서 그 문제를 단호하게 정리하기 바란다는 편지를 보내왔습니다. 그래서 우리는 그 문제를 완전히 정리했죠."

NBC가 직면한 가장 심각한 위협을 없앤 파이퍼였지만 그녀의 회장직 재임은 그리 길지 않았다. NBC 방송의 회장으로 임명된 지 불과 2년이 흐른 어느 날 아침 신문을 읽다가 그녀는 자신이 곧 내쫓길 거라는 사실을 깨달았다. 그리고 그날 그녀는 오랜 친구이자 자신이 직접 채용한 NBC 사장 프레드 실버먼(Fred Silverman)에 의해 해고되었다. 당시 프레드 실버먼은

RCA로부터 그녀를 해고하라는 강한 압력을 받고 있었다. 〈뉴욕 타임스〉는 한 소스의 말을 인용해 "RCA 상부에서는 그 스캔들이 세상에 떠들썩하게 알려지는 것을 원치 않았고 명목상으로 아랫선에서 해결되어 주요 인사들을 당황시키지 않기를 바랐을 것"이라고 전했다. 신원을 밝히지 않은 다른 한 인사 역시 〈뉴욕 타임스〉 기자에게 "일을 말끔하고 정확하게 처리하던 IBM에서의 경험이 NBC의 분위기에는 적절하지 못했고, 그 때문에 파이퍼는 대단히 빨리, 대단히 강력한 적(RCA의 수장을 포함한)"을 만들었다고 말했다. 빌 모이어즈는 "제인은 방송국 중역으로 일할 수 있을 만큼 냉혹하거나 파렴치하지 못하다. 그녀가 방송계에 남았다면 업계에서 가장 책임 있고 예의를 아는 사람이 되었을 것이다."라는 촌평을 남겼다. 〈타임〉 지는 그녀의 해고를 "중역 참수"라는 단어로 표현하며 그녀의 회장 재임이 "구태의연한 남성 우월주의가 가미된 선망과 감탄과 공포와 적개심의 조합을 낳았다."고 말했다. 〈뉴욕 타임스〉의 N. R. 클라인필드 기자는 "그러한 혼란은 NBC와 모기업 RCA 코퍼레이션의 당황한 중역들이 일을 처리하는 부도덕한 관행에서 비롯된 것이 분명하다."고 보도했다.

처음에는 그러한 결말이 엄청난 충격을 주었지만 파이퍼는 그때의 경험이 불행이 아니라 축복이었다고 믿는다.

"나는 이것이 훌륭한 기회라는 생각으로 NBC를 나왔습니다. 나는 내가 생각했던 것과는 다른 일에 맞서야 했습니다. 하지만 물러서지 않았고, 최선을 다해서 그것을 고쳐놓았습니다. 회사의 운영 방식을 좀 더 낫게 만드는 데 일조하고 떠났던 것입니다. 우리는 자신에 대해 알고 자신을 믿어야 합니다. 그래야만 어려운 시기가 닥쳤을 때 일관된 방식으로 행동할 수 있습니다. 그리고 때로는 그것을 행동에 옮길 수 있는 기회를 받아들여야 합니다. 나는 이런 점에 관한 한 한 점의 후회도 없습니다."

## 불의에 맞서는 리더는 아름답다

데이비드 이글레시아스(David Iglesias, WHF 94-95)와 존 맥케이(John McKay, WHF 89-90)도 파이퍼처럼 자신이 옳다고 믿는 것을 추구함으로써 큰 대가를 치른 WHF이다. 이글레시아스와 맥케이는 2006년 법무부에서 해임된 9명(하루 만에 7명)의 연방 검사에 포함된 인물이다. 많은 사람이 이번 조치에 정치적인 이유가 있다고 생각했다. 공식적인 해임 사유는 '성과 관련 문제'였지만 9명의 연방 검사 중 이글레시아스와 맥케이를 포함한 7명은 업무에 있어서 최고의 평가를 받은 이들이었다. 연방 검사는 대통령에 의해 임명되고 상원에서 인준을 받기는 하지만 법무부의 완전한 독립을 보장하기 위해 공정하고 초당파적인 입장을 견지하는 자리이다. 하지만 맥케이와 이글레시아스를 포함한 많은 사람은 백악관과 법무부의 고위 관리들이 정치적인 이유로 연방 검사의 해임을 명령했다고 믿었다.

데이비드 이글레시아스는 법학대학원을 졸업한 후 쿠바 관타나모 해군 기지에서 군법회의에 회부된 해군 병사와 해병대원을 변호하는 해군 법무감으로 일했다. 그곳에서의 활동으로 그는 〈어 퓨 굿멘(A Few Good Men)〉에서 톰 크루즈(Tom Cruise)의 역할 모델이 되었다. 그리고 뉴멕시코 주의 법무장관보이자 검사로 일했으며 앨버커키의 '민권 관련 경찰 부정 사건'

을 다루는 시 검찰청장보로 있던 중 WHF로 선발되었다. 펠로십 기간 동안 그는 교통부 장관 페데리코 페냐(Federico Pena)의 지휘하에 항공기 산업과 소비자 문제를 다루었다. 페냐 장관은 그에게 자신이 한 말은 꼭 지키라는 귀중한 가르침을 주었다. 이글레시아스는 이렇게 회상한다.

"교통부에 있을 당시 나는 페데리코 페냐의 오랜 친구라는 사람과 일했습니다. 몇 년 전의 일인데, 그 친구가 다른 아파트로 이사를 가게 되었답니다. 많은 사람이 이사 가는 걸 돕겠다고 말했습니다. 하지만 이삿날이 되어 도움을 주기 위해 정말로 나타난 사람은 페데리코 페냐 한 사람 뿐이었답니다. 그것이 제게 깊은 인상을 남겼습니다. 자신의 말을 지키는 것이 얼마나 중요한지 말입니다. 페냐는 당시에도 자신의 말을 지켰고, 내가 펠로일 때에도 자신의 말을 지켰고, 지금도 자신의 말을 지키고 있습니다. 나 역시 내 인생의 모든 부분에서 그 교훈을 실천하려고 합니다. 그 대상이 내 아내이든, 아이이든, 동료이든, 헌법을 수호하고 지킨다는 맹세이든 말입니다."

펠로십이 끝난 후 이글레시아스는 뉴멕시코 주 정부의 검사로 일하게 되었다. 공화당원이던 그는 1998년 주 법무장관 후보로 나섰다가 민주당 퍼트리샤 마드리드(Patricia Madrid) 후보에게 근소한 차로 패했다. 그는 앨버커키에 있는 법률 회사의 어소시에이트가 되었고, 예비역 해군법무감 단체의 간부로서도 계속 일했다. 2001년에 부시 대통령은 그를 뉴멕시코 연방검사로 지명했다.

이글레시아스의 직급은 계속 높아졌고, 많은 사람들은 그가 고위 관직으로의 출세가도를 달리고 있다고 생각했다. 하원의 공화당 지도자들은 그의 연방 검사 지명에 흥분을 감추지 못했다. 그 지역에 10년간 공화당 연방 검사가 없었던 데다 이글레시아스가 선거인단을 둘러싸고 벌어진 뉴멕시코 민주당의 사기 행위에 대한 진상 규명에 적극 나서리라 생각했기 때문이다. 하지만 혐의를 조사하던 이글레시아스는 부정행위를 주장할 만한 증거가 불충분하다고 판단해 소를 기각했다. 그것이 공화당 지도부의 사랑을 받을 만한 처신이 아니라는 것을 알고 있었지만 그는 계속해서 정치적인 동기를 배제하고 사건을 처리했다. 임기 내내 그는 법무부로부터 긍정적인 성과 평가를 받았다.

2006년 10월 이글레시아스는 어떤 사람으로부터 전화 한 통을 받았다. 공화당 하원의원인 그는 뉴멕시코 공화당 주요 인사가 관련된 부정 사건에 대한 수사 사실을 비밀로 해줄 것을 부탁했다. 전화를 건 사람은 1998년 주 법무장관 선거에서 이글레시아스가 고배를 마신 퍼트리샤 마드리드를 상대로 싸우기 위해 나선 사람이었다. 이글레시아스에 따르면 그는 이 사건을 11월 선거 때 민주당에 맞서는 카드로 이용하고 싶어 했다.

"일테면 상대방의 연방 기소 사건을 퍼트리샤 마드리드를 공격할 무기로 사용하고 싶었던 것이죠."

검사는 기소에 대해 언급하는 것이 금지되어 있기 때문에 그는 입법부 사람과 그 문제를 논의하는 것 자체를 거절했다. 원칙에 충실했던 것이다.

얼마 지나지 않아 이글레시아스는 집에서 또 다른 전화를 받았다. 역시 또 다른 공화당 사람이었다. 상원의원인 그는 부시 대통령에게 이글레시아스의 연방 검사 지명을 권한 인물이었다.

"그는 내가 그 사건에 대한 부패 혐의 기소를 11월 이전에 할 것인지 알고 싶어 했습니다. 그 사건은 그때까지 기소 준비가 되지 않은 상태였지만 나는 그에게 사실을 말할 수 없었죠. 대신 11월 전에는 기소가 이루어지지 않을 것 같다고 말했죠. 그는 '그런'말을 듣게 되어서 유감이네.'라고 말했습니다. 그렇게 전화를 끊었습니다. 말하자면 그는 나의 정치적 미래를 손 안에 쥐고 있는 사람이었습니다. 하지만 나는 그가 원하는, 이 사건의 기소를 위해 최선을 다하겠다는 답을 주지 않았죠."

몇 주 뒤 이글레시아스는 자신의 사임을 요구하는 법무부 관리의 전화를 받고 앨버커키에서 볼티모어로 가는 비행기에 올랐다. 이유에 대한 설명은 없었다. 출세가도를 달리던 이글레시아스는 단번에 추락의 길로 들어섰다. 비행기에 탄 그는 세상에서 가장 외로운 사람이 된 것 같았다. 하지만 곧 자신이 혼자가 아니라는 사실을 알게 되었다. 그날 6명의 동료 검사가 같은 전화를 받았던 것이다. 그중 한 사람이 행정부의 연방 검사 동기 중 유일한 전임 WHF 동료 존 맥케이였다.

맥케이는 몇 년간 시애틀의 유명 법률 회사에서 소송 변호사로 일하던 중 WHF로 선발되었고 FBI 국장 윌리엄 세션즈(William Sessons)의 특별 보좌관직을 맡았다. 펠로십 기간이 끝나자 맥케이는 시애틀로 돌아가 다른 회사의 업무 총괄 고문으로 일했고, 이후 1997년 저소득층에게 법률 시스템에 대한 동등한 접근권을 주기 위해 의회의 승인을 받아 설립한 비영리 법인 '법률 서비스 공사(Legal Services Corporation)'의 사장직을 맡기 위해 워싱턴으로 돌아왔다. 맥케이는 2001년 조지 부시 대통령의 연방 검사 임명을 받고 5년간 시애틀의 사무실에서 워싱턴 서부 지역의 연방법 집행 활동을 조정했다. 동시에 형사 사건 기소도 병행하고 국경선을 넘나들며 이루어지는 불법 약물 거래와 인신매매 행위를 막기 위해 미국과 캐나다의 법률 강화 작업도 펼쳤다. 숙련된 소송 변호사인 그는 2000년 로스앤젤레스 국제공항을 폭파시키려 했던 아메드 레삼(Ahmed Ressam)의 사건을 다루기도 했다.

2006년 법부무의 일부 세력이 전례 없이 연방 검사 9명의 해임을 준비하는 동안 맥케이는 혁신적인 법률 집행 정보 공유 시스템으로 해군에서 주는 최고 시민상을 받았다. 이 시스템은 지금도 미국 전역에서 널리 이용되고 있다. 사건 직전 마무리된 법무부의 성과 평가에서도 알 수 있듯이 그의 업무 성과가 뛰어났다는 데에는 의심의 여지가 없다. 업무 평가는 그를 가장 유능하고 혁신적인 연방 검사라고 인정했다. 하지만 맥케이는 아주 치열했던 2004년 워싱턴 주지사 선거전에 개입하는 것을 거절했고, 이것이 그를 몰락으로 이끌었다. 미국 역사상 가장 박빙의 선거 중 하나로 기록된 그 투표는 세 차례의 계수 끝에 129표 차로 민주당 후보가 승리했다. 공화당은 대법원 판사가 민주당이 선거 과정을 방해했다는 증거가 없다고 판결한 뒤에도 그가 선거에 참여하지 않은 것을 불만스러워했다. 맥케이는 이렇게 말한다.

"나는 당시 정치적으로 적극적인 일부 공화당원들이 나에 대해 갖고 있는 감정에 부정적인 영향을 미치는—나는 그 점을 정확히 알고 있었습니다—결정을 내렸습니다."

2006년 12월 7일, 맥케이는 전화로 '행정부가 변화를 원하며' 1월 말까지 자리를 '내놓아야' 한다는 이야기를 들었다. 전화를 끊자마자 WHF 시절 상관이던 세션즈의 모습이 맥케이의 뇌리를 가득 채웠다. 맥케이는 빌

클린턴이 세션즈를 해임할 당시 FBI에서 일하고 있었다. 아마도 그 사건은 기억에서 영원히 사라지지 않을 것이다.

"세션즈는 자신의 집 보안 담장 문제를 잘못 처리하고, 전언에 따르면 정부 항공기 기타 부수입을 자신과 아내를 위해 남용한 뒤 클린턴 대통령에 의해 다소 극적으로 해임되었습니다. 하지만 해임된 후에도 세션즈는 아무 일도 일어나지 않은 것처럼 업무를 계속했죠. 대통령은 다시 그를 불러 두 번째로 해임 사실을 밝혀야 했습니다. 내가 세션즈로부터 배운 교훈 중 하나가 얼마나 품위 있게 해임당하는 방법이라니, 아이러니한 일이 아닐 수 없습니다. 나는 해고되었다는 이야기를 듣고 전화를 끊었습니다. 내가 그 메시지를 받았다는 데 어떤 불확실한 의혹도 남기고 싶지 않았습니다. 그래서 즉시 나의 '사임'을 발표해 대통령의 명령에 따르겠다는 내 의도를 확실히 전했습니다. 그들로부터 '언제쯤 떠날 거요?'라든가 '당장 나가시오!'라는 말을 듣고 싶지 않았습니다. 그들은 충분히 그렇게 할 수 있는 사람이죠. 당시 나는 빨리 자리에서 물러나 백악관이나 법무부를 당황케 하는 어떤 일도 하지 않는 것이 내 의무라고 생각했습니다. 나는 자존심을 버리고 그 자리를 떠나기로 마음먹었고, 그렇게 했습니다."

2007년 2월, 2006년 12월 7일자로 해임된 연방 검사 6명은 처음에는 이메일로, 이후에는 전화로 자신들에게 일어난 일에 대해 논의하기 시작했다. 맥케이는 이렇게 말한다.

"우리는 심각한 문제가 있다는 것을 알게 되었습니다. 우리 6명이 함께 모여 그들의 중요한 목표 중 하나가 우리를 고립시키고 뭔가 잘못이 있기 때문에 해임되었다고 생각하게끔 만드는 것이었다는 사실을 깨닫게 된 것은 대단히 재미있는 일이었습니다. 우리는 우리의 책임이 무엇이었는지에 대해 이야기하고, 그것에 대해 솔직한 의견을 내놓게 되었지요."

하지만 이글레시아스는 이것을 공개적으로 언급해야 하는지에 대해 무척 많은 생각을 했다.

"나 자신을 성인처럼 그리고 싶지는 않습니다. 나는 해임에 대해 아무것도 말하지 않고 그저 흐름에 따라가려 했기 때문입니다. 하지만 아무래도 납득이 가질 않았습니다. 나는 그것이 얼마나 잘못된 것인지 계속 생각했고, 무슨 일이 생겼는지 대중에게 밝혀야 한다고 느꼈습니다. 그것은 같은 곳에서 시작하고 같은 곳에서 멈추는 끝없는 순환 회로 같았습니다. 그들이 나에게 이렇게 했다면 다른 사람에게도 이렇게 할 것이고, 내가 그것을 교묘히 모면한다면 그들은 어쩌면 다른 미래의 연방 검사들에게 의지해 다른 더 중요한 유형의 사건에 영향을 줄 것입니다. 이것은 옳고 그름의 판단과 관계된 문제입니다. 당파적 정치는 그것과 아무런 관련이 없습니다. 그것이 잘못된 것이었기 때문에 나는 그에 대해 입을 열어야 했습니다. 비슷한 사연을 가진 다른 연방 검사들이 있었다는 면에서 나는 엄청난 행운을 누린 셈이죠."

이글레시아스는 이때의 경험을 《부정: 부시 행정부에 의해 자행된 스캔들의 내막(InJustice: Inside the Scandal that Rocked the Bush Administration)》이라는 책으로 엮기도 했다.

2007년 초 검사들의 해임에 대한 국회 청문회가 열렸다. 법무장관 알베르토 곤잘레스(Alberto Gonzales)는 "개인적 문제의 과장"이라며 이 사건을 일축했지만 수사가 시작되자 결국 곤잘레스를 포함한 많은 법무부 고위 관리들이 사임하게 되었다. 2008년 9월 마이클 무카세이 법무장관이 이 문제에 대한 수사를 시작했다. 연방 검사 노라 댄네이(Nora Dannehy)를 지명해 곤잘레스와 그 외 다른 사람들을 이 연방 검사 해임 사건에서 맡은 역할에 따라 중죄로 고소해야 할지 여부를 수사하게 한 것이다.

전 WHF 이글레시아스와 맥케이는 〈미트 더 프레스(Meet the Press)〉에 함께 출연했다. 이때 맥케이는 프로그램 진행자인 고 팀 루저트(Tim Russert)에게 연방 검사는 "형사 소추에 정치적 영향력이 개입되게끔 해서는 안 된다."고 말했다. 일테면 그 모든 일을 하면서도 옳은 일에는 대가를 치를 준비가 되어 있어야 한다는 사실을 잊지 않았던 것이다.

척 라슨 장군은 젊은 장교였을 때 자신의 원칙을 조금 꺾고 합리화시켜 출세와 조직에 유리한 상관의 직접적인 명령을 따를 수도 있었다. 하지만 그는 정직성에 관한 한 어떤 지름길도 택하지 않았다. 블레어 장군은 자신과 뜻이 다르더라도 새로운 행정부의 리더십 철학을 따랐다면 합참의장이나 부의장 자리에 오를 기회를 얻었을 것이다. 하지만 그는 진정한 리더가 되는 길을 선택했고 그 결과를 받아들였다. 제인 케이힐 파이퍼는 높은 소득과 각종 혜택이 보장되는 NBC의 수장으로 미국에서 가장 영향력 있는 경영인이 되었다. 불법 행위에 대한 주장을 무시하고 방어 태세를 굳힌 후 조직을 보호하는 쉬운 길을 택할 수도 있었다. 연방 검사들의 경우에 이글레시아스는 주지사 집무실로 가는 지름길에 있었고, 맥케이는 연방 판사의 최종 후보 3인에 들어 있었다. 이들이 자신의 주장을 약간이라도 굽히고 미래를 보장하는 권력자에게 혜택을 주었다면 야망을 손쉽게 이룰 수 있었을 것이다.

　이 다섯 사람, 즉 라슨, 블레어, 파이퍼, 이글레시아스, 맥케이는 선망받는 힘 있는 자리에 있었다. 하지만 그들은 옳은 일을 하기로 결정했고, 자신들이 누리고 있는 것과 보장된 미래를 잃는 위험을 감수했다. 힘 있는 자리에 있으면서 그 곁을 떠나지 못한다면 이미 그 사람에게는 아무런 힘도 남아 있지 않다는 것을 이해하고 있었기 때문이다.

제 6 장

---

# 리더는
# 절박감을 이끌어낸다

---

LEADERS CREATE
A SENSE OF URGENCY

" 유능한 리더는 팀과의 커뮤니케이션을 통해 목표를 설정하고 실행 가능한 성취 기간을 정한다. 그들은 정기적으로 진행 상황을 체크함으로써 팀원들에게 책임감을 심어준다. 팀원의 걱정과 질문에 민감하게 반응함으로써 팀의 의욕을 고취시킨다. 또 융통성이 있으며 성공을 방해하는 요소가 있을 경우 언제나 기꺼이 진로를 수정하고, 장래에 대한 사람들의 생각을 포착해 확실한 비전을 전달함으로써 절박감을 이끌어낸다. 모든 팀원에게 변화의 필요성을 이해하고 느끼게 함으로써 한 발짝 더 멀리 나아간다. "

## 절박함을 통해 생산적이고 빠른 결론을 도출해내라

크레이그 코이(Craig Coy, WHF 83-84)는 펠로십 기간을 끝내고 해안경비대로 돌아가기 위해 백악관을 떠나면서 그것이 워싱턴 조직의 내부자(insider)로서 마지막일 것이라고 생각했다. 그리고 그것으로 만족했다. 헬리콥터 비행단의 지휘관이었던 그는 기지로 돌아가 비행 안전과 약물 단속, 환경 보호 임무 등의 해안경비대 일을 다시 하게 된 것에 마음이 설렜다. 하지만 로널드 레이건 대통령의 국내 정책 고문으로서 너무나 훌륭하게 임무를 수행해낸 그가 행정부로 다시 불려오는 데는 그리 오랜 시간이 걸리지 않았다. 이번에는 조지 부시의 대테러 기동부대와 일하기 위해서였다. 해안경비대에서와 마찬가지로 코이는 부시 정부에서 꾸준히 출세가도를 달려 얼마 후 국가안전보장회의 대테러위원회의 부책임자가 되었다.

코이는 국가 안전 보장을 위한 새로운 전략 이행을 돕고, 1985년에는 팔레스타인 테러리스트들에 의해 납치된 이탈리아 여객선 아킬레 라우로(Achille Lauro)호 사건 같은 위협 행동에 대한 대응 방안을 고안하고 실행에 옮기는 일에도 도움을 주었다. 이 납치범들은 장애인인 유대계 미국인 레온 클링호퍼(Leon Klinghoffer)를 살해하고 그의 사체를 휠체어와 함께 배 밖으로 던지기도 했다. 미국은 이 납치범들을 소탕하기 위해 해군 제트기를 보냈고, 납치범을 빼내려는 비행기를 요격해 시칠리아에 착륙하게끔 했다. 이 작전에는 해군 특전사와 델타 포스(Delta Force) 팀 역시 파견되었다. 모든 납치범은 체포되어 기소당했고 범죄에 따른 판결을 받았다. 코이는 또한 로마와 비엔나, 베를린에서 테러리스트 공격을 감행한 혐의를 받고 있던 리비아 지도자 무아마르 카다피(Muammar Qaddafi)를 응징하기 위한 1986년의 리비아 공습 계획에도 참여했다. 특히 베를린 폭탄 테러 사건에서는 나이트클럽이 폭파되면서 두 명의 미국인 종업원이 숨지기도 했다. 당시 미국 정부는 공습을 통해 카다피와 기타 국제 테러리스트 그룹의 잠재적 혹은 실질적 후원자들에게 미국이 무고한 국민을 대상으로 하는 과격한 폭력 행위를 용인하지 않을 것이라는 강력한 메시지를 전달했다.

코이가 급박한 사건을 정리하고 심각한 문제를 다루는 데 뛰어난 재능이 있다는 것은 누가 보아도 분명했다. 그 때문에 1987년 법무장관 에드 메세(Ed Meese)는 레이건 행정부에서 새롭게 구성된 국가약물정책위원회 위원장으로서 자신의 임무를 수행하는 데 도움이 될 만한 보좌관을 물색하던 중 그 자리에 전임 WHF 크레이그 코이를 임명했다. 빈틈이 없고 머리가 대단히 좋은(하버드 경영대학원에서 MBA 학위를 받았다) 코이는 국가약물정책위원회의 실행 계획을 만드는 책임을 맡았다. 1970년대 초반부터 미국인들 사이에서 코카인 사용이 급격히 증가했다. 이에 약물이 미국 내로 들어오거나 미국 내에서 거래되거나 사람들 사이에서 사용되는 것을 막는 것이 레이건 행정부에서는 무척 시급한 과제였다.

코이는 말한다.

"그 전략에는 모든 정부 기관으로 하여금 약물 금지와 수사, 정보, 고발, 수용은 물론 교육, 치료, 기능 회복에 참여하게 해서 가능한 모든 자원을 확보하는 일이 포함되었습니다. 그에 더해서 우리는 이들 기관이 가지고 있는 구상이 효과적인지 측정할 수 있는 방법을 알고 싶었습니다. 이 문제는 어느 정부에서든 전형적으로 가장 어려운 일이었습니다. 정부의 활동은 대체로 속도가 느리고 책임을 회피하려는 경향이 있기 때문입니다. 따라서 우리는 각 기관의 상호 협력이 시급하다는 절박감을 이끌어낼 필요가 있었습니다. 그래서 나는 메세 장관의 강력한 지원 그리고 그와 긴밀한 관계에 있는 레이건 대통령과 함께 이른바 '활동 수행' 이벤트를 이용함으로써 절박감을 이끌어내기로 결정했습니다."

코이는 장기적이고 복잡한 업무를 맡고 있는 사람은 일을 지체하는 경향이 있다는 사실을 알고 있었다. 과제가 지나치게 과중해 보이고 달성 시한은 너무 멀리 떨어져 있는 것처럼 보이기 때문이다. 불법 약물 사용을 다루는 협동 전략을 성공적으로 실행하기 위해서는 모든 기관의 기능을 제 궤도에 올리고 모든 인력을 자기 자신의 역할에 집중하도록 만들어야 했다. 그 때문에 코이와 메세는 2년에 걸쳐 대통령과 함께하는 18개의 개별적인 내각 회의를 계획했다.

"우리는 공급 분야나 수요 분야에서 특정한 약물 전략을 책임지고 있는 각각의 기관 책임자에게 백악관 회의실로 와서 각료들과 대통령에게 브리핑을 하라고 요청했습니다. 그들 기관으로서는 대통령께 브리핑하는 것이 중요하고 급박한 과제일 수밖에 없다는 사실을 이용한 겁니다. 사람들을 동원해서 임무를 완성하고 자기만족과 관료적 타성에서 벗어나게 하는 데 그만큼 효과적인 방법은 없었죠. 그처럼 급박한 상황에서 사람들이 끌어낸 성과는 놀라웠습니다. 활동 수행 이벤트를 만드는 것은 내가 오랫동안 배운 경영 리더십 레슨 중에서 최고라고 할 수 있습니다.”

약물정책위원회를 떠난 후 코이는 그동안 갈고 닦은 리더십 기법을 민간 부분에 적용해 항공 산업과 비즈니스 아웃소싱 분야의 기업들을 아주 성공적으로 관리했다. 2001년 9·11 테러 공격이 일어난 후 그는 다시 한번 자신이 익힌 리더십 기술을 실험할 자리에 앉게 되었다. 테러리스트들은 보스턴의 로건 공항 보안 검색대를 빠져나가 두 대의 비행기에 탑승했고 결국 뉴욕 시 세계무역센터 쌍둥이 빌딩으로 돌진해 수천 명의 무고한 인명을 죽음으로 몰아넣었다. 사건이 일어나자 미국인들은 매사추세츠 항만관리위원회의 로건 공항에 대한 느슨한 보안 감시에 격분했다. 매사추세츠 항만관리위원회의 CEO(정치적으로 지명된)는 서둘러 사임했고, 주지사는 문제를 일으킨 기관을 개혁하기 위해 특별 대책 본부를 설립했다. 전임 WHF 마셜 카터(Marshall Carter, WHF 76-5-76)가 카터 위원회라고 알려진 특별 대책 본부를 이끌었다. 카터는 새로운 CEO를 찾아야 할 시점이 되자 코이에게 그 자리를 권했다.

코이는 그때의 일을 이렇게 회상한다.

"그 전화를 받을 당시만 해도 나는 매사추세츠 항만관리위원회에 대해 전혀 모르고 있었습니다. 하지만 이내 그 위원회의 CEO 자리에 요구되는 사항과 내 경력이 잘 들어맞는다는 것을 깨달았습니다. 다시금 공무를 맡아보고 싶다는 생각도 강했고요."

그 일을 맡기로 한 코이는 수세에 몰린 기관을 이끌기 시작했다. 매사추세츠 항만관리위원회는 보스턴 항과 토빈 브리지, 베드퍼드의 핸스컴 공군 비행장(Hanscom Field), 로건 국제공항 등을 감독하고 있었다. 특히 로건 공항은 410억 달러를 들여 새로운 단장을 하는 중이었다. 이번 임무에서는 직원들에게 따로 절박감을 이끌어낼 필요가 없었다. 의회가 이미 2003년 1월로 프로젝트 달성 기한을 정해두었기 때문이다. 그러한 절박함을 통해 생산적이고 빠른 결론을 도출해내는 것이 코이의 임무였다.

"테러리즘과의 전쟁에서는 전선(戰線)이라는 것이 따로 없습니다. 그것은 지구를 반 바퀴 돌아 멀리 이국땅에서 벌어지는 싸움이기도 하고 우리의 공항과 항구, 터널, 다리, 길, 고속도로에서 벌어지는 싸움이기도 합니다. 나는 매사추세츠 항만관리위원회의 CEO가 됨으로써 이 나라의 적을 아주 가까이에서 경험한 조직을 맡았습니다. 그 끔찍한 사건과 영원히 떨어질 수 없는 로건에서 느꼈던 그리고 지금까지도 여전히 느끼고 있는 큰 고통과 비탄은 형언할 길이 없습니다. 하지만 매사추세츠 항만관리위원회에 합류하면서 나는 애국심이 새롭게 그리고 강하게 타오르는 것을 볼 기회를 얻었습니다. 정말 잊을 수 없는 경험이었습니다."

## 완벽한 균형을 찾는 것은 훌륭한 리더의 특징이다

의회는 거의 불가능에 가까운 시한을 정해두었다. 하지만 코이는 그 도전을 매사추세츠 항만관리위원회의 방향을 전환하는 전략의 일환으로 받아들였다. 무엇보다 한 번도 시도된 적이 없는 새로운 수하물 심사 시스템이 필요했다. 1억 4600만 달러의 비용이 드는 시스템이었다. 코이는 800명의 직원을 이끌고 마감 시한 안에 일을 마치기 위해 휴일도, 밤낮도 없이 일했다. 이 대형 프로젝트에는 7만 9000제곱미터의 새로운 수하물 공간과 5100제곱미터의 개조 공간, 4800미터의 컨베이어 벨트, 4000개의 전기 모터, 8개의 변전소, 44개의 대형 심사 장치가 포함되어 있었다. 이는 미국 최고의 전자동 수하물 심사 시스템으로서 코이와 새로운 매사추세츠 항만관리위원회 팀이 이룩한 최첨단 기술의 개가였다.

"직원들은 거의 40개 주에서 보스턴으로 왔습니다. 단지 돈 때문에 온 사람은 거의 없었죠. 오하이오 주에서 온 한 직원은 자신의 트럭에 트레일러를 연결해 그곳에서 숙식을 해결하며 살았습니다. 애국심 때문에 그곳에 왔던 겁니다."

코이의 회상은 계속된다.

"2년 걸릴 공사를 6개월 만에 해낸 이 평범한 시민들의 동기를 설명해주는 데 애국심 외에 다른 말은 없습니다. 우리를 추동한 것은 새롭게 충전된 미국인의 정신이었습니다."

코이는 국가약물정책위원회의 생산성을 관리했던 것과 아주 흡사한 방식으로 매사추세츠 항만관리위원회 팀이 단기적인 목표에 집중하고 절박감을 유지하도록 했다. 그리고 직원들로 하여금 로건 공항을 들고 나는 수백 수천만의 항공 이용객들을 위해 안전한 시설을 구축하는 장기적인 사명을 향해 나아가도록 이끌었다. 그것은 수하물 심사를 넘어서는 거대한 사업이었다. 코이는 자신의 팀을 동원해 매사추세츠 항만관리위원회와 로건 공항을 효율성과 안전성이라는 측면에서 세계적 표본으로 만들겠다고 결심했다.

"우리는 우선 운영, 시설, 성능, 훌륭한 시민 정신, 이렇게 4개의 전략적 사업 목표를 만들었습니다. 그로써 사람들은 자신이 건전한 결정을 했는지 판단하는 데 규범이 될 수 있는 시스템을 얻게 되었지요. 그 후 우리는 부서장들에게 손익에 대한 책임을 맡겼습니다. 그것이 행동과 조직에 대한 의식을 고취하는 데 대단히 긍정적인 영향을 주었습니다."

매사추세츠 항만관리위원회의 모든 보안 조치는 코이의 감독하에 재검토되었다. 새로운 수하물 심사 시스템 외에도 모든 펜스와 문, 창문, 게이트, 터널이 보안에 미치는 영향까지 평가 대상이 되었다. 순찰을 보강하고 차량과 승객, 건설 인부의 적절한 보안 검색을 보장하기 위해 더 많은 상근 경찰 인력이 추가되었다. 매사추세츠 항만관리위원회는 모든 공항 직원과 건설 인부, 개조 작업과 관련된 도급업자의 지문 등록과 범죄 기록을 확인했다. 코이의 팀은 터미널과 주차장 도처에 수백 대의 감시 카메라와 폭발에도 견딜 수 있는 휴지통을 설치하고 민감한 구조물 가까이 차량이 접근하는 것을 막기 위해 방벽을 세웠다. 안전에 대한 위협 수준이 높아질 때마다 항만관리위원회는 무관용 정책을 실행에 옮겨 관내에 부적절하게 주차

된 모든 차량과 트럭에 대한 즉각적인 압수에 들어갔다.

　매사추세츠 항만관리위원회는 매사추세츠 주 법무장관 집무실과 미국 자유인권위원회(American Civil Liberties Union)의 도움을 받아 의심스러운 특정한 행동을 보이는 승객과 공항 직원을 관찰하고 심문하게 하는 '행동 패턴 인식 프로그램(behavior pattern recognition program)'을 실시했다. 엘리트 경찰 부대를 구성해 폭발물 수색, 특수 작전, 대테러, 생물학·화학 무기 훈련을 시켰다. 이 경찰 중 일부는 승객 터미널과 건물 인근, 주차장을 순찰할 때 헥클러 & 코흐 MP5(Heckler & Koch MP5) 기관총으로 무장하는 일급 공항 안전 요원이 되었다. 매사추세츠 항만관리위원회는 승객 심사를 통해 교통안전청(Transportation Security Administration)을 돕는 현대적인 보안 검문소를 고안해 설치하기도 했다. 이 시스템에는 교통의 흐름을 원활히 유지하기 위해 업그레이드된 장비도 포함되었다. 또 보안 결함이 의심되는 경우 터미널이나 중앙 통로로 사람들을 피신시키기 위해 출구의 보안문과 비디오 모니터링도 포함되었다.

　"로건 공항의 보안 이니셔티브 목록은 대단히 깁니다. 하지만 보안은 확인된 위협에 대한 대응으로 끝나는 것이 결코 아닙니다. 이는 대개 효과적인 리더십에 관한 문제입니다. 자원에 대한 수요가 많을 때 잠재적인 위협에 대응하기 위해 부족한 자원을 이용하는 헌신, 시간의 낭비와 불편을 감수하고 보안 개선에 대중의 지원을 얻어내는 능력, 잘못된 경보가 발생하는 등 피할 수 없는 상황에서도 경계를 늦추지 않겠다는 결단, 이 모든 것에 강하고 견고한 리더십이 요구됩니다. 우리는 로건에서 일어난 일 때문

에 우리에게 국가적인 관심이 집중될 것이며, 불안한 국내 여행객은 2001
년 9월 11일의 테러 이후 국가와 공항의 대응이 어느 정도인지 판단하는
기준으로 로건 공항을 주시할 거라는 사실을 알고 있었습니다. 그런 관심
이 우리에게 로건을 제대로 만들어야 한다는 특별한 의무로 다가왔습니다.
우리가 그 임무를 보는 방식, 다시금 미국의 항공 시스템에 대한 대중의 신
뢰를 얻는 방식은 우리와 함께 로건에서 시작되었습니다. '이끌고 따르라.
그것이 아니라면 물러나라(Lead, follow, or get out of the way).' 이것이 우리의
모토였습니다."

　리더의 기본적인 임무는 사람들에게 힘을 주고 그들로 하여금 조직의 사
명을 수행하는 데 집중하도록 하는 것이다. 크레이그 코이는 WHF 기간 동
안 대통령에게 브리핑하는 날짜를 정하는 방법이 전 부서가 협력해 과제를
이루어내는 데 얼마나 큰 힘이 되는지 직접 경험했다.

　이후 그는 매사추세츠 항만관리위원회에서 '할 수 있다'는 분위기를 만
들어냈다. 그 속에서 직원들은 거의 슈퍼맨 같은 수준의 성과를 냈다. 모든
것이 절박감을 유지했기 때문이다. 그러한 절박감이 아니었다면 직원들은
일에 압도당하거나 순간적인 타성에 빠졌을 것이다. 완벽한 균형을 찾는
것이 훌륭한 리더의 특징이다. 그리고 그러한 균형을 이루기 위한 첫 번째
단계는 대화의 시작이다.

제 7 장

---

# 리더에게는
# 열정이 있다

---

LEADERS HAVE PASSION

66 훌륭한 리더가 되는 첫 번째 단계는 자신의 소명을 확인하는 것이다. 한 개인
으로서 활력을 느끼게 하는 일은 무엇인가? 침대에서 일어나 웃으면서 일을
시작할 수 있게 만드는 것은 무엇인가? 사업이든, 군 복무이든, 정부에서 일하
는 것이든 전심전력을 다해 그것을 추구하도록 하라. 과감한 이단자가 되어
라. 열정은 당신의 팀이 나아가는 길에 있는 모든 장애를 극복할 수 있는 힘을
줄 것이다. 99

축사

## 열정은 성공을 위한 노력에 불을 붙이는 불꽃이다

1994년, 세상은 온통 핑크빛이었다. 나는 공군사관학교를 졸업하고 고급 장교를 역임했으며 전임 WHF로서 막 컬럼비아 법학대학원을 졸업했다. 아주 좋은 일자리가 생겨서 마이애미로 떠날 참이었다. 1년간 연방 판사를 보좌하며 실습 기간을 갖게 되었기 때문이다. 근사한 법률가로서의 경력을 시작하기 위해 가족을 뉴욕에서 플로리다 남부로 이주시킬 예정이었다. 모두가 내 화려한 미래에 대한 희망에 들떠 있었다.

모든 사람이 그랬지만 나는 아니었다.

짐은 이미 꾸려놓은 상태였다. 하지만 떠날 날이 가까워질수록 나는 법률을 업으로 삼지 못할 거라는 확신이 강해졌다. 좋은 법률가가 될 만한 지식과 소양을 갖추기는 했지만 내게는 한 가지 가장 결정적인 요소가 부족했다. 바로 열정이었다. 나는 스스로에게 삶의 의미를 주는 일은 내가 가진 리더십 재능과 창의적인 능력을 사업에 이용하는 것임을 깨달았다. 고심

끝에 법률가가 되지 않겠다는 어려운 결정을 내렸다. 그것은 내 소명이 아니었다. 법률은 열정을 가지고 그 과정에서 겪게 될 모든 어려움을 이겨낼 만한 그런 일이 결코 아니었다. 그러나 법률가로서 성공이 보장된 길을 버리고 훌륭한 사업가가 되겠다는 허황된 생각을 좇을 용기가 과연 내게 있는 걸까? 실패하면 어떻게 하지? 앞으로 갚아야 할 대학원 학비 7만 달러는 어떻게 하지?

플로리다로 출발해야 하는 날짜를 불과 2주일 남기고 심각한 자기반성 끝에 나는 나의 진정한 열정을 따라 사업가가 되기로 결심했다. 불안했다. 하지만 내 결심은 단호했고 그 과정에서 몇 번의 부침을 겪은 후 3년이 지나 스털링 파이낸셜 그룹(Sterling Financial Group)을 설립했다. 이 회사는 미국 내에서 가장 급속히 성장한 스페인계 미국인 소유 기업으로 손꼽혔고 빠른 성공을 거둔 미국의 500대 기업 중 8위에 오르기도 했다. 7개국에 60개 사무소를 둔 우리 회사는 성공한 기업이 되었고 나 역시 성공한 사업가가 되었다. 열정이 나를 인도했기 때문에 가능한 일이었다.

열정은 성공을 위한 모든 노력에 불을 붙이는 불꽃이다. 내가 인터뷰한 대다수 WHF 역시 열정을 그들의 성공을 뒷받침한 원동력이라고 꼽았다. 미셸 펠루소(Michelle Peluso)와 제프 글뤽(Jeff Glueck, WHF 98-99)이 어떻게 펠로십 기간 동안 얻은 자신들의 아이디어를 '사이트59(Site59)'로 전환시켰는지 살펴보자. 엄청난 성공을 거둔 이 여행 예약 사이트는 4300만 달러에 트래블로시티(Travelocity)에 매각되었다. '사이트59'가 하룻밤 사이에 성공한 것처럼 보이지만 사실 펠루소와 글뤽 그리고 그들의 파트너는 미숙한 사업을 궤도에 올리기 위해 엄청난 어려움을 극복해야 했다. 열정이 부족한 팀이라면 압도당하고 말았을 큰 어려움들이었다. 그들이 겪은 가장 큰 역경은 2001년 9월 11일에 일어났다. 테러리스트들의 공격으로 '사이트 59' 사무실에서 아주 가까운 거리에 있던 세계무역센터 쌍둥이 빌딩이 무너진 것이다.

"완벽한 난국이었죠. 인수 협상이 막 시작된 상황이고 돈은 은행에 있는데 문자 그대로 세상이 무너져버린 겁니다. 우리 사무실은 쌍둥이 빌딩에서 불과 두 블록 떨어진 곳에 있었습니다."

펠루소는 당시의 일을 이렇게 회상한다.

"끔찍한 날이었습니다. 직원들을 찾을 수가 없었어요. 무시무시한 장면들을 목격했습니다. 고객들은 발이 묶였고, 우리는 사무실을 잃었습니다. 모든 장비가 그곳에 있는데 말입니다. 수익이 곤두박질치기 시작했습니다. 우리는 사람들이 마지막 순간에 충동적으로 계획하는 주말여행 패키지를 판매하고 있었는데, 이 상품 역시 갑작스럽게 중지되었죠. 그 때문에 투자자들은 빠져나갔고, 인수 협상을 취소해야 했습니다. 엄청났던 수익이 하룻밤 사이 제로에 가까워지는 상황은 이전까지 결코 경험해보지 못한 것이었습니다. 제가 직면한 사업적인 어려움 중에서 가장 심각한 시기였죠."

펠루소의 팀은 개인적으로는 물론 정서적으로도 큰 문제에 부딪혔다. 펠루소와 글뤽은 사업을 다시 일으켜야 했을 뿐 아니라 팀을 재정비하고 고객들에 대한 신뢰도 회복시켜야 했다. 그들은 먼저 팀원들을 치유하기 위한 프로세스를 시작했다. 정서적 균형을 되찾기 위한 조치 중 하나로 인근에 있는 소방서와 접촉했다. 매주 월요일 밤 소방관들을 위해 식사를 준비하기로 한 것이다. 쌍둥이 빌딩이 무너졌을 때 처음 출동해 여러 동료를 잃은 소방서였다. 소방관들을 위해 요리를 하면서 팀원들은 자신이 겪은 일에 대해 좀 더 편안히 이야기할 수 있게 되었다. 펠루소와 글뢰이 의도한 대로 그 일을 마치 자신의 상처를 치유하는 프로세스처럼 느끼게 된 것이다. 그것은 혼란에 빠진 사업을 다시 일으키는 데도 도움을 주었다. 펠루소는 이렇게 말한다.

"사업적 감각이 그 어느 때보다 필요한 때였습니다. 사업 전체를 아주 짧은 시간 안에 다시 일으켜야 했으니까요. 나는 리더십 역량 역시 최고에 있어야 한다고 생각했습니다. 내 능력을 시험하는 대단히 힘든 시기였죠. 직원들에게 급여를 지급할 방법을 찾으며 지새웠던 밤들이 기억납니다. 자기가 하고 있는 일에 열정이 없다면 불가능한 일이었죠. 열정 말고 다른 무엇이 우리에게 강력한 동기를 부여해줄 수 있겠습니까."

'사이트59'는 생존했을 뿐 아니라 마침내 9·11 이전의 수지를 넘어섰다. 트래블로시티는 '사이트59'를 매입했고 흔들리는 모기업을 구하기 위해서 펠루소와 글뢰을 비롯한 그들의 파트너를 영입했다. 그들은 그 임무를 완수했고 2003년 5500만 달러의 적자를 냈던 트래블로시티를 5년이 되지 않아 10억 달러 이상의 수익을 올리는 채산성 높은 기업으로 변모시켰다. 펠루소는 자신들 성공의 열쇠를 열정이라고 말한다. 하나의 팀을 이루고 성공을 향해 나아가는 열정 말이다. 펠루소는 이렇게 말한다.

"나는 '우두머리'가 된다는 것은 무엇보다 사람을 우선시하고 내 조직을 나보다 더 총명하고 성공에 대한 열정을 가진 사람들로 가득 채우는 일이라고 믿습니다. 리더에게는 자기 팀원이 좀 더 넓은 시야를 갖게 하고, 그들에게 솔직하고, 그들과 가까워지고, 사업적인 성장과 관련해 그들의 영웅이 되고, 그들 앞에 놓인 장애를 극복하기 위해 애써야 할 책임이 있습니다. 우리가 그 많은 어려움을 이기고 성공한 것은 단 하나의 이유 때문이라고 생각합니다. 바로 서로에게 헌신하고 패배를 인정하지 않는 팀이 있었기 때문에 가능했습니다. 트래블로시티의 방향 전환에서도 중요한 요소는 역시 같은 것이었습니다. 성공에 모든 것을 거는 열정 말입니다. 팀을 이루고 성공하는 일에 열정보다 더 중요한 요소는 없습니다."

## 열정은 동료의 참여를 자극하고
## 성공을 이끄는 동력이 된다

가장 유능한 리더는 펠루소와 글뤽 같은 이들이다. 그들은 자신의 열정을 어려움을 극복하는 데 도움이 되는 방향으로 돌리는 법을 알고 있었다. 로드니 불라드(Rodney Bullard, WHF 05-06)는 또 다른 훌륭한 표본이다. 조지아 주 데카투르에서 고등학교를 다닌 불라드는 주 대표 풋볼 선수이자 주 대표 모의 법정 변호사로 운동과 공부 두 분야에서 모두 뛰어난 능력을 보였다. 고교 졸업 후 공군사관학교에 진학할 기회가 주어지자 그는 그것을 도약의 발판으로 삼았다. 사관학교에서는 세계적 수준의 교육을 받을 수 있을 뿐 아니라 디비전 I-A 풋볼 선수로 활동하고자 하는 자신의 꿈을 실현할 기회도 얻게 되리라는 것을 알고 있었기 때문이다. 경쟁의식이 대단했던 불라드는 운동과 학업에 전력을 다했다. 하지만 3학년 때 큰 무릎 부상을 당했고 이로 인해 시합에 출전하지 못하게 되었다. 풋볼 선수로서 성공하겠다는 꿈 역시 영원히 멀어졌다.

"바로 이때의 경험을 통해 나는 하나의 문이 닫히면 다른 문이 열린다는 것을 배우게 됐습니다."

불라드는 말한다.

"풋볼은 더 이상 할 수 없었지만 다른 열정을 좇을 수 있었습니다. 모의 법정이었죠. 나는 학교에서 대표적인 모의 법정 팀에 들어가기로 결심했습니다. 그런데 상담 교사가 그 팀은 벌써 정원이 찼다고 말하더군요. 그래서 내 팀을 만들면 활동할 수 있느냐고 물었습니다. 교사는 이렇게 말했죠. '물론이지.' 하지만 그의 의심스러운 눈초리를 느낄 수 있었습니다. 불가능할 거라는 뜻이었죠. 하지만 나는 일주일 후 학생들을 여럿 모아서 상담 교사를 찾아갔습니다. 팀을 두 개나 만들고도 남는 인원이었죠. 이렇게 임시변통으로 급조한 팀이 결국 전국 2위의 성적을 냈고, 나는 서부 최고의 대학생 변호사, 미국 대표 대학 변호사로 인정을 받았습니다. 지금 생각해보면 평범한 일처럼 보이지만 나는 그런 성과를 통해 듀크 법학대학원에서 장학금을 받기도 했습니다. 또 이것을 계기로 WHF를 통해 NASA 국장 마이클 그리핀(Michael Griffin) 박사와 일하게 되었죠. 그 외에 여러 가지 성과를 이룬 바탕이 된 것은 물론입니다. '황소(Bull) 모의 법정 팀'을 구성하도록 나를 자극한 것은 열정이었습니다. 그 열정이 내 급우들의 참여를 자극했고 우리 성공의 동력이 되었습니다. 나는 상황과 조건에 관계없이 언제나 행복한 결말이 있을 것이라는 강한 믿음을 가지고 있습니다."

# 성공을 위해서는
# 모든 관료주의적 장애를 제거해야 한다

내가 만난 사람 중에 조지 하일마이어(George Heilmeier, WHF 70-71)보다 다른 사람을 위해 자신과 세상의 능력을 더 효과적으로 이용한 사람은 없을 것이다. 하일마이어는 자신이 하고 있는 일을 사랑하는 것이 바로 열정이라고 정의한다. 또 열정은 훌륭한 리더를 만드는 모든 처방전에 들어가는 필수적인 재료라고 말한다.

불라드와 마찬가지로 젊은 시절 하일마이어의 열정은 스포츠에 있었다. 그는 대학에 진학하면 체육교육 학위를 받고 싶었다. 하지만 아버지는 그를 다른 길로 가도록 격려했다.

"어느 날 밤 저녁 식사 테이블에 둘러 앉아 있을 때였죠. 나는 그날의 일을 절대 잊지 못합니다. 아버지께서는 당신과 일하는 엔지니어들은 언제 어디서나 깨끗한 옷을 입고 돈도 많이 번다고 말씀하셨습니다. 독일 가정에서 자란 자녀들은 아버지의 말씀에 상당한 영향을 받지요. 결국 나는 엔지니어링을 공부하기로 마음먹었습니다. 한동안 엔지니어링이 내 생활에서 운동을 대체했고 결국은 취미 같은 것이 되었습니다."

그 취미가 엄청난 결실을 맺었다. 하일마이어는 프린스턴에서 고체소자 전자공학으로 박사 학위를 받은 후 RCA 연구소에서 일하며 액정 표시 장치 기술을 개발했다. 오늘날의 평면 텔레비전과 컴퓨터 모니터를 가능케 한 기반 기술이었다. 하지만 몇 년 후 하일마이어는 자신의 일에 대해 다시금 생각할 수밖에 없었다.

"RCA에서 우리가 이룩한 성과가 상업화로 잘 진전되지 않는 것에 환멸을 느끼게 되었습니다. 내게는 변화가 필요했습니다. 액정 표시 장치 작업에 대한 열정과 흥미를 잃었습니다. 어떤 특정 기술 분야의 일에 대한 열정과 관심을 잃으면 그 분야를 떠나야 한다는 것이 당시 내 생각이었습니다. 나는 RCA 연구소를 떠나 WHF가 되기로 했습니다. 당시로서는 1년에 그칠 것이라고 생각했던 일이죠."

국방부에서의 펠로십이 끝나자 하일마이어는 고등방위연구계획국(DARPA)의 국장보로 남아달라는 요청을 받았다. 얼마 되지 않아 그의 직책에서 '보'라는 말이 사라지고 명실공히 계획국을 이끌게 되었다.

"내가 가졌던 직업 중 최고였습니다. 정말로 열정적인 사람들과 함께 일했으니까요. 기업가 같은 사람들이었습니다. 그들은 일을 성공으로 이끄는 데 필요한 관심과 추진력과 지성을 모두 갖고 있었습니다."

하일마이어의 팀은 세계 최초로 레이더에 포착되지 않는 항공기를 개발했다. 엄청난 끈기와 팀워크, 신념이 필요한 일이었다.

"정말 보람 있는 시간이었습니다. 그리고 커다란 교훈을 얻었지요. 그 교훈을 지금까지 간직하고 있습니다. 나는 무엇보다 '평계 없는' 경영을 실천해야 한다는 것을 배웠습니다. 이는 성공을 위해서는 모든 관료주의적 장애를 제거해야 한다는 뜻입니다. 자신의 대의를 믿고 멈추지 않겠다고 마음을 정하면 '장애를 이겨내고' 관료주의를 피해가는 일이 가능해집니다. 그리고 나는 조직의 사명에 대해 아주 열정적인 훌륭한 팀과 열심히 일하고 그 사명을 위해 자신을 희생하는 것이 얼마나 가치 있는 일인지도 배웠습니다. 그런 상황에서는 금전적인 보상조차 무의미합니다. 이것은 오로지 열정과 관련된 문제입니다. 이것이 내가 절대 은퇴하지 않는 이유이기도 합니다."

## 열정은 모든 장애를 극복하는 힘이다

조지 하일마이어처럼 나 역시 진정한 목표와 열정을 찾을 수 있었던 것을 축복으로 여긴다. 조지와 나뿐만이 아니다. 어디에서나 열정을 통해 보람을 얻는 사람들을 만날 수 있다. 발걸음은 가볍고 만면에 미소를 띤 그리고 열정적이고 생산적인 팀을 곁에 둔 리더가 그들이다. 그들은 군에서, 법 집행 기관에서, 언론에서, 혹은 정치 분야에서 자신의 열정을 쏟고 있을 것이다. 젊은이들로 하여금 미래의 성공을 향해 나아가게끔 가르치는 교사도 그들 중 하나일 것이다. 위대함으로 가는 첫 걸음은 자기 내면의 목소리에 귀를 기울이고 그 부름에 주목하는 것이다.

가장 좋은 사례는 내 친구 테레사 파크(Theresa Park)의 경우이다. 파크의 가족은 그녀가 법조계로 나가기를 원했다. 그녀는 가족의 바람에 부응했다. UC 산타크루즈 대학에서 정치학과 문예 창작을 복수 전공한 그녀는 하버드 법학대학원에 진학했다. 졸업 후에는 캘리포니아에 있는 유명한 회사에서 기업 변호사로 일자리를 얻어 가족의 자랑이 되었다. 파크는 훌륭한 경력을 쌓으며 돈도 많이 벌었다. 그러던 차에 역시 법률가인 남편이 뉴욕에서 새 일자리를 얻자 그녀는 자신도 뭔가 새로운 것을 시도할 기회를 갖게 되었다.

파크는 항상 책을 좋아했다. 좋은 책은 세상을 더 나은 곳으로 만드는 힘을 가지고 있다고 생각했다. 그녀는 자신에게 책 만드는 작업과 관련된 일을 하고 싶다는 소망이 잠재해 있다는 것을 알고 있었다. 꼭 책을 쓰는 사람이 될 필요는 없었다. 책이 만들어지는 과정에 대해 알아보던 파크는 자신의 이야기를 세상에 내놓고 싶어 하는 작가들을 위해 일하고 싶었다. 출판업계에서 저작권 대리인이 하는 일에 매료된 것이다. 그녀는 수입 좋은 기업 변호사 일을 그만두고 저작권 대리인이 되기로 결심했다. 뉴욕은 출판의 중심지였기 때문에 일자리를 찾는 데도 어려움은 없을 터였다.

파크는 출판업에 대해 조사한 다음 에이전트의 도움을 구했다. 거의 한 곳에서도 응답이 없었다. 하지만 몇몇 에이전트 직원들은 가장 밑바닥에서 시작해 승진해야 할 것이라는 조언을 해주었다. 어려움이 많은 길이었다. 하지만 파크는 어시스턴트 일자리를 기꺼이 내준 작은 에이전시를 찾게 되었다. 어시스턴트라고는 하지만 비서를 그럴듯하게 부르는 것에 불과했다.

"그들은 일에 대한 내 열정을 높이 샀지요. 그 기회를 얻기 위해 나는 엄청난 금전적 희생을 감수했고요."

봉급은 겨우 1만 8000달러에 불과했다. 법률 회사에서 그녀의 비서가 받는 월급의 반에도 못 미치는 액수였다. 하지만 보수가 적고 일이 멋지지 않아도 그녀는 자신의 일을 사랑했다.

작가 지망생들이 보낸 원고를 검토하느라 1년 가까운 시간을 보내고도 눈에 띄는 작품을 발견하지 못하던 파크는 우연히 자신의 관심과 마음을 사로잡는 작품을 만나게 되었다. 28세의 제약 회사 영업 사원이 쓴 러브 스토리였다. 다른 에이전시에서 무수히 퇴짜를 맞은 원고였다. 하지만 파크

는 그 작품이 큰 성공을 거둘 수 있다고 직감했다. 그녀는 작가에게 전화를
걸어 원고를 다듬고 출판하는 것을 돕겠다고 제안했다. 작가는 그녀가 어
시스턴트에 불과하다는 것을 알고는 망설였다. 그는 일류 출판 에이전트를
만나고 싶었고, 파크는 그 꿈을 이루기에는 역부족이라고 판단한 것이다.
하지만 파크의 열정은 전염성이 있었다. 마침내 그는 자신의 모든 희망을
증명되지 않은 그녀의 비즈니스 수완에 걸었다.

이 듀오는 광범위한 개작 작업을 함께 진행했다. 이윽고 파크는 이 원고
를 뉴욕의 출판사에 판매하기 위해 나섰다. 그녀는 이 책을 제2의《매디슨
카운티의 다리(Bridges of Madison County)》라고 홍보했다. 얼마 후 타임워너
북스(Time Warner Books)로부터 50만 달러를 제의하는 전화를 받은 파크는
흥분을 감출 수 없었다. 무명 작가의 원고에 대해서는 파격적인 제의였다.
하지만 숨을 고르고 기대치를 한 단계 높였다. 그 제안을 과감하게 거절한
것이다. 그녀는 그 원고에 훨씬 더 큰 가치가 있다는 것을 믿었고 기꺼이
자신의 명성 그리고 클라이언트의 미래를 거기에 걸었다. 30분 후 다시 전
화가 울렸다. 역시 타임워너북스였다. 이번에는 100만 달러를 제시했다. 파
크는 자신의 클라이언트 니콜라스 스파크스(Nicholas Sparks)를 대신해 기분
좋게 그 제안을 받아들였다. 다른 것은 중요하지 않았다. 산더미 같은 원고
속에서 찾아내《노트북(The Notebook)》이라는 제목을 붙인 그 원고는 세계
적인 베스트셀러가 되었다. 동시에 그 책은 스파크스와 파크 두 사람이 낸
많은 책 중에서 첫 번째 책이기도 했다. 스파크스와 파크는 열정의 부름을
따르고 그 열정이 자신을 큰 성공으로 이끌도록 한 사람들이었다.

이 모든 이야기를 관통하는 공통점은 자신의 열정을 믿으면 그 결과는

상상을 넘어서는 것이 된다는 사실이다. 자신이 좋아하는 일을 하면 성공은 따라오게 마련이라는 말이 있다. 하지만 나는 이것을 자신이 좋아하는 일을 하면 팀은 따라오게 마련이라고도 말할 수 있다고 생각한다. 그 때문에 훌륭한 리더가 되는 첫 번째 단계는 자신의 소명을 확인하는 것이다.

한 개인으로서 활력을 느끼게 하는 일은 무엇인가? 침대에서 일어나 웃으면서 일을 시작할 수 있게 만드는 것은 무엇인가? 사업이든, 군 복무이든, 정부에서 일하는 것이든, 혹은 자신의 이야기를 세상에 해주고 싶은 작가 지망생을 돕는 것이든 전심전력을 다해 그것을 추구하도록 하라. 과감한 이단자가 되어라. 열정은 당신의 팀이 나아가는 길에 있는 모든 장애를 극복할 수 있는 힘을 줄 것이다.

나는 괜찮은 법률가가 될 수 있었겠지만 '괜찮은' 것으로는 만족할 수 없었다. 여러분은 '괜찮은' 것에 만족하는 사람인가, 아니면 뛰어난 리더를 꿈꾸는 사람인가? 뛰어난 리더가 되고 싶은 사람이라면 이것을 기억하라.

'사람들로 하여금 당신을 따르도록 만들고 싶다면 먼저 자신의 열정을 따라가도록 하라.'

자신이 하고 있는 일에 관심이 없다면 다른 어떤 사람에게도 그 일에 관심을 갖게 만들 수 없기 때문이다.

제 8 장

---

# 리더에게는
# 불굴의 끈기가 있다

---

LEADERS ARE PERSISTENT

> 끈기를 대신할 수 있는 것은 세상에 없다. 재주로는 안 된다. 세상에 훌륭한 재주를 가진 성공하지 못한 사람보다 흔한 것은 없다. 천재성으로도 부족하다. 아무것도 이루지 못한 천재는 진부한 이야기일 뿐이다. 교육으로도 안 된다. 세상은 뛰어난 교육을 받은 낙오자들로 가득하다. 전능한 힘을 가진 것은 끈기와 결단력뿐이다.

## 포기를 용납하지 않는 리더가 성공한다

상관과 함께 이스라엘을 여행하는 목적은 외교적인 문제(미국의 외국 원
조 노력에 대해 조사하는 것)였지만 웨슬리 클락(Wesley Clark, WHF 75-76)은
군사적인 문제에 훨씬 큰 관심을 가지고 있었다. 무엇보다 그는 군 장교였
던 것이다. 클락은 WHF로 선발되기 전 웨스트포인트를 졸업하고 로즈 장
학금을 받아 옥스퍼드를 졸업했으며 베트남에서 중대를 지휘하기도 했다.
1970년대 초 중대의 지휘를 맡은 지 한 달도 지나지 않아 AK-47로 무장
한 베트콩의 사격으로 네 발의 총을 맞았다. 하지만 그는 전장에 누워 피를
흘리면서도 중대를 계속 지휘했고 결국 반격에 나서 베트콩의 공격을 진압
했다.

WHF로서 클락은 예산관리국장인 제임스 린(James Lynn)과 함께 일하게
되었다. 1976년 린은 젊은 펠로를 데리고 이스라엘 여행길에 올랐다. 이로
써 클락은 이츠하크 라빈(Yitzhak Rabin) 국무총리를 비롯한 중동 최고의 권

력자들과의 만찬에 참석할 수 있었다.

클락은 당시의 일을 이렇게 회상한다.

"이스라엘의 저녁 식사가 대개 그렇듯이 늦은 저녁때였습니다. 테이블에는 7명이 자리를 함께했죠. 내 쪽에는 제임스 린과 예산관리국 부국장 돈 오길비(Don Ogilvie)가 있었고 반대편에는 라빈 총리와 국방장관 시몬 페레스(Shimon Peres), 외무장관 이갈 알론(Yigal Allon), 재정장관 여호수아 라비노비츠(Yehoshua Rabinowitz)가 있었습니다. 미국 쪽에서는 군 생활을 경험한 사람이 나뿐이었죠. 자연스럽게 군 경력을 가진 라빈을 비롯한 사람들과 약간 다른 방식으로 대화를 할 수 있었습니다. 우리는 이스라엘과 이스라엘의 역사 그리고 라빈이 군에서 한 일에 대해 이야기를 나눴습니다. 그의 전쟁 이야기에 귀를 기울이다 문득 질문하고 싶은 것이 생각났습니다. '퇴역 군인으로서 나 같은 젊은 장교에게 전해주고 싶은 가장 중요한 군 생활의 교훈은 무엇입니까?' 그는 '끈기'라고 대답했습니다."

라빈 총리는 1948년 독립전쟁 당시 이스트예루살렘을 지키는 임무를 맡은 여단장으로 3개 대대를 이끌고 있었다. 요르단의 아랍 지역에서는 맹렬한 전투가 벌어졌고 라빈의 부대는 용감하게 그들의 공격을 물리쳤다. 이윽고 아랍인들은 다시 한 번 이스라엘 진지에 맹공을 퍼부었고 라빈의 부대는 이번에도 역시 그들을 저지했다.

"그런데 얼마 후 대대장이 라빈 대령에게 이렇게 말했답니다. '탄약이 더 이상 없습니다! 기관총 탄약이 떨어졌습니다. 한 사람당 네댓 번의 소총 일제 사격을 지원할 수 있을 뿐입니다. 수류탄도 분대당 한두 개밖에 남지 않았습니다. 저들이 공격을 재개한다면 우리는 괴멸할 겁니다.' 그때 라빈은 이렇게 말했답니다. '아니, 그런 일은 없을 걸세. 우리의 사명은 이곳을 지키는 것이네. 우리는 바로 여기에서 싸울 걸세. 여기는 바로 우리의 예루살렘이네.' 이 말에 대대장이 흥분한 것은 당연한 일이었겠지요. 하지만 라빈은 물러서지 않았고, 여단은 그곳에 머물렀답니다. 그런데 사실은 상대방인 아랍군 역시 탄약이 떨어진 상황이었습니다! 분대당 수류탄은 두세 개뿐이고 공격에 성공할 만한 화력도 갖추지 못하고 있었습니다. 할 수 없이 그들은 퇴각을 했죠. 하지만 라빈은 자신의 사명을 이행했고 이스트예루살렘을 지켰습니다. 그것이 독립전쟁에서 라빈이 거둔 가장 큰 승리였습니다. 모두가 끈기에서 나온 것이었습니다. 그는 결코 포기를 용납하지 않는 인물이었습니다."

저녁 식사가 끝난 후 클락은 라빈의 말을 돌이켜보았다. 그가 옳았다. 클락은 라빈이 겪은 1948년의 경험을 6년 전 자신이 겪은 베트남에서의 일과 비교해보았다.

"중위로 베트남전에 참전했던 나는 공격을 받게 될 경우 현장에서 상관이 무기를 요청하는 것을 보곤 했습니다. 때로는 무기를 얻게 되지만 때로는 그렇지 못한 경우도 있었죠. 나는 라빈의 말을 통해 목표에 대해서뿐만 아니라 평가에 대해서도 일관적인 태도를 가져야 한다는 것을 깨달았습니다. 뭔가가 필요하다면 그것이 제공되거나 혹은 그 요구를 중지하라는 명령이 있을 때까지 계속 끈기를 가지고 있어야만 한다는 사실을 말입니다."

펠로십 기간을 끝낸 클락은 승진을 거듭해 마침내 대장이 되었고 NATO의 유럽연합군 총사령관 자리에 올랐다. 그가 재임 기간 중 겪은 가장 큰 어려움은 코소보 전쟁이었다.

1999년 유고슬라비아 대통령 슬로보단 밀로셰비치(Slobodan Milosevic)*가 자행하는 끔찍한 이민족 청소를 진압하기 위한 코소보 공습이 시작되었다. 클락은 이 작전에서 미국과 NATO 연합군을 지휘했다. 이것은 NATO가 경험한 최초의 대규모 전쟁이었다.

"코소보 전쟁 때 많은 사람이 공습만 하면 하루 이틀 만에 전쟁이 끝날 것이라고 말했습니다. 하지만 불행히도 그렇게 되지 않았죠. 지구력의 문제가 되었습니다. 우리는 강압적인 외교 작전을 쓰기로 결정했습니다. 먼저 단계적인 통제력 강화에 나섰습니다. 단계적으로 우리의 지배력을 넓혀 나간 것입니다. 밀로셰비치가 어떤 시도를 하든 NATO 연합군에 의해 그의 입지는 점차 축소되었습니다. 우리는 더 많은 전투기를 동원해 더 많은 표적을 공격했습니다. 그리고 마침내 지상전을 시작하겠다고 밀로셰비치를 위협했습니다. 전쟁의 문제점, 즉 전쟁과 전쟁 방식에 대한 미국의 관점과 연합군의 관점 사이에 수많은 마찰과 차이가 존재하는 연합 작전의 어려움에도 불구하고 우리는 힘을 합쳤습니다. 어떤 표적도 어떤 공격 작전도 일관된 NATO 전략을 유지하는 것보다 중요하지 않았습니다. 78일간의 끈기 있는 작전 실행을 통해 우리는 밀로셰비치의 의지를 꺾었습니다. '포기하지 말라'는 것은 일테면 끈기가 갖는 힘에 대한 가르침입니다."

---

* 유고의 정치가. 신유고연방의 대통령. 1989년 세르비아 대통령으로 선출되었다. 여러 민족이 혼재한 유고연방에서 세르비아 민족주의를 촉발시켜 내전을 주도했다. '발칸의 도살자'라 불리며 인종 청소를 벌이다 2000년 민중 봉기로 실각했다. 1999년 구유고슬라비아 국제형사재판소(ICTY)에 의해 전쟁 범죄와 학살죄, 반인도적 범죄 혐의로 기소당해 2001년 체포되었다. 전범으로 재판을 받던 중 2006년 3월 감옥에서 사망했다.

NATO 연합군은 약 150만 명의 알바니아 사람을 광포한 밀로셰비치의 손에서 구했고, 웨슬리 클락 장군은 34년간의 모범적 군 생활을 마치고 퇴역했다. 2003년에는 대통령 선거에 출마해 오클라호마 예비 선거에서 승리했으나 캠페인을 포기하고 다른 민주당 후보의 당선을 도왔다. 그는 지금 작가이자 사업가이며 CNN, MSNBC, 폭스 뉴스(Fox News)의 시사 문제 해설자이기도 하다.

## 끈기를 대신할 수 있는 것은 세상에 없다

코소보 전쟁처럼 중대한 이해관계가 걸린 상황에서 긍정적인 결과를 이끌어내려면 엄청난 끈기가 필요하다. 이는 '테러와의 전쟁'에서도 마찬가지이다. 2006년 말 부시 행정부는 이라크 국내의 폭력과 테러리스트 준동에 맞서 새로운 전략 팀을 구성했다. 그 팀에는 전임 WHF 아흐메드 사에드(Ahmed Saeed, WHF 04-05)도 포함되어 있었다.

사에드는 펠로십 기간 동안 재무부에서 일하며 중동과 관련한 사회 보장 개혁과 재정 문제를 다루었다. 임무가 끝나갈 무렵 재무장관 존 스노(John Snow)가 아프리카와 중동 담당 차관보로서의 정식 직책을 제안했고 사에드는 그 제안을 받아들였다.

2006년 12월, 전 국무장관 제임스 베이커와 전 하원의원 리 해밀턴(Lee Hamilton)이 이끄는 초당파적인 연구 모임이 이라크 전쟁의 진행 상황(혹은 교착 상황)에 대한 권고를 담은 최종 보고서를 발표했다. 무엇보다 이 연구회는 미국이 이라크에서 병력 철수를 시작해야 한다고 권고했다. 하지만 부시 대통령은 '베이커-해밀턴 보고서'에 동의하지 않고, 국가 안보 부보좌관 J. C. 크라우치(J. C. Crouch)로 하여금 그룹을 조직해 대체 방안을 고안하라고 지시했다.

사에드는 이렇게 회상한다.

"대통령은 모든 국가 안전 보장 기관에 각각 차관급 이하의 직책을 가진 두 사람을 이 그룹에 지명하도록 했고, 저도 그 지명을 받은 사람 중에 하나였습니다. 기본적으로 대통령은 우리가 한 달 동안 다른 업무를 보지 않고 그 문제만을 다루기를 바랐습니다. 모두 15명이었죠. 국무장관 콘돌리자 라이스(Condoleezza Rice)와 국방장관 로버트 게이츠(Robert Gates), 합참의장 피터 페이스(Peter Pace), 국가정보국 국장 존 네그로폰테(John Negroponte), 재무장관 행크 폴슨(Hank Paulson) 등 내각의 각료들이 모두 참여했습니다. 모든 제안은 대통령 앞에서 논의되었고, 이후 대통령은 병력을 증파하는 것이 옳은 일이라는 결론을 내렸습니다. 그리고 2007년 1월 7일 병력 증파를 발표했죠."

병력 증강이라는 뉴스는 광범위하고 극심한 반대에 부딪혔다. 하지만 부시 대통령은 반대론자들을 무시하고 그 계획을 실행에 옮겨 이라크에 2만 명의 병력을 추가로 파병했다. 그의 완강한 끈기가 효과를 내는 것처럼 보였다. 2008년 중반이 되자 이라크에서의 대량 살상 폭파와 그로 인한 사상자 숫자가 증파 이전의 수준에 비해 급격히 떨어졌던 것이다. 미군과 연합군은 물론 이라크 민간인들도 한결 안전한 생활을 하게 되었다.

사에드는 이렇게 말한다.

"나는 이것이 지도자(이 경우에는 부시 대통령)가 언제 귀를 열어야 하고 언제 귀를 닫아야 하는지 보여주는 좋은 사례 중 하나라고 생각합니다. 대통령은 많은 정보를 받아들였고, 그 결정이 엄청난 논란을 불러일으키리라는 것을 잘 알고 있었습니다. 하지만 그는 우리가 어디로 가야 할지 결정했고, 그 후에는 그것을 끈기 있게 추구해나갔습니다. 이번 경우에는 그것이 성공을 거둔 것 같았습니다."

사에드는 그때의 교훈을 간직하고 새로운 모험을 시작했다. 2008년 전 재무장관 스노가 서버러스 캐피털 매니지먼트 LLP(Cerberus Capital Mangement LLP)의 회장 자격으로 자신의 전임 WHF를 그 회사의 새로운 전무이사 겸 중동 지부의 사장으로 임명한 것이다. 서버러스는 세계적인 명성을 지닌 민간 투자 회사이다.

웨슬리 클락과 아흐메드 사에드는 WHF 시절 성공적인 리더는 이겨낼수 없을 것 같아 보이는 어려움이 닥쳐도 결코 포기하는 법이 없다는 것을 배웠다. 자기 자신에게 절대로, 절대로 포기하지 않을 것이라고 맹세하는 것이 바로 끈기이다. 끈기 부족은 실패의 가장 큰 요인이다. 유능한 리더는 지구력과 끈기를 가지고 환경이나 다른 사람의 말, 생각, 행동에 굴하지 않으며 자신의 목표를 끝까지 추구한다.

끈기는 당신으로 하여금 리더가 되게끔 해줄 것이고, 당신을 다른 사람과 차별화시켜줄 것이다. 끈기 있게 자신의 목표를 추구하는 법을 배워야만 한다. 끈기만 있다면 어떤 일이든 가능하기 때문이다.

캘빈 쿨리지(Calvin Coolidge)는 이렇게 말했다.

"끈기를 대신할 수 있는 것은 세상에 없다. 재주로는 안 된다. 세상에 훌륭한 재주를 가진 성공하지 못한 사람보다 흔한 것은 없다. 천재성으로도 부족하다. 아무것도 이루지 못한 천재는 진부한 이야기일 뿐이다. 교육으로도 안 된다. 세상은 뛰어난 교육을 받은 낙오자들로 가득하다. 전능한 힘을 가진 것은 끈기와 결단력뿐이다."

제 9 장

---

# 리더는 훌륭한 커뮤니케이터이다

---

LEADERS ARE
GREAT COMMUNICATORS

" 수십 년간 뛰어난 리더십을 발휘한 콜린 파월은 언어를 연마하고 자신의 요점을 유익하게, 상황이 허락할 경우 재미있게 만드는 효과적인 기술을 배움으로써 세계 일류의 커뮤니케이터가 되었다. 그는 말을 이용해서 사람들과 '관계'를 형성하는 방법을 배웠다. 훌륭한 리더는 사람들에게서 가장 절실한 감정을 불러일으키는 것이 무엇보다 중요하다는 사실을 본능적으로 알고 있다. "

## 자신만의 효과적인 커뮤니케이션 방법을 개발하라

세자르 콩드(Cesar Conde, 02-03)는 미국 최초의 스페인어 사용 매체인 유니비전 커뮤니케이션즈(Univision Communications)의 수석 전략실장이자 수석 부사장으로서 항상 훌륭한 커뮤니케이터들과 일해왔고 스페인어권 엔터테인먼트 세계의 유명한 스타와도 교분을 쌓았다. 그 때문에 WHF 기간 동안 상관으로 만난 국무장관 콜린 파월이 연설하는 것을 직접 본 날 그는 뭔가 비상한 것을 느낄 수 있었다. 파월의 연설이 끝난 후 리무진을 타고 함께 가던 중 콩드는 파월에게 연설에 뛰어난 재능을 갖고 있다는 인사를 건넸다. 그러자 파월은 콩드가 전혀 짐작조차 하지 못했던 이야기를 해주었다. 다른 사람과 원활하게 커뮤니케이션하는 능력은 타고난 것이 아니라 오랫동안의 연구와 노력을 통해 얻은 것이라는 사실이었다.

콩드는 말한다.

"파월 장군은 아주 겸손하게 그런 능력을 가지고 태어나는 사람은 아주 드물다고 설명했습니다. 그 자신도 엄청난 노력이 필요했다고 말했습니다. 그는 군 생활 초반에 훌륭한 아이디어와 목표만으로는 충분하지 않다는 것을 깨달았다고 했습니다. 자신의 영향력을 극대화하기 위해서라도 유능한 커뮤니케이터가 되어야 했던 것이지요."

나는 파월 장군을 인터뷰하면서 커뮤니케이션 기술을 개발한 방법을 설명해달라고 부탁했다. 그러자 그는 모든 것은 1960년대 중반 자신이 교관이 되기 위해 조지아 주 포트베닝의 보병 학교로 갔을 때 시작되었다고 말했다. 파월은 당시의 일을 이렇게 회상한다.

"나는 수업 방법과 관련해 3주짜리 교육을 받아야 했습니다. 당시 하급 장교들은 베트남 파병을 앞두고 있어서 내가 긴급 보고서 작성에 대해 이야기해도 주의를 기울이지 않는 상황이었습니다. 말하자면 그들에게 이야기하는 법을 배워야 했던 거죠. 젊은 소령인 나는 200명에 달하는 소위들의 기강이 해이해지지 않도록 커뮤니케이션하는 법을 배웠습니다. 그곳에서 기본적인 훈련을 쌓았죠. 이후 경력을 쌓아가면서 계속 커뮤니케이션 기술이 필요했습니다. 어떤 것이 효과가 있고 어떤 것이 잘 안 되는지 알게 되었죠. 이야기와 제스처를 어떻게 사용하는지, 간단한 메시지를 어떻게 만드는지, 복잡한 문제를 어떻게 평범한 사람이 이해할 수 있도록 분석해야 하는지를 배웠습니다. 사람들 앞에 나서서 이야기하는 것은 두렵지 않았습니다. 직접 그런 방식을 거치면서 배웠으니까요. 물론 처음엔 더듬거리고 우물거렸죠. 그렇지만 정해진 과정을 밟고 나서는 자신감을 얻고 대중 앞에서 이야기를 잘할 수 있게 되었습니다. 초기에는 몇몇 프레젠테이션을 완전히 망쳤었죠. 하지만 그 과정에서도 배운 게 있었습니다."

콘드는 파월이 자신에게도 연습하고 준비하라고 격려하며 똑같은 조언을 해주었다고 말한다.

"파월은 훌륭한 웅변가는 준비를 하지 않는다는 어리석은 생각 따위는 하지 말라고 충고했습니다. 아무리 유능한 사람도 준비를 철저히 합니다. 하지만 그는 가장 유능한 웅변가는 대화를 하는 듯한 어조로 메시지를 전달하는 사람이라고 말했습니다. 가장 훌륭한 연설가는 어조가 부드럽고 주의를 흩뜨리지 않는 방식으로 이야기하는 사람이라면서요. 좋은 커뮤니케이터 중에는 연설 노트를 내려다보고 한 번에 전체 페이지를 소화하는 사람도 있지만 대부분은 한 페이지에 서너 번은 눈길을 주어야 합니다. 누구에게나 자신만의 스타일이 있겠지만 훌륭한 웅변가는 자신만의 개인적인 스타일을 완벽히 개발해서 그걸 세련되게 만들기 위해 노력하는 사람입니다."

펠로십 기간 동안 콘드는 파월이 직접적인 일대일 만남을 준비하고 수행하는 것도 지켜볼 기회가 있었다. 그는 자신의 상관이 국무부 안팎 그리고 직급의 고저를 막론하고 모든 사람과의 만남에 많은 시간을 할애하는 데 깊은 인상을 받았다. 파월은 비단 조직의 CEO나 외국 정부의 수장들만 만난 게 아니었다. 그는 다양한 일을 맡고 다양한 시각을 가진 다양한 사람들과 만나 이야기했다. 그리고 자신만의 단련된 커뮤니케이션 기술을 이용해 해당 분야에 대해 철저히 조사했다. 짤막한 미팅이나 전화 통화에서도 파월은 폭넓은 정보를 바탕으로 빈틈없는 결단을 내렸다.

콘드는 말한다.

"그는 아주 사귀기 쉬운 사람이기는 하지만 동시에 아주 많은 것을 요구하는 사람이기도 합니다. 그는 자신과 함께 일하게 될 사람과의 첫 만남에 대단히 유능합니다. 또 자신과 함께 일하면서 좋은 성과를 올리는 방법과 그 방향을 제시하는 데 뛰어난 재능이 있습니다. 나에게도 WHF 기간 동안 자신과 함께 성공적으로 업무를 수행할 수 있도록 훌륭한 조언을 해주었습니다."

파월이 정통했던 커뮤니케이션의 또 다른 측면은 미디어와 건전한 관계를 정립하고 유지한다는 점이었다. 파월은 저널리스트들과 사적인 커뮤니케이션 통로를 확보함으로써 자신에게 도움이 되도록 만들었다. 또 특별한 필요가 없을 때에도 저널리스트들과 만나 그들이 무엇에 관심을 갖고 있는지 듣고 세상사에 대해 그들이 가진 정보를 얻는 데 시간을 할애했다. 그들에게 자신의 견해는 무엇이며 자신이 보는 관점은 무엇인지 알려준 것은 물론이다. 사실 파월은 경력을 쌓아가는 동안 저널리스트들과의 효과적인 커뮤니케이션이 얼마나 중요한지 점점 더 절실히 깨닫게 되었다고 했다.

"언론이 당신의 이야기를 이용하고 전달할 수 있는 방식으로 커뮤니케이션하는 방법을 배워야만 합니다."

파월의 말이다.


## 사람들을 소중하게 생각하라

콩드가 펠로십 기간 동안 직접 목격한 또 다른 전략은 파월이 국무부 부장관과 4명의 차관, 16명의 차관보, 참모장과 매일 아침 모여서 여는 일일

간부 회의와 관련된 것이다. 콩드는 국무부에서 일하는 동안 이러한 대부분의 간부 회의에 참석했다. 그리고 이것을 펠로십 기간 동안 겪었던 많은 경험 중 가장 건설적인 것으로 손꼽는다. 민간 부문에서 경력을 쌓은 콩드는 국무부를 '포천 500대 기업'과 동일시했다. 그리고 매일 이루어지는 간부 회의가 얼마나 효과적으로 파월과 그의 부서가 엄청난 규모로 벌어지는 세계적인 사건에 정통할 수 있게 만드는지 깊은 인상을 받았다.

일일 미팅에 관한 한 파월은 아주 엄격했다. 회의는 정확히 오전 8시 30분에 시작했다. 시간에 늦는 법이 없는 장관보다 늦게 도착한 사람은 회의실에 들어가지 못했다. 딱히 정해진 어젠더가 있는 것은 아니었다. 파월은 시계 방향으로 각각의 참석자에게 할 이야기가 있는지 물었다.

"이 회의는 참석한 사람들이 무슨 일을 하느라 바쁜지 보고하고 자신들이 하는 일을 과시하는 자리가 아니었습니다."

콩드는 계속 말한다.

"대단히 효과적인 회의였죠. 파월은 거시적인 수준에서 국무부가 그날 주의를 기울여야 할 일이 있는지 알고 싶어 했습니다. 장관은 참석자들이 맡은 부문에서 또는 그 혹은 그녀가 맡은 직무에서 무엇이 중요한 일인지 알고 싶어 했습니다. 딱히 중요하게 언급할 말이 없는 사람은 그대로 통과하고, 참석자들은 종종 그렇게 했습니다. 그래서 회의는 언제나 15분에서 45분 정도가 소요됐을 뿐이죠. 회의 시간의 길고 짧음은 논제가 어떤 것인가에 달려 있었습니다. 이 회의를 통해 파월은 사람들로 하여금 그날 자신이 무슨 일에 집중해야 하는지 빠르게 파악할 수 있도록 해주었습니다. 한편으론 사람들 역시 그날 장관이 무슨 일로 시간을 보낼지 알 수 있었죠.

따라서 이 회의는 조직이 가장 우선적인 일에 집중할 수 있게 하는 이중 효과를 가지고 있었습니다. 그는 자신의 말이 가진 파급 효과에 대해 잘 알고 있었습니다. 자기 말을 직접 들은 사람들이 회의실을 나가서 자신의 부관들과 이야기를 나누고 '나는 장관으로부터 오늘 아침 이러이러한 메시지 혹은 이러이러한 말을 직접 들었다.'고 말하기를 원했습니다. 이렇게 파월은 그 회의를 커뮤니케이션 수단으로서 성공적으로 이용했습니다. 사람들은 자신이 일의 진행에 참여하고 있다는 진심 어린 느낌을 받았고 장관이 국무부를 어떤 방향으로 이끌어가고자 하는지 이해할 수 있었죠."

일일 참모 회의를 통해 콩드는 콜린 파월 같은 세계 일류의 커뮤니케이터가 극히 복잡한 자기 조직을 깊이 파악하고, 빠르고 효과적으로 자신에게 필요한 정보를 받아들이는 방법을 목격했다. 파월은 매일 아침 일선의 부관들로부터 얻는 정보를 확보한 다음, 이후 좀 더 많은 정보에 입각해 한층 나은 결정을 내리는 데 사용했다. 콩드는 파월 장관이 회의 동안 누군가에게 질문하는 경우는 단순히 자신만을 위해 질문에 대한 답을 구하는 것이 아니라는 사실을 느낄 수 있었다.

"나는 파월 장군이 자신뿐 아니라 방에 있는 다른 사람에게 어떤 정보에 대해 알려주려고 질문한다는 것을 깨달았습니다. 파월 장군은 나머지 팀원들이 알아야 할 것이 무엇인지 정확히 파악하는 날카로운 눈을 가졌고, 그 회의를 통해 특정 정보를 공유하게끔 했습니다. 물론 자신만의 독특한 질문 방식으로요. 그는 모두가 같은 내용을 이해하도록 하는 데 아주 유능했습니다."

파월은 팀원들이 국무부의 사명뿐 아니라 그 자신에게 대단히 중요한 존재라는 것을 느끼게 만드는 데에도 뛰어난 재능이 있었다. 루이스 오닐(Louis O'Neill, WHF 04-05)은 펠로십 기간 동안 파월 장관의 러시아 문제 담당 특별 보좌관이었다. 그는 파월과 함께 일본, 한국, 중국을 여행했으며 대부분의 일일 참모 회의에도 참석했다.

오닐은 이렇게 말한다.

"내가 참모 회의에 처음 참석했던 날을 잊을 수 없습니다. 파월은 나를 따뜻하게 맞아주었고, 모두에게 나를 소개해주었지요. 그로 인해 나는 바로 방관자가 아닌 팀의 일원이 되었다는 느낌을 받았습니다. 그것은 나 자신이 리더가 되었을 때 실천한 작은 일 중 하나였습니다. 한 번은 파월 장군이 내게 말했습니다. '사람들을 소중히 생각하게. 그러면 사람들도 자네를 소중히 생각할 걸세.' 펠로십 기간이 끝나고 내가 몰도바 대표부의 대표이자 대사가 되었을 때 나에게는 60명의 직원이 있었습니다. 나는 모든 직원의 생일을 기억했습니다. 어떤 사람에게 특별한 문제가 생긴 경우에는 그들이 필요한 훈련이나 도움을 받을 수 있도록 만전을 기했습니다. 파월이 나에게 말해준 또 다른 교훈은 명석한 머리만으로는 안 된다는 것이었습니다. 워싱턴에 있는 사람들은 누구나 총명하죠. 중요한 것은 사람들이 어떤 느낌을 갖도록 만드느냐 하는 것입니다. 당신이 리더라면 그것은 특히 더 중요합니다. 다른 사람에게 무언가를 증명할 필요는 없습니다. 그들과 커뮤니케이션하고, 그들에게 영감을 주고, 그들을 보살피고, 그들에게 그들 자신보다 큰 어떤 것의 일원이 될 기회를 주어야 합니다."

## 커뮤니케이션을 통해 사람들과의 유대감을 형성하라

전임 WHF 콩드와 오닐은 오늘날 미국에서 가장 훌륭한 커뮤니케이터로 평가받는 콜린 파월과 일하게 된 것을 엄청난 행운이라고 생각한다. 반대로 멜 코펜(Mel Copen, WHF 70-71)은 WHF 상관으로부터 상당히 다른 리더십 스타일을 보았다. 휴스턴 경영대학원 부처장이던 그는 WHF에 선발되어 농무장관 클리프 하딘(Cliff Hardin)과 일하게 되었다. 코펜은 그를 이렇게 묘사한다.

"의자에 앉아 아이디어를 생각하며 파이프 담배를 피우던 학구적인 사람이었습니다. 남에 눈에 띄지 않는 무척이나 독특한 인물이었죠."

처음에 코펜은 농무부로 가고 싶은 마음이 없었다. 하지만 하딘을 만나고 나서 그 임무에 대해 더 많은 것을 알게 되자 열정적으로 그 자리를 수락했다. 코펜은 이렇게 말한다.

"나는 농무부의 일에 대해서는 전혀 경험이 없었습니다. 농무부는 곡식을 거두지 못한 농부들에게 보상금을 주는 곳이라는 정도만 알고 있었죠. 하지만 클리프 하딘을 만나자마자 완전히 마음을 빼앗겼습니다. 나는 농무부가 세계에서 가장 규모가 큰 금융 기관이라는 사실을 알게 되었습니다. 당시에는 상품거래소가 농무부 산하에 있었습니다. 그리고 농무부는 엄청난 규모의 복지 프로그램과 주택 임대 부서를 가지고 있었습니다. 내가 생각했던 것을 훨씬 능가하는 규모였죠. 그래서 나는 우리 부서엔 우리만의 육군, 해군, 공군이 모두 있다고 농담을 하곤 했습니다. '육군'은 무반동총으로 무장한 채 산의 경사면에 쌓인 눈을 치우고, '해군'은 200척의 배를 동원해 하천 유역에 대한 측량을 실시하고, '공군'은 헬리콥터를 타고 산불과 맞섰죠. 농무부는 아주 재미있는 부서였습니다. 하지만 최종적으로 내 마음을 사로잡은 것은 클리프 하딘과 그가 나를 선택한 이유였습니다. 네브래스카 대학의 총장을 역임한 그는 36개의 개별 기관과 전국 약 3000개 카운티의 1만 6000개 사무소에 11만 6000명의 직원을 둔 농무부의 수장으로 입각한 뒤 그것을 관리하는 임무와 씨름하고 있었습니다. 그는 나의 학문적 배경은 물론 경영 분야에서의 경력과 내가 이룩한 몇 가지 다른 일들을 살펴보았고, 그것을 마음에 들어 했습니다. 우리는 만나자마자 엄청난 친근감을 느꼈습니다. 그가 말한 내용은 기본적으로 이런 것이었습니다. '나는 이 부서에 대한 통제력을 확보해야 하네. 하지만 어떻게 해야 할지 모르겠군. 그래서 자네 같은 사람이 필요해.' 내각의 각료가 나를 필요로 한다는데 더 이상 말이 필요 없는 것이죠."

하딘은 장관에 대한 직접적인 접근권은 특별히 허가받은 특권이라고 생각했다. 실제로 그의 비서, 비서실장 그리고 코펜, 이렇게 단 세 사람만이 장관과 직접 접촉할 수 있었다. 농무부 안의 다른 사람들은 장관과 커뮤니케이션할 시간을 얻기 위해 노력했지만, 정작 장관의 이러한 태도 때문에 그는 자신의 일을 쉽게 풀어줄지도 모를 많은 사람과 접촉할 기회를 잃었다. 코펜은 장관이 가능한 한 상황을 잘 파악할 수 있도록 주간 보고서를 작성하기로 했다. 각 기관에 관련 뉴스 아이템을 요청하고 그것을 종합한 다음 두 페이지짜리 보고서로 만들어 하딘에게 제출한 것이다.

"그는 함께 일하기에 좋은 사람이었습니다. 새로운 아이디어를 잘 받아들였죠. 하지만 사람들을 가까이 하는 일에 대해서는 아주 폐쇄적이었습니다. 물론 나는 언제든 필요할 때 그의 집무실에 들어갈 수 있었습니다. 하지만 그가 좀 더 개방적인 태도를 취하지 못하고 다른 사람과 커뮤니케이션할 기회를 잃음으로써 스스로 고립되고 있다는 것을 알 수 있었습니다."

코펜의 펠로십 기간이 끝나자 하딘은 그에게 3년 더 농무부에 남아서 1만 6000개의 사무소를 48개의 '원스톱' 컴퓨터센터 네트워크로 통합하는 작업을 도와달라고 요청했다. 코펜은 그의 제안을 받아들여 그 거대한 프로젝트를 맡게 되었다. 하지만 3년이 채 되기 전에 하딘은 농무부를 떠났고 그 자리를 얼 버츠(Earl Butz)가 맡게 되었다. 버츠는 클리프 하딘과는 하늘과 땅처럼 다른 사람이었다. 코펜은 이미 새로운 상관에 대해 어느 정도 알고 있었다. 두 사람은 이전에 어떤 위원회에서 같이 일한 적이 있었는데 유감스럽게도 코펜은 그를 그다지 높이 평가하지 않았다. 그는 버츠가 자신이 만난 어떤 사람보다 오만하고 독선적인 사람이라 생각했고, 따라서 그가 농무부로 부임한 것은 끔찍한 재난이라고 확신했다. 하지만 코펜은 이내 큰 충격을 받았다.

"나는 사람에 대한 평가를 재고한 경우가 그리 많지 않습니다. 하지만 얼 버츠의 경우는 달랐습니다. 그는 사람들에게 대단히 개방적이었어요. 기관의 실상을 잘 파악했고, 대단히 분석적인 사람은 아니었지만 일에 대해서도 상당히 효과적이었습니다. 버츠는 나에게 리더십의 카리스마적인 측면을 보여주었습니다. 하딘에게는 없었던 부분이죠. 하딘은 지나치게 냉담했고 아무도 그를 이해 못했습니다. 하딘이 버츠보다 더 좋은 아이디어를 가졌을 수는 있지만 사람들을 고무시키는 리더는 되지 못했습니다. 하딘이

자기 밑에 있는 사람들과 긴밀한 상호작용을 하지 못한 반면 버츠는 언제 어디서나 누구든 어깨를 치며 이야기를 시작했습니다. 직원 식당에 앉아 낮은 직급의 직원과 그 자녀들에 대한 이야기를 나누기도 했죠. 직원들은 그를 매우 좋아했습니다. 당신이 우리가 당시에 하던 일과 같은 그리고 지금의 모든 내각 각료들이 하는 것과 같은 어떤 커다란 일을 하려고 노력 중이라면 정치적인 자산을 만들어야 합니다. 사람들에게 참여하고 있다는 느낌과 유대감을 갖게 해주어야 하는 것입니다. 당신이 하고 있는 일에 맞서는 힘도 엄청나게 클 테니 말입니다. 하딘은 나에게 명석하고 훌륭한 멘토였습니다만, 특유의 냉담함 때문에 그러한 유대감을 정립하지는 못했습니다."

## 훌륭한 리더는 말과 글과 행동을 통해 커뮤니케이션한다

마샤 '마티' 에번스(Marsha 'Marty' Evans, WHF 79-80)와 그녀의 상관 재무장관 윌리엄 '빌' 밀러(William 'Bill' Miller) 사이의 강한 유대감은 에번스가 펠로십을 위해 도착한 순간부터 시작되었다. 당시 에번스는 미 해군 소령으로 해군 이외에서의 경력이 전무했으며 밀러 장관은 해안경비대에서 복무한 경험이 있어 군에 있는 사람에게 특별한 애착을 가지고 있었다.

밀러는 에번스에게 재무장관의 수석 보좌관 직책을 주었다. 자신감을 키울 수 있는 의미 있는 자리였다. 그리고 그녀가 펠로십 기간 동안 좀 더 큰 도전을 추구할 수 있도록 고무했다. 밀러는 중요한 회의에는 반드시 에번스를 참석시켰고, 연설 원고를 쓰게 하고, 의회에서의 답변을 위한 자료를 준비하게 했다. 또 카터 대통령에게 제출하는 재무부 주간 업무 보고서를 쓰도록 했고, 이것을 받은 대통령은 종종 그녀에게 친필 피드백을 보내기도 했다.

"나는 나 자신에게 해군 소령이라는 단순한 평가를 내리고 있었습니다. 당시 해군에 11년째 복무하고 있었으니까요. 그런데 정부 최고의 경제 각료인 재무장관이 내게 중요한 일을 할 능력이 있다고 믿어주었습니다. 나는 해군 이외에서는 어떤 일도 해본 적이 없었습니다. 그 때문에 WHF는 나에 대한 자신감을 키우고 내가 하고자 하는 일은 무엇이든 해낼 수 있다는 마음을 다잡은 소중한 시간이었습니다. 밀러 장관은 모든 면에서 더할 수 없이 훌륭한 상관이었습니다. 그는 언제나 긍정적인 방향으로 커뮤니케이션을 했습니다. 사람들 앞에서는 칭찬을 하고 비판은 개인적으로만 했죠. 그리고 언제나 모든 문제에는 극복할 방법이 있다는 점을 주지시켰습니다."

워싱턴에서의 펠로십 기간 동안 좋은 환경에서 밀러 장관 같은 유능한 커뮤니케이터와 일한 경험은 에번스에게 강하고 지속적인 영향을 미쳤다. 펠로십이 끝나자 그녀는 해군으로 돌아가 승진을 거듭했다. 1986년 전임 펠로이자 해군사관학교 교장인 척 라슨은 에번스를 해군사관학교의 여섯 대대장 중 한 명으로 임명해 수백 명에 달하는 해군 사관생도의 훈련과 복지를 책임지게 했다. 해군 역사상 첫 여성 대대장이었다. 해군사관학교는 규율과 기강이 엄격했다. 하지만 간혹 저학년 생도들이 규정에 어긋나는 복장을 하는 실수를 저지르는 경우가 있었다. 이런 경우 사관학교의 교장은 이 학생이 소속된 대대의 대대장을 엄중하게 문책했다.

"매주 월요일 아침마다 교장과 회의를 했습니다. 교장은 버드와이저(Budweiser) 티셔츠 같은 류의 옷을 입은 생도가 있는 것에 대해 기강 해이를 한탄하면서 동료 대대장을 당황하게 만들었습니다. 그 때문에 내 휘하대대의 3학년 학생이 버드와이저 티셔츠를 입은 것을 본 나는 나하고 그 생도 사이의 지휘 계통에 있는 모든 사람을 소집시켰습니다. 나는 그때 훈계한 내용을 지금도 아주 잘 기억하고 있습니다. 이렇게 말했죠. '생도 여러분도 알다시피, 나는 사람은 옳은 일을 지향한다는 기본적인 믿음을 가지고 있다. 그런 사람들이 옳지 못한 일을 하고 있다면 적절한 훈련을 받지 못했기 때문이다. 그들은 선배나 상관의 리더십과 가르침의 혜택을 입지 못한 것이다. 따라서 나는 이 생도가 그런 티셔츠를 입은 것은 생도 지휘 체계의 잘못된 커뮤니케이션으로 인한 폐해라고 생각할 수밖에 없다.' 그리고 그 3학년 생도의 지휘 체계에 속한 각 생도가 책임을 지고 처벌을 받았습니다. 그 이후 내가 맡은 대대에서는 복장 문제가 생긴 적이 없었죠. 단순하고 어쩌면 어이없어 보일지 모르지만 그로 인해 '에번스 대대장은 지휘 체계에 속한 사람들에게 책임을 묻는 일에 대해서만큼은 절대 양보하지 않는다.'는 말이 널리 퍼지게 되었죠."

조직 내에서의 커뮤니케이션을 좀 더 원활하게 하는 에번스의 분별 있는 접근법은 그녀가 한층 단결된 팀을 만들고 해군에서 두각을 나타내는 데 도움을 주었다. 그녀는 30년간의 해군 복무 동안 꾸준히 승진을 계속해 해군 소장으로 전역했다. 해군 역사상 그 계급에 오른 여성은 극히 드물다. 군을 떠난 에번스는 미국 걸스카우트(Girl Scouts) 총재와 미국적십자(American Red Cross) 총재 겸 CEO로서의 역할에 자신의 뛰어난 커뮤니케이션 기술을 활용했다.

훌륭한 리더들은 말과 글과 행동을 통해 커뮤니케이션을 한다. 예를 들어 당신이 '모범을 보이는 경우' 그것은 당신 부하들에게 당신이 싫어하는 것이 무엇인지를 소통하는 것이나 마찬가지다. 누군가가 당신의 '기대를 저버린 경우' 당신이 그 사람 대신 그 지휘 체계의 가장 높은 곳에 있는 사람에게 책임을 묻는다면 당신은 정말로 책임 있는 사람을 문책함으로써 그 문제를 진지하게 생각한다는 것을 소통하는 것이다.

리더십 능력 중 커뮤니케이션은 거의 모든 일에서 필수적이다. 리더십은 다른 사람에게 영향을 주는 것과 관련한 문제이며, 커뮤니케이션 능력 없이는 달성할 수 없다. 이처럼 효과적인 커뮤니케이션은 성공적인 리더십의 필수 요소이지만 종종 간과되기도 한다. 하지만 콜린 파월은 결코 커뮤니케이션의 가치를 낮게 보지 않았다. 그는 리더를 꿈꾸는 사람에게 읽기, 쓰기, 말하기에 정통하라는 적극적인 격려를 아끼지 않았다. 그는 이렇게 말한다.

"언어는 당신이 지식을 얻고 소통하는 길입니다. 성공하려면 언어의 사용에 정통해야 합니다."

수십 년간 뛰어난 리더십을 발휘한 콜린 파월은 언어를 연마하고 자신의 요점을 유익하게, 상황이 허락할 경우 재미있게 만드는 효과적인 기술을 배움으로써 세계 일류의 커뮤니케이터가 되었다. 그는 말을 이용해서 사람들과 '관계'를 형성하는 방법을 배웠다. 훌륭한 리더는 사람들에게서 가장 절실한 감정을 불러일으키는 것이 무엇보다 중요하다는 것을 이해하는 사람이라는 사실을 본능적으로 알고 있었다.

우선은 사람들과 관계를 맺으면서 그들에게 직관적으로 영향을 미치는 능력과 자신의 메시지를 효과적으로 전달하는 언어 선택법을 배우고 그 후에는 좀 더 큰 규모의 청중과 커뮤니케이션하는 방법을 배워야 한다. 언제나 당신의 행동이 말보다 더 큰 목소리를 낸다는 점을 명심하도록 하라. '마티' 에번스는 적절한 사람에게 책임을 묻는 것이 조직 전체에 용인할 수 없는 것이 무엇인지에 대한 무언의 메시지를 한층 효과적으로 전달하고, 모두에게 좀 더 높은 기준을 세우게끔 한다는 점을 잘 보여주었다. 훌륭한 리더가 되고 싶은 사람이라면 모든 형식의 커뮤니케이션 기술을 연마하는 데 노력을 기울여야 할 것이다.

제 10 장

# 리더는 필요한 것이라면
# 곤란한 질문도 마다하지 않는다

LEADERS ASK THE TOUGH QUESTIONS
THAT NEED TO BE ASKED

> 당신이 어떤 사람이건 언젠가는 목소리를 높여 당신의 의견을 말해야 할지 혹은 영원히 침묵해야 할지 결정해야 하는 경우가 생길 것이다. 그런 때가 온다면 훌륭한 결과는 훌륭한 질문에서 시작된다는 것을 기억하라. 유능한 리더는 필요한 것이라면 곤란한 질문도 마다하지 않는 배짱을 가지고 있어야 한다.

## 어떤 것도 절대적인 사실로 받아들이지 말라

18세기 프랑스의 작가이자 철학자인 볼테르(Voltaire)는 프랭클린과 제퍼슨, 페인 등 미국 혁명의 리더들에게 큰 영향을 미친 인물이다. 그는 이렇게 말했다.

"사람에 대한 판단은 그 사람의 대답이 아닌 그 사람의 질문으로 하라."

유능한 리더는 필요한 것이라면 곤란한 질문도 마다하지 않는 배짱을 가지고 있다. 서구 철학의 창시자인 그리스 철학자 소크라테스는 교사로서 어린 학생들에게 신랄하고 심오한 질문을 해야 할 의무가 있다고 생각했다. 어떤 것도 절대적인 사실로 받아들이지 않았다. 소크라테스는 학생들의 대답에 이의를 제기함으로써 지적으로 그들을 고무시키면서 논리적인 사고로 자신의 대답을 뒷받침하라고 요구했다. 소크라테스식 문답법은 지금까지 미국 법학대학원에서 사용하고 있다.

리더는 반드시 다른 사람들로부터 최선의 정보를 이끌어내고 그 대답이 신뢰할 수 있는 사실, 실제적이고 논리적인 사고를 기반으로 하고 있는지 확인해야 한다는 사실을 볼테르와 소크라테스는 이해하고 있었다. 신랄한 질문을 통해 특정한 문제에 대해 생각하고 있는 모든 사람의 초점을 한데로 모을 수도 있다.

불행히도 영향력 있는 사람들의 면전에서는 두려움 때문에 물러서서 어리석은 말을 하거나 파장을 일으킬 만한 도발적인 질문을 피하는 사람들이 있다. 참다운 리더들은 새로운 것을 배울 기회가 생길 때 뒤로 물러서지 않는다. 그들은 심호흡을 하고 한 발짝 앞으로 나서서 곤란한 질문을 던진다. 마크 블라직(Mark Vlasic, WHF 06-07)은 조지 W. 부시를 만났을 때 바로 이런 행동을 취했다.

블라직은 국방부의 펠로였다. 그는 자신의 클래스 전체가 제43대 미국 대통령을 만나러 갔을 때의 분위기를 이렇게 묘사한다.

"우리는 약간은 흥분했고 또 약간은 긴장을 했습니다. 모두가 똑같이 말이죠. 우리는 전에도 유명한 인물들을 만나본 경험이 있고, 백악관의 크리스마스 파티 일주일 전에 부시 대통령을 만나기도 했습니다. 하지만 대통령 집무실에 앉아서 미국 대통령과 이야기를 나눈 것은 내가 알기로는 그때가 처음이었습니다. 몇 분 후 조지 부시 대통령이 다른 사람과 마찬가지로 문을 열고 집무실로 들어왔습니다. 우리에게 자리를 권한 후 자신은 테이블 중앙에 앉았죠. 편안해 보였습니다. 우리와 마찬가지로 양복을 입었지만 격식이 없는 편안한 분위기였죠. 그는 곧 방 안의 분위기를 편안하게 만들었습니다. 대통령에 대한 내 첫 인상은 텔레비전에서 보는 것과는 몇 가지 면에서 아주 다르다는 것이었습니다. 텔레비전에서는 다소 서투르고 불편해 보이는 그가 사석에서는 아주 열정적이면서도 명료한 사람으로 보였습니다. 내 친구 중에도 이 말을 믿지 않을 사람이 있다는 것을 알고 있습니다. 어쨌든 대통령 역시 우리같이 인간적이고 실수도 할 수 있는 사람인 것입니다. 지금 되돌아보면 그는 개인적으로 시원한 맥주를 한 잔 같이 하고 싶은 생각이 들게 하는 사람이었습니다."

1년 동안 세계 각지를 유랑하고 3년 이상 '올드 유럽(Old Europe: 2003년 도널드 럼스펠드 미 국방장관이 미국의 이라크 공습에 반대하는 유럽 국가를 지칭한 용어-옮긴이)'에서 공부하고 일한 경험이 있는 블라직은 사실 부시 대통령의 WHF 임명을 받아들였다는 이유로 친구와 동료들에게 놀림을 받기도 했다. 그렇게 헐뜯는 사람 중에 누구도 대통령과 직접 마주할 기회를 갖지는 못했겠지만 말이다.

"나는 대통령에게 내가 열의를 가지고 있는 것, 내가 질문을 한다면 친구들이 자랑스러워할 만한 것을 묻기로 마음먹었습니다. 대량 살육 문제와 어떻게 싸울 것인가 같은 질문 말이죠."

블라직은 구유고슬라비아의 전범 처벌을 위한 국제 형사 법정의 검사로 국제연합에서 3년 가까이 일한 경험이 있었다. 그곳에서 그는 슬로보단 밀로셰비치와 스레브레니차(Srebrenica) 지역의 인종 청소에 대한 심리와 수사팀에 속해 있었다. 밀로셰비치 일당은 홀로코스트 이후 유럽에서 가장 끔찍한 대량 학살에 연루되어 있었다. 그곳에서 보스니아 세르비아계 군대는 7500명 이상의 이슬람계 남성과 소년들을 냉혹하게 학살했다. 수천 명의 사람들이 눈이 가려지고 손이 뒤로 묶인 채 죽음을 당했다.

"나와 함께 일한 증인들과 방문한 보스니아에서 나는 대량 학살의 현장을 직접 목격했습니다. 이 문제는 지나간 과거의 일이 아닙니다. 다르푸르에서는 지금도 그런 일이 벌어지고 있습니다. 그래서 나는 대통령에게 이런 질문을 했습니다."

대통령 각하, 국제 범죄에 관한 문제에 대해 각하는 세계의 다른 어떤 국가 정상들보다 다르푸르에서 자행되고 있는 범죄를 부각시키는 데 많은 일을 하셨습니다. 저는 집단 학살 사건의 소추를 돕는 데 인생의 3년을 보낸 사람으로서 그러한 각하께 감사를 드리고 박수를 보냅니다. 하지만 그 문제에 대해 국제연합 안전보장이사회에 압력을 가하는 데 더 힘을 쏟고 특히 올림픽을 개최하기 전에 중국의 거부권 행사에 맞서지 않고 그들이 대량 학살을 묵인하도록 놓아두시는 이유는 무엇입니까?

"대통령의 대답은 훌륭했습니다. 솔직히 나는 그 문제에 대해 많은 정치인과 이야기를 나눠보았지만 대통령의 대답은 내가 기대했던 것 이상이었습니다. 그의 대답은 공개해서는 안 되는 비공식적인 것이지만 상투적인 대답이 아니었다는 것만 말해두겠습니다. 그것은 진심에서 우러난 대답이었고 전문적인 지식을 바탕으로 한 것이었습니다. 안타까울 정도였죠. 이론의 여지가 없는 세계 최강의 권력자이고 그 문제를 해결하기 위해 열의를 가지긴 했지만 '진정한' 국제 여론의 동의와 국제연합의 지원 없이는 할 수 없는 일이 너무나 많다는 것을 알게 되었습니다. 놀랍게도 대통령은 예정된 시간을 한 시간이나 넘긴 두 시간 동안의 미팅에서 다르푸르를 세 번이나 더 언급했습니다. 그것은 대통령에게 단순히 홍보의 문제가 아닌 진심을 담고 있는 문제였던 것입니다."

미팅이 끝나자 부시 대통령은 다음 약속이 잡혀 있다는 스태프의 만류를 뿌리치고 펠로들에게 집무실을 소개하고 사진을 촬영하는 시간을 가졌다. 그는 집무실의 역사와 몇몇 유물에 대해 이야기한 후 펠로 한 사람 한 사람과 사진을 찍었다.

"내 차례가 되자 나는 카메라 앞에서 그와 악수하는 포즈를 취하면서 시간을 내준 데 감사드린다고 인사했습니다. 그런데 내가 자리를 떠나기 전에 대통령이 내 팔을 잡고 이렇게 말했습니다. '다르푸르 문제에 관심과 열정을 가져주어서 정말 고맙네. 더 노력할 방도를 찾아야만 하네. 자네가 내 친구 앤드루에게 시간을 좀 내주었으면 하네.' 앤드루는 수단 특사이기도 한 앤드루 나치오스(Andrew Natsios)를 말하는 것이었습니다. 대통령의 말을 따라 나는 앤드루 나치오스에게 전화를 걸었고, 이후 그와 함께 일할 기회를 갖게 되었죠."


## 악이 승리하려면 훌륭한 사람들이
## 아무 일도 하지 않으면 된다

대통령과의 미팅이 있은 지 며칠 후, 미국은 수단에 연말까지 국제연합 직원의 다르푸르 진입을 허가하고 국제연합군을 받아들이지 않으면 미국에 의한 즉각적인 수단 관리의 여행 금지, 자산 동결, 다르푸르 상공의 비행

금지 구역 지정 등 불특정 조치에 직면하게 될 것이라는 경고를 전했다고 발표했다. 블라직은 우연의 일치일 뿐이라고 말했지만, 같은 클래스의 펠로들은 이 일로 그를 놀리곤 했다.

블라직은 나치오스 특사와의 첫 만남 때, 슬로보단 밀로셰비치 기소 팀에서 한 일과 이후 사담 후세인을 재판에 회부했던 이라크 법관들을 개인적으로 도와준 일에 대해 이야기했다. 나치오스는 수단 대통령 오마르 알바시르(Omar al-Bashir)에게 '유럽연합-아프리카연합' 간의 평화 유지 합의에 서명하고 다르푸르의 유혈 사태 종식에 협조할 것을 설득하고 있다고 설명하면서 바시르를 만나기 위해 수단으로 가는 다음 여행길에 블라직을 동행시키기로 했다.

"그는 나에게 바시르가 폭격을 당하는 것과 헤이그에서 기소되는 것, 이 두 가지 문제를 걱정하고 있다고 말했습니다. 나는 밀로셰비치 사건을 다루고 사담 후세인 사건을 도왔으며 당시는 국방장관 게이츠 밑에서 일하고 있었기 때문에 나치오스는 자신의 사무실에 내가 있다는 것만으로도(내가 수단에 들어갈 수 있다면) 의미 있는 신호가 되고 바시르가 평화 유지 협정에 서명하는 데 자극을 줄 수도 있을 것이라고 생각했습니다."

수단은 인구 3900만 명으로 아프리카에서 가장 큰 나라이며, 이 나라 서부에 위치한 다르푸르 지역의 인구는 약 600만 명으로 대부분이 작은 마을에 살고 있다. 수단의 국민은 아랍 유목민과 소수 아프리카 농경민으로 구성되어 있으며 권력의 대부분은 아랍 혈통의 수중에 들어가 있다. 학살은 다르푸르의 소수파 아프리카 민족이 정부에서의 역할 확대를 요구하면서 시작되었다. 수단 정부는 잔자위드(Janjaweed)로 알려진 북부 아랍 부족에게 무기와 돈을 대주고 자신들을 대신해 소수파 아프리카 민족을 상대로 전쟁을 일으키게 했고 그 결과 광범위한 잔학 행위와 강간이 자행되었다.

"수단은 중국 같은 강력한 우방을 두고 있습니다. 이들이 수단의 원유를 구입하고 무기를 제공합니다. 2003년부터 30만 명에 이르는 무고한 남성과 여성, 어린이들이 인종적인 이유로 살해되고 약 220만 명이 도시가 파괴되고 이웃이 살해되는 것을 목격했습니다. 2004년 콜린 파월 국무장관은 다르푸르의 분쟁을 집단 학살로 규정하고 새로운 세기에 일어난 가장 끔찍한 참사라고 말했습니다."

하지만 나치오스가 염려한 대로 수단 대사관은 블라직의 비자 신청을 반려했다. 수단으로 갈 수 없는 유일한 대표부 구성원이 된 것이다. 바시르가 통치하는 수단에는 블라직 같은 배경을 가진 인물을 받아들일 만한 여지가 없는 듯했다. 하지만 블라직은 국방장관 그리고 앤드루 나치오스와 (수단은 아니었지만) 여러 곳을 두루 여행할 수 있었다.

게이츠 장관과 국무장관 콘돌리자 라이스 등과 함께 압둘라 왕(King abdullah)의 만찬에도 참석했다. 제다에 있는 압둘라 왕의 여름 별장에서 벌어진 만찬에서는 음식이 뷔페 스타일로 끝없이 제공되었다. 요리가 너무 많아 식사하는 사람이 접시를 내려놓을 공간도 찾기 어려울 지경이었다.

"중앙에는 아름다운 타일로 장식한 풀이 있는 엄청난 규모의 볼룸이 있었습니다. 볼룸 한쪽 면은 천장부터 바닥까지 이어지는 거대한 수족관이었습니다. 아름다운 산호초와 홍해에서 가져온 수백 마리의 물고기가 채워져 있었죠. 수조를 헤엄쳐 다니는 2미터가 넘는 상어도 두 마리 있었습니다. 사우디 사람들은 우리에게 저녁을 대접하듯이 상어들에게도 동시에 먹이를 먹였습니다. 현실 같지가 않았습니다. 사우디아라비아의 왕궁에서 왕과 왕자, 각료, 장성 그리고 상어가 모두 동시에 정찬을 즐기고 있었던 겁니다!"

펠로십 기간이 끝날 때 블라직의 펠로십 클래스는 마지막으로 대통령을 방문했다. 각각의 펠로에게는 대통령에게 질문하거나 의견을 말할 수 있는 기회가 주어졌다. 블라직은 자신의 차례가 되자 앤드루 나치오스와 함께 일해보라고 권한 부시 대통령에게 감사의 인사를 전했다. 그리고 나치오스와 함께 유럽과 아프리카를 여행한 이야기를 해주었다. 그러자 부시 대통령은 블라직이 수단에도 갔는지 물었다.

"나는 그러지 못했다고 대답한 다음 수단 대사관이 비자를 반려한 까닭이 내 과거와 현재의 경력과 관련되어 있는 것 같다고 말했습니다. 대통령은 재미있는 이야기라고 말하면서 수단에 거부당한 것을 자랑스럽게 생각해야 한다는 농담을 했습니다."*

몇 분 후 참모들이 사우디아라비아 대사를 만나기 위해 모임을 끝내야 한다고 말했다. 대통령과 펠로들이 루스벨트 룸에서 나와 집무실을 거쳐

---

*2008년 7월 헤이그 국제사법재판소(ICC)의 루이스 모레노 오캄포(Luis Moreno-Ocampo) 검사는 수단 대통령 오마르 알 바시르를 세 건의 대량 학살, 다섯 건의 인권 범죄, 두 건의 살해 등 모두 열 건의 혐의로 기소했다. 이 사건은 2005년 3월 국제연합 안전보장이사회에 의해 ICC에 회부되었다. ICC는 국가의 미약한 사법 시스템으로 인해 기소할 수 없는 사람을 국제 법원에 인계하기 위해 2002년 설립한 기구이다. 106개 국가가 ICC 설립을 위한 국제 협정에 서명했음에도 불구하고 미국, 중국, 인도, 러시아 같은 강대국이 승인을 거부함으로써 그 영향력이 제한받고 있다.

마지막 사진을 찍기 위해 로즈 가든으로 나가고 있을 때 블라직은 대통령에게 사우디아라비아 대사를 만나면 압둘라 왕이 지난주에 미국 대표부를 위해 주최한 훌륭한 만찬에 대해 감사의 인사를 전해달라고 말했다.

"대통령은 놀란 얼굴로 나를 보더니 '자네도 그 만찬에 참석했었나?' 하고 물었습니다. 나는 그렇다고 대답했죠. 대통령은 미소를 짓더니 그 만찬에 대해 들었노라고 말했습니다. 나는 상어에 대한 이야기도 들었는지 되물었습니다. 그는 웃으면서 그렇다고 대답했죠. 그리고 이렇게 덧붙였습니다. '자넨 정말 대단한 한 해를 보냈군!' 대통령의 말이 맞았습니다. 나는 굉장한 한 해를 보냈죠. 나는 사적인 인간관계와 국제적인 외교 관계가 국제 평화와 세계의 안보에 대한 미국의 헌신에 필수적인 요소임을 명확히 배우고 백악관을 떠나게 되었으니까요. 곤란한 질문을 던지지 않는 것은 자신에게나 대통령에게나 호의가 되지 않는다는 것도 배웠죠."

블라직은 계속해서 말한다.

"영국의 정치사상가 에드먼드 버크(Edmund Burke)는 이런 말을 남겼습니다. '악이 승리하려면 훌륭한 사람들이 아무 일도 하지 않으면 된다.' 리더에게는 당당하고 분명하게 자신의 목소리를 내야 할 의무가 있습니다. 폐쇄적인 주제의 경우 특히 더 말입니다. 물론 자신에게 의심이 들 수는 있습니다. 하지만 그런 경우라면 대통령에게 이유를 제시해야 합니다. 그가 당신의 생각을 원치 않는다면 당신은 그곳에 있을 필요가 없는 것입니다. 그러므로 숨을 깊게 쉬고 모든 문장에 주의를 기울여 말한 뒤 후회 없이 걸어 나오는 것이 좋습니다."

## 침묵이 초래한 참담한 실패

펠로십 기간 동안 마크 블라직은 곤란한 질문이라도 당당하게 던지는 것이 얼마나 중요한지를 직접 배웠다. 반면 역사적으로 리더십을 발휘해야 할 자리에 있는 사람들이 목소리를 내지 않음으로써 비참한 결과가 초래된 사례를 흔히 찾아볼 수 있다. 피그스(Pigs) 만 침투 작전이 그 적절한 사례일 것이다.

1961년 케네디 대통령과 CIA, 군 수뇌부, 쿠바 망명자 그룹은 쿠바의 피델 카스트로(Fidel Castro) 정권을 전복시키고 서반구에 공산주의가 확대되는 것을 막기 위한 대담한 조치를 취하기로 결정했다. 케네디 행정부, 특히 케네디 대통령과 국방장관 로버트 맥나마라, 국무장관 딘 러스크, 재무장관 더글러스 딜런, 법무장관 로버트 케네디, 외무 담당 고문 맥조지 번디는 1400명의 쿠바 망명자로 하여금 피그스 만에 있는 섬을 침공하게끔 계획했다. 그들은 이 공격을 통해 자극받은 쿠바인들이 힘 없는 쿠바 군대를 쳐부수고 카스트로 정부를 쓰러뜨릴 것으로 예상했다. 그들은 또한 일이 잘못될 경우를 대비해 CIA의 훈련을 받은 반군들이 산으로 도망쳐 미리 계획해둔 게릴라 작전을 펼 수도 있을 거라고 믿었다. 케네디의 고문이자 백악관 역사가인 아서 슐레진저 주니어(Arthur Schlesinger Jr.)는 그 작전을 기획한 그룹의 일원으로서 심각한 염려를 피력한 인물이었다. 그는 케네디 대통령에게 보내는 메모를 통해 자신의 염려를 자세히 설명했지만 법무장관 로버트 케네디는 대통령의 계획에 이의를 제기하지 말라고 개인적으로 충고했다. 슐레진저는 그 이후 자신의 생각을 드러내지 않았고, 케네디 대통령이 모두 작전에 동의하는지를 물었을 때조차 그 그룹이 침투 작전 실행에 합의하는 모습을 지켜보기만 했다.

반군은 피그스 만에 상륙한 지 3일 만에 쿠바군 20만 명의 병력에 압도당했다. 그 부대의 지휘관은 이미 일주일 전 침투를 예고한 신문 기사를 통해 정보를 얻은 것으로 밝혀졌다. 더욱이 쿠바 공군을 상대로 하는 결정적인 공습이 취소되었고, 일련의 다른 실수가 이어지면서 1200명의 쿠바 반군이 생포되고 나머지 대부분은 산으로 대피하지도 못한 채 죽음을 맞았다. 전략가들이 게릴라가 숨을 수 있는 산이 통행 불가능한 늪지를 넘어 130킬로미터 이상 떨어져 있다는 사실을 간과했기 때문이다. 2년 후 미국은 포로 석방을 위해 5300만 달러 상당의 식품과 의약품을 몸값으로 제공했다. 슐레진저는 솔직한 의견을 내놓지 않은 자신을 책망하며 이렇게 말했다.

"피그스 만 침투 작전 이후 몇 달 동안 나는 각료 회의실에서 그토록 중요한 논의가 이루어질 때 침묵을 지켰던 나를 심하게 자책했습니다. 내가 할 수 있는 변명은 소심한 몇 개의 질문을 제기하는 것 이상의 다른 일을 하지 못한 것이 회의 분위기 탓이었다고 설명하는 것뿐이었습니다."

## 훌륭한 결과는 훌륭한 질문에서 시작된다

콜린 파월은 솔직하게 말하고 곤란한 질문을 던지는 것을 두려워하지 않은 사람이다. 1990년 8월 3일 조지 부시 H. W. 대통령은 사담 후세인의 이라크군으로부터 사우디아라비아를 보호하기 위해 긴급 국가안전보장회의(NSC)를 소집했다. 이라크인들은 이미 쿠웨이트를 침공했고 많은 사람은 후세인이 사우디아라비아를 포함한 광범한 지역의 지배권을 얻을 때까지 공격의 고삐를 늦추지 않을 것이라고 걱정했다.

미국과 우방국들은 그런 일이 일어나게 둘 수 없었다. 그들의 목적은 사우디아라비아를 방어하는 데 있었다. 합참의장으로서 파월의 임무는 NSC와 대통령에게 그러한 목표를 이루기 위해 가능한 군사적 옵션을 제공하는 것이었다. 파월은 사우디 국경에 대한 이라크의 침공을 방어하는 미군의 계획을 내놓았다. 모두가 미국이 참전해야 하며 사우디아라비아에 배치하기 위한 병력을 준비해야 할 시기라는 데 의견을 모았다.

하지만 파월은 아직 나설 준비가 되지 않았다. 그는 베트남 전쟁 동안 정치 지도자들이 중압감조차 느끼지 않고 군사적 전략에 명확한 목표를 부여하는 모습에 크게 놀란 경험이 있었다. 그는 극도로 위험한 페르시아 만에 미국 군대를 보내는 일에 나서기에 앞서 먼저 알아야 할 것이 있었다. 그래서 그날 모인 사람들에게 질문을 던졌다.

"쿠웨이트를 해방시키는 전쟁에 참전하는 것이 과연 가치 있는 일입니까?"

파월은 곧바로 회의실 안의 냉랭한 분위기를 감지했다. 자신이 한계를 넘은 것이 분명했다. 정회 전까지 아무도 그의 질문에 대답하지 않았다. 나중에 국방장관 딕 체니(Dick Cheney)는 파월이 국무장관이나 국가 안보 보좌관, 국방장관이 아닌 합참의장이라는 사실을 일깨우며 그를 심하게 비난했다. 그리고 군사적인 문제만을 걱정하고 정치적인 문제에는 개입하지 말라고 했다. 하지만 파월은 솔직한 의견을 낸 것이 잘못이라고 생각하지 않았다. 그는 마땅히 해야 할 질문을 했다고 믿었다.

"많은 사람들이 이것을 아주 많이 합니다. 질문 말이죠. 나는 대통령의 수석 군사 고문이었고 국무장관, 국방장관, 부통령의 자리에도 있었습니다. 나는 나의 책임에 충실합니다. 그것이 사람들을 화나게 하는 일이라도 말입니다. 일을 하다보면 사람들의 심기를 건드리기도 합니다. 그것에 대한 준비가 되어 있지 않다면 일을 책임져서는 안 됩니다."

다음 날 파월 장군과 국가 안보 팀은 대통령과 함께 캠프 데이비드에 모였다. 노먼 슈바르츠코프(Norman Schwarzkopf) 장군이 모두에게 이라크 병력을 축출하고 쿠웨이트를 해방시키는 데 필요한 작전을 비롯한 군사적 옵션에 대해 심도 깊은 브리핑을 했다. 조지 부시는 설득력 있는 작전을 준비하고 일요일에 캠프 데이비드에서 워싱턴으로 돌아왔다. 그리고 헬리콥터에서 내려 백악관 남쪽 뜰에 있는 연단으로 걸어가 기자들과 텔레비전 카메라를 마주하고 확신에 찬 목소리로 쿠웨이트에 대한 침략 행위를 용인하지 않겠다고 선언했다.

"대통령이 '이것은 용인되지 않을 것입니다.'라고 말한 일요일 아침의 유명한 표현은 무력을 사용할 것이라는 의미가 아니었습니다. 말 그대로 '용인되지 않을 것'이란 의미였습니다. 부시 대통령은 이라크에 쿠웨이트에서의 철수를 요구하는 다양한 해법을 가지고 있었습니다. 그리고 솔직히 말해서 1월까지는 그 문제를 평화적으로 해결하기 위해 노력한 뒤 이라크를 축출하는 것이 우리의 정책이었습니다. 내가 이렇게 말할 수 있는 가장 확실한 증거는 국무장관 제임스 베이커가 마지막 순간 이라크의 국무총리 타리크 아지즈(Tariq Aziz)를 만나러 갔으나 거절당했다는 점입니다. 그 순간 전쟁이 불가피해진 것이죠. 하지만 우리는 이미 준비가 되어 있었습니다. 우리는 50만 명의 병력을 동원했고, 임무를 수행하는 데 성공했습니다."

10년이 조금 더 흘러 2003년 이라크 침공이 임박했을 때 파월 장군은 국무장관으로서 조지 W. 부시 대통령의 고문 역할을 맡아 정책 결정 테이블의 맞은편에 앉게 되었다. 그보다 앞선 2002년 9월 초 워싱턴에서 실시될 예정인 국가안전보장회의 브리핑 이틀 전에 파월은 이라크 침공을 지휘하게 될 미 육군 장성 토미 프랭크스(Tommy Franks)를 호출했었다. 당시 파월은 작전을 수행하기에는 병력이 부족하지 않을까 심각하게 염려하고 있었다.

"나는 국무장관이지 더 이상 국방장관이나 합참의장이 아니었습니다. 그것은 바뀔 수 없는 사실이었죠. 하지만 나는 대장으로 전역했고 합참의장을 지냈으며 대규모 군사 작전을 펴는 것과 관련해서는 사무실에 있는 그 누구보다도 경험이 많았습니다. 특히 대(對)이라크 전에 대해서는 말이죠. 그 때문에 이라크에서의 문제를 결정적으로 매듭짓는 데 필요한 군사력에 대한 논의가 이루어질 때 나는 맡은 임무를 처리하는 데 병력이 충분치 않을까봐 염려하고 있었습니다. 그래서 토미 프랭크스를 불러 과연 병력이 충분하다고 생각하는지 묻고, 모든 사람 앞에서 그 문제를 논의해야 한다는 말을 전하려 했습니다. 토미는 내 호출을 받고, 그 문제를 아주 적절하게 처리했습니다. 자신의 상관인 국방장관 럼스펠드에게 전화를 한 것이지요. 나는 정식 지휘 계통 밖에 있었으니까 말입니다. 그리고 럼스펠드는 회의에서 내가 그 문제를 제기하는 것이 적절하다고 생각했습니다. 그래서 내가 그 문제를 제기했고, 그 사안이 논의를 거치게 된 것이죠."

파월은 부시 대통령에게 자신이 미군의 군사력에 대해 염려하고 있다는 사실을 이해시키려고 노력했다. 하지만 대통령이 병력은 충분하다는 프랭크스 장군과 럼스펠드 국방장관, 합참의장 리처드 마이어스 장군의 의견을 받아들이겠다는 의도를 분명히 밝히자 파월은 물러섰다.

"사람들은 왜 내가 나의 의견을 더 강하게 피력하지 않았느냐고 묻습니다. 이유는 간단합니다. 내가 이미 나의 의사를 피력했고, 그것은 내 임무가 아니었기 때문입니다. 나는 합참의장이 아니었습니다. 게다가 잠시 후 대통령이 그 임무를 수행해야 할 사람들을 통해 다른 의견을 듣는 경우라면 계속 내 주장에 귀를 기울일 수가 없겠지요."

2003년 초, 마침내 15만 명의 미군 병력이 이라크 침공에 나섰다. 하지만 파월은 역사는 자신이 옳았다는 것을 보여줄 것이라 믿었다. 바그다드가 함락되자 과연 2003년 배치한 병력만으로는 임무를 수행하기에 부족했다. 실제로 부시 대통령은 2007년 2만 명의 병력을 이라크에 추가 배치했고, 이미 그곳에 주둔한 수천 명의 병력이 근무 기간을 연장했다.

콜린 파월은 이라크에서 벌어진 두 번의 전쟁에 대해 다른 측면의 문제를 제기함으로써 유능한 리더로서 소임을 다했다. 최선의 의견을 내놓았고, 그것이 고립을 뜻할지라도 굴하지 않고 곤란한 질문을 던지는 용기를 발휘했다. 공교롭게도 그는 2005년 국무장관 자리에서 물러났다.

"나는 규정된 항로를 따라 제한적인 의견만을 제시해야 하는 것에 거북함을 느꼈습니다. 나는 내가 추구하는 의견만을 냈습니다. 하지만 대통령은 그 이상의 것을 받아야 하는 사람입니다. 그들은 당신이 제공하는 '최고'의 생각과 '최선'의 판단을 받아야 마땅한 사람들입니다. 그것이 당신의 항로이든 아니든, 당신이 그렇게 함으로써 위험을 감수해야 하든 아니든 말입니다. 나는 위험을 감수했다고 생각합니다. 그것이 행정부 내에서 향후 내 역할에 영향을 주었을지도 모릅니다. 하지만 그것은 내 관심사와는 멀리 있는 것입니다. 나의 가장 큰 관심사는 내가 제공할 수 있는 최고의 의견을 내놓는 것이었으니까요."

당신이 어떤 사람이건 언젠가는 목소리를 높여 당신의 의견을 말해야 할지 혹은 영원히 침묵해야 할지 결정해야 하는 경우가 생길 것이다. 그런 때가 온다면 훌륭한 결과는 훌륭한 질문에서 시작된다는 것을 기억하라.

1961년 1월의 몹시 추운 어느 날 아침, 존 F. 케네디는 이렇게 말하면서 미국인 한 사람 한 사람에게 질문을 던졌다.

"당신의 나라가 당신을 위해 무엇을 해줄 것인가 묻지 말고 당신의 나라를 위해서 당신이 할 수 있는 일이 무엇인가 물으십시오."

이 강력한 물음은 자신보다 훨씬 큰 무엇인가를 위해 봉사하는 것에 대해 생각하도록 전 세대 미국인들을 자극했다.

# 리더는
# 리스크를 감수한다

LEADERS TAKE RISKS

“ 진정한 리더는 개인적인 어려움을 기꺼이 감수하고 어려움에 맞선다. 데일 카네기는 이렇게 말했다. "기회를 잡아라! 인생 전체가 기회이다. 가장 먼 곳에 이르는 사람은 보통 기꺼이 그리고 대담하게 일에 뛰어드는 사람이다. '확실하고 안전한 것만을 추구하는' 배는 해안에서 멀리 나아가지 못하는 법이다." 진정한 리더는 위험을 감수하도록 끊임없이 자신의 팀을 자극하고 창의성을 발휘하도록 독려하며 장기적으로 뛰어난 비약을 달성하도록 이끈다. ”

## 위험을 감수하는 용기는 리더의 필수조건이다

1964년 로버트 퍼트리셸리(Robert Patricelli, WHF 65-66)는 굉장한 관심을 가지고 WHF에 대한 〈뉴욕 타임스〉 1면 기사를 읽었다. 린든 존슨 대통령이 시작한 이 프로그램은 젊은 미국인들에게 1년간 워싱턴 D. C.에서 일할 기회를 주는 것이었다. 완벽한 타이밍이었다. 퍼트리셸리는 하버드 법학대학원 3학년이었고 졸업 후에는 국제법 실무를 다룰 계획이었다. 하지만 워싱턴으로 잠시 우회하는 것도 재미있고, 경력에도 도움이 될 것이라고 생각했다. 풀브라이트(Fulbright) 장학생이었던 그는 펠로십에 지원해 선발되었고 국무장관 딘 러스크의 지도를 받으며 1년을 보내게 되었다.

러스크는 이 스물여섯 살의 펠로에게 국무부 업무에 관한 사실상의 무제한 접근권을 주었다. 퍼트리셸리는 이렇게 회상한다.

"러스크는 자신의 스케줄러와 개인 보좌관에게 매주 자신의 일정을 나에게 알려줘 내가 참여하고 싶은 회의를 확인할 수 있게 해주었습니다. 그

는 전체 회의 시간의 95퍼센트는 내가 참석하는 것을 허락했습니다. 장관
과 방문한 외국의 총리, 통역관 그리고 러스크와 함께 내가 유일하게 참
석한 회의도 많았죠. 나는 세계 전역에서 열리는 많은 국제회의에 참석하
기 위해 그와 여행을 함께했습니다. 당시 나는 세상물정 모르는 풋내기에
불과했습니다. 펠로십은 그런 나에게 삶을 변화시키는 대단한 경험이었
습니다."

러스크는 베트남전에 대한 최초의 대규모 의회청문회를 준비하는 과정
에서 퍼트리셀리에게 자신의 브리핑 자료를 정리하도록 했고 청문회 자리
에 그를 동석시키기도 했다. 퍼트리셀리는 어떤 상황에서든 품위를 잃지
않는 러스크 장관에게서 깊은 인상을 받았다.

"나는 당황하지 않고 언제나 평정을 유지하는 러스크의 본을 따르려고
노력했습니다. 그의 업무는 극도로 압박감이 심한 일이었지요. 사람들은
언제나 그를 공격했어요. 하지만 그는 항상 침착할뿐더러 확고한 의지를
갖고 있었습니다."

펠로십 기간이 끝난 후 퍼트리셀리는 약 3년간 테드 케네디(Ted Kennedy)
와 보비 케네디(Boby Kennedy), 프리츠 먼데일(Fritz Mondale) 상원의원 등이
속해 있는 미국 상원 고용·인력·빈곤 관련 소위원회의 법률 고문으로 일
했다. 그 후에는 보건·교육·복지부 부차관으로, 다음에는 미국 도시대량
수송관리국의 국장을 역임했다.

퍼트리셀리는 국제법 관련 업무를 하겠다는 하버드 법학대학원 시절의
목표를 이루지 못했다. 대신 워싱턴 D. C.에서의 일을 마친 다음 전도유
망한 법조계 경력을 버리고 경영 분야에 손을 대기로 결정했다. 그리고 훗

날 CIGNA에 합병된 코네티컷 제너럴 인슈어런스 코퍼레이션(Connecticut General Insurance Corporation)에서 정부 관련 일을 맡게 되었다.

"정부에서 WHF로 일하며 쌓은 경험 덕분에 그곳에서 일할 기회를 얻게 되었습니다. 나는 코네티컷 제너럴에서 정부 관련 업무로 일을 시작했지만 적절한 때가 되면 본격적인 경영에 몸담을 기회를 얻고 싶었습니다. 그리고 정확히 그 뜻대로 이루어졌지요."

1년 6개월 뒤 퍼트리셀리는 고위 직원을 관리하는 자리로 이동했고, 합병 이후 회사의 4개 부문 중 하나를 맡으면서 처음으로 경영을 책임지는 자리에 앉게 되었다. 그가 맡은 부문은 코네티컷 제너럴의 건강 보험 기구(health maintenance organization, HMO) 감독이었다. 이후 4년 동안 퍼트리셀리는 그 부문을 전국적인 의료 복지 기관으로 만들었다. 그는 회사가 필연적으로 밟아야 할 다음 수순은 의료 보험 부문을 그룹의 건강 보험 부문과 합병하는 것이라고 생각했다.

"세계는 의료 네트워크를 겸비한 건강 증진 프로그램 타입의 기관을 지향하고 있었습니다. 그리고 나에게는 실행에 옮기고 싶은 많은 아이디어가 있었죠. 그런데 나와 함께 오랫동안 그룹의 보험 운영을 이끌어온 25년차 베테랑과 맞붙을 수밖에 없는 상황이었고, 결국 그 사람이 그 싸움에서 이겼습니다. 하지만 나는 괜찮았습니다. 내게는 좋은 아이디어가 있었고 회사를 나가 그 아이디어를 시험해볼 준비가 되어 있었기 때문이죠."

하지만 한 가지 문제가 있었다. 퍼트리셀리가 꿈꾸는 회사를 만들기 위해서는 돈이 필요했다. 그러나 벤처 자본을 조성할 방법이 없었다. 그러던 중 친지가 뉴욕에 기반을 두고 기업가들의 새로운 사업 자금 마련을 돕는

사모투자전문회사(Private Equity Fund, PEF) 워버그 핀커스(Warburg Pincus)
를 소개해주었다.

"나는 경영 팀도 갖추지 못했습니다. 하지만 예전 동료 몇몇을 내 일에
참여시킬 수 있다고 생각했죠. 흔히 말하는 하버드 경영대학원 스타일의
사업 계획서도 없었습니다. 그저 3~4페이지 정도 되는 분량의 제안서뿐이
었죠. 하지만 워버그 핀커스에 그 제안서를 제시하며 나에게는 특별한 목
표가 있다고 말했습니다. 내가 사들이고자 했던 두세 개 업체가 있었거든
요. 나에게는 새로운 회사를 출범시키기 위해 매입해야 할 기반 업체들의
아우트라인이 있었습니다. 다행히 워버그 핀커스는 변화하고 있는 의료 복
지 부문에 대규모 투자를 한 경험이 몇 번 있었습니다. 이윽고 그들은 나와
계약을 했습니다. 이 경험을 통해 나는 모든 것은 사람이 하는 일이라는 것
을 배웠습니다. 특별한 사업 계획서나 재무 모델이 중요한 게 아닙니다. 중
요한 것은 나에게 좋은 사람들이 있는가, 그것이 과연 좋은 기회인가 여부
입니다. 이런 조건을 갖춘 연후에는 불가피한 문제가 있어도 얼마든지 긍
정적인 결과를 만들 수 있습니다."

그런데 그 '불가피한 문제' 중 하나가 생각보다 일찍 드러났다. 인수 대
상인 정신건강 관리 기업과 협상하던 중 퍼트리셸리는 회사 측으로부터 2
주 안에 회사 주식의 40퍼센트를 인수하지 않으면 협상이 결렬된다는 최
후통첩을 받았다. 그 회사는 퍼트리셸리의 새로운 조직에서 필수적인 부분
이 될 터였다. 따라서 타이밍이 아무리 나쁘더라도 그 회사를 포기할 수는
없었다. 그는 WHF 시절 국무장관 딘 러스크에게서 배웠던 가장 큰 교훈
을 떠올렸다. 냉정하게 판단하면서 다음 단계에 대해 조용히 생각해봤다.

"워버그 핀커스에 제출할 서류도 준비되지 않은 상황이었습니다. 하지만 그때 나는 지금 생각해도 불가능한 일을 해냈습니다. 워버그 핀커스의 약속 어음으로 400만 달러의 개인 대출을 받은 것입니다. 그렇게 해서 새로운 업체에 투자를 할 수 있었죠. 워버그 핀커스에 제출할 서류를 완성하기도 전에 말입니다."

퍼트리셀리는 웃으며 말을 이었다.

"그 대출은 순전히 악수와 신용을 바탕으로 이루어졌습니다. 나에게는 대단히 위험한 일이었죠. 약 한 달 뒤 법적인 서류가 완성되었고, 그 대출금을 초기 자산 투자로 전환시켰죠. 나는 1987년에 이렇게 사업을 시작했습니다."

워버그 핀커스는 퍼트리셀리의 벤처 기업 '밸류 헬스(Value health, Inc.)'에 약 2500만 달러를 투자했고, 그 회사는 얼마 후 뉴욕증권거래소에 상장되었다. 퍼트리셀리는 1997년 회사를 컬럼비아/HCA(Columbia/HCA)에 13억 달러를 받고 매각할 때까지 10년 동안 밸류 헬스의 회장 겸 CEO를 맡았다. 매각 일주일 후 퍼트리셀리는 새로운 회사를 설립하고 '위민스 헬스 USA(Women's Health USA, Inc.)'라는 이름을 붙였다. 의사들에게 관리·감독 서비스를 제공하고 코네티컷에 있는 두 개의 인공 수정 클리닉을 운영하는 회사였다. 2000년 퍼트리셀리는 건강 보험사를 비롯한 업체에 직불 카드 지급 솔루션과 관련 서비스를 제공하는 에볼루션 베네핏(Evolution Benefits)을 설립했다. 그는 이 모든 결실이 위험을 무릅쓰고 자신의 꿈을 실현할 수 있는 기회에 모든 것을 걸었던 그날의 결정에서 비롯되었다고 말한다.

"직원도, 아무것도 없는 상태에서 회사에 투자하기 위해 400만 달러의 개인 대출을 받은 것은 지금 생각하면 정말 무모한 짓이었죠. 하지만 위험을 감수하는 용기는 꼭 필요한 것입니다. 성공하는 팀을 이끌고 싶다면 과감하게 공격에 나서고 그 대가를 기꺼이 감내하는 자세가 필요합니다."

## 확실하고 안전한 것만을 추구하는 배는
## 해안에서 멀리 나아가지 못한다

퍼트리셀리는 일이 잘못될 경우 재정적으로 파산할 수도 있는 위험을 감수했다. 하지만 훌륭한 리더는 금전적인 위험뿐 아니라 모든 종류의 위험을 당연하게 받아들인다. 리더는 때로 삶과 죽음을 가르는 판단을 내려야 할 때도 있다. 이때 그 사람의 리더십 기술은 궁극적인 시험대에 놓이게 된다. 전임 WHF 론 퀸시(Ron Quincy, WHF 85-86)의 경우가 그랬다.

퀸시는 WHF에 선발될 당시 미시건 주 인권국 국장으로 일하고 있었다. 당시로서는 역사상 최연소 국장급 임원이었다. 그와 인권국 직원들은 인권 관련 불만 사례를 줄일 수 있는 가장 효과적인 방안을 연구하고 국민의 인권 보호를 위해 고안된 지역 공동체와 혁신적 프로그램을 만들고 실행하는 데 노력을 기울였다.

론 퀸시가 미시건 주 정부에서 인종차별법 철폐를 위해 일하는 동안 대서양 건너 남아프리카공화국 정부는 '더 심한' 인종차별을 영속화하기 위해 애쓰고 있었다. 1940년대 말 이래 남아프리카공화국의 소수 백인들은 필요한 모든 수단을 동원해 흑인 및 유색인종을 종속시키려 했다. 이를 위해 고안된 공식적인 시스템이 바로 민족주의적 아파르트헤이트였다. 비(非)백인종에 대한 인간적 존엄성을 근본적으로 해치는 제도였다. 흑인은 백인과 격리되어 슬럼에서 살아야 했고, 자유로운 이동이 제한되었고, 노동력을 착취당했다. 그들은 정치 시스템에 참여할 권리를 봉쇄당했으며 자신들의 지도자가 체포되어 반역 혐의를 받고 종신형에 처해지는 모습을 지켜보았다. 아프리카민족회의(African National Congress) 지도자 넬슨 만델라(Nelson Mandela)도 이런 와중에 투옥되었다. 그의 아내 위니(Winnie) 역시 반복적인 투옥과 테러에 시달리면서도 거리낌 없이 아파르트헤이트를 반대했다. 1980년대 중반 반(反)아파르트헤이트 운동가들은 정부의 인종차별적 관행에 대대적으로 저항하기 시작했다. 폭력이 그 지역을 피로 물들였다. 남아프리카공화국의 흑인과 그 동조자들은 아파르트헤이트 시스템을 소멸시키기 위해 해외의 도움이 절실히 필요했다.

이런 상황에서 펠로십 기간 동안 국무부 외무 담당 고문 직책을 맡게 된 론 퀸시는 대단히 흥분했다. 그 즉시 남아프리카공화국 문제에 집중했다. 이후 작은 업무를 성공적으로 처리한 퀸시에게 15명의 흑인 대학 총장과 함께하는 남아프리카공화국 관련 교육 임무가 주어졌다. 교사 교환, 합작연구, 장학 사업 등이 그 프로그램에 포함되었다. 퀸시는 대학 총장들의 견학 여행을 기획하고 실행에 옮기는 책임을 맡았다.

"정말 재밌는 일이었죠. 나는 평생 외국을 여행해본 적이 없었으니까요. 그런데 갑자기 내게 남아프리카공화국으로 가는 외교관 여권이 생긴 겁니다. 우선 런던에 들른 우리는 미국 대사를 만나기 위해 '코트 오브 세인트 제임스'로 갔습니다. 그리고 2주간의 남아프리카공화국 일정을 시작하기 위해 움직였죠. 일은 아주 성공적이었습니다. 모두가 외국에 나가본 적이 없는 사람으로서는 썩 괜찮았다고 말했죠."

이렇게 '썩 괜찮은' 성과를 거둔 덕분에 퀸시는 펠로십 기간이 끝난 후 국무부에 남아서 남아프리카공화국 워킹 그룹에 관한 일을 해달라는 제안을 받았다. 그 자리를 맡은 퀸시는 남아프리카공화국 정부에 경제 제재를 부과하고 남아프리카공화국에서 활동하는 미국 기업들에게 지분의 매각을 명하는 1986년의 포괄적 반아파르트헤이트법(Comprehensive Anti-Apartheid Act)을 제정하는 데 일조했다. 이 법은 미국 정부가 남아프리카공화국의 흑인 인권 단체 그리고 노동조합과 협력하고 재정적인 지원을 제공할 뿐만 아니라 남아프리카공화국 정부 지도자들이 특별 허가 없이 미국을 여행할 수 없도록 제한하기도 했다.

국무부에서 일하는 동안 퀸시는 다시 한 번 외교관 여권을 이용해 남아프리카공화국으로 가게 되었다. 그 지역 전체가 여행을 하기에는 여전히 위험한 상황이었다. 특히 이번 여행은 위험이 더욱 컸다. 그는 자신의 가방만 조심하는 것이 아니라 대단히 특별한 여행 파트너에게도 주의를 기울여야 했다. 국무장관 조지 슐츠(George Schultz)가 마틴 루서 킹 목사의 미망인 코레타 스콧 킹(Coretta Scott King) 여사가 남아프리카공화국에서 임무를 수행하는 동안 그녀를 에스코트하는 외교 사절로 퀸시를 지명했기 때문이다.

"장관은 출발 전 그의 사무실에서 킹 여사에게 남아프리카공화국의 정치적 상황이 얼마나 혼돈스러운지 간단히 브리핑했습니다. 그리고 남아프리카공화국을 대상으로 하는 고위 사절 대부분이 임무를 성공하지 못했다고 알려주었습니다. 하지만 킹 여사는 남아프리카공화국 지도자들을 폭넓게 만나 그곳의 정치경제적 상황에 대해 논의하겠다고 마음먹었습니다. 당시 미국의 고위 지도자가 남아프리카공화국 지도자들과 대화하는 것은 무척 중요한 일이었습니다. 킹 여사 같은 위치에 있는 사람이 그런 일을 하는 것은 특히 더 중요했죠. 그녀는 인권 문제와 관련해 세계적으로 존경을 받고 있었으니까요."

남아프리카공화국 주재 미국 대사관과 국무부 고위 관리, 국가안전보장회의 관계자들의 광범한 사전 작업에도 불구하고 대표 파견은 엄청난 현실적 어려움에 직면했다. 킹 여사는 소웨토에 있는 위니 만델라의 집에서 남아프리카공화국 흑인 지도자들과 만나기로 예정되어 있었다. 소웨토는 엄청난 폭력 사태로 잘 알려진 요하네스버그 외곽의 흑인 거주 지구였다. 남아프리카공화국 대통령 P. W. 보타(P. W. Botha)는 미국 대표부에 남아프리카공화국 정부는 킹 여사의 안전에 책임이 없다는 말을 전하며 소웨토 내의 모든 방위군을 철수시켰다고 통지했다. 소웨토 입구와 출구에만 치안 부대가 있었고, 보타는 그들에게 어떤 상황에서도 소웨토에 진입하지 말 것을 명했다. 남아프리카공화국 주재 미국 대사는 퀸시와 킹 여사를 수행하는 국무부 보안 관리에게 소웨토에 들어가지 말 것을 지시했고, 모든 미국 인력은 즉각 소웨토를 떠나라고 명령했다. 킹 여사의 방문이 완전히 실패로 돌아갈 위기에 처한 것이다.

"킹 여사는 나를 호텔 방으로 불렀습니다. 그녀는 눈물을 흘리고 있었어요. 그리고 위니 만델라와 가택 연금 중인 대다수 다른 흑인 반아파르트헤이트 지도자들을 만나지 않고는 그 나라를 떠날 수 없다고 이야기했습니다. 그녀는 이렇게 말했습니다. '나는 끔찍한 일을 많이 겪어왔어요. 내 남편이 그것을 두려워했다면 민권 운동을 이끌 수 없었을 겁니다. 그는 목숨을 잃는 것에 대해 걱정하지 않았고 자신의 평판에 대해 걱정하지 않았습니다.' 그녀는 남편의 뜻을 잇는 지도자가 되려면 용기를 가지고 자신의 안위를 걱정하지 말아야 하며 (그것에 대해 의식은 하되 염려는 하지 말아야 하며) 명성을 지키는 것에 대해서도 걱정하지 않아야 한다고 생각했습니다. 기꺼이 그 위험을 감수하려 했던 것입니다. 그래서 나는 그녀에게 소웨토로 들어갈 방법을 찾아보겠다고 말했습니다."

그러나 퀸시가 전화로 조언을 구하자 워싱턴에 있는 상관은 펄쩍 뛰었다. 할 수 없이 스스로 일을 추진하기로 했다. 호텔 매니저가 검은색 대형 메르세데스 벤츠를 사용할 수 있게 해주었다. 퀸시는 앞 범퍼 양쪽에 미국 국기를 달고 뒷자리에 킹 여사와 킹의 여동생인 크리스틴 킹 패리스(Christine King Farris) 박사를 태운 후 위니 만델라를 만나기 위해 출발했다.

소웨토 입구에서 이 미국 대표단을 맞은 것은 남아프리카공화국 치안 부대와 흑인 시위대의 충돌에서 빚어진 혼란과 폭력이었다. 하지만 메르세데스는 소웨토로 들어섰다. 어느 시점에서 시위대가 차 안에 있는 킹 여사를 알아보았고 이내 2만 명의 사람이 차를 둘러싸고 쫓아왔다. 하지만 그들은 위니 만델라의 집에 무사히 도착했고 퀸시는 킹 여사를 안내해 만델라 여사와 만나게 했다. 퀸시는 그때의 일을 이렇게 회상한다.

"두 사람은 방 한가운데에 서서 포옹하고 눈물을 흘렸습니다. 위니는 남아프리카공화국의 반아파르트헤이트 운동을 대표하는 인물이었기 때문에 킹 여사(위니가 존경하고 신뢰하는)를 통해 미국에 자신의 메시지를 전달하는 것이 극히 중요한 일이었습니다. 이 만남은 많은 흑인 지도자들로 하여금 아파르트헤이트를 종식시키고 흑인이 나라를 이끌 수 있다는 믿음을 갖게 하는 계기가 되었습니다. 흑인 지도자들과도 만난 그녀는 미국으로 돌아가 그들의 문제와 제안을 전달하겠다고 약속했습니다. 다른 어느 누구도 그런 일을 못했었죠. 그것은 킹 여사 같은 절실한 마음이 없었기 때문일 겁니다. 그곳을 방문한 고위급 미국인들은 많았습니다. 하지만 그들은 위협을 당하자 곧바로 고향으로 돌아오고 말았죠. 하지만 그녀는 난관을 뚫고 희망의 메시지를 전했을 뿐 아니라 남아프리카공화국에서 맡은 임무를 대부분 완성했습니다. 위험을 감수하는 것을 두려워하지 않았기 때문입니다."

1991년 코레타 스콧 킹은 퀸시에게 자신이 킹 목사의 유지를 이어 설립한 '비폭력 사회 변화를 위한 킹 센터(King Center for Nonviolent Social Change)'의 이사직을 맡아달라고 제안했다. 이 일을 통해 퀸시는 1990년 27년간의 투옥 생활을 마치고 석방된 넬슨 만델라와 함께 여행하는 기회를 얻었다. 그리고 4년이 지난 후 킹 여사는 만델라의 남아프리카공화국 대통령 취임을 축하하는 자리에서 함께 춤을 추었다.

론 퀸시는 그날 코레타 스콧 킹을 안전하게 소웨토로 에스코트하는 임무를 맡으며 일에 있어서나 개인적으로 엄청난 위험을 감수했다. 하지만 다시 그런 일을 맡게 된다 해도 그는 달라지지 않을 것이다.

"미국과 남아프리카공화국의 관계를 재정립하는 데 아주 미약한 부분이나마 일조를 했다는 것이 내 WHF 기간은 물론 내 인생 전체에서 가장 자랑스러운 순간이었습니다. 소웨토로 들어가는 위험을 감수할 만한 가치가 있었느냐고요? 물론입니다."

퀸시는 계속 말한다.

"넬슨 만델라는 오늘날 세상에서 가장 존경받고 사랑받는 지도자입니다. 나는 아파르트헤이트 정권이 남아프리카공화국 국민과 심지어 자기 가족에게까지 끔찍한 잔학 행위를 저지르는 상황에서 27년간 감옥 생활을 한 그가 슬픔을 전혀 드러내지 않는 것에 큰 감동을 받았습니다."

1991년 '비폭력 사회 변화를 위한 킹 센터'의 이사 겸 CEO가 된 퀸시가 추진한 프로젝트 중 하나는 미국에 유학 온 남아프리카공화국 학생과 긴밀하게 협조하며 선거 과정에서 5만 명의 남아프리카공화국 사람들을 훈련시키는 것이었다. 이는 초당파적인 유권자 교육을 위한 매우 광범한 국제적 노력의 일환이었다.

"우리는 이러한 노력의 일환으로 넬슨 만델라를 며칠간 애틀랜타의 킹센터로 초대했습니다. 나는 그에게 미국 전역을 안내하고 이후에는 요하네스버그로 향하는 비행기에 그와 동승하는 특별한 기회를 얻었습니다."

남아프리카공화국으로 가는 비행 도중 만델라와 퀸시는 통로에 서서 이야기를 나누었다. 그때 한 남자 승무원이 만델라에게 저녁 식사를 서비스할 수 있게 자리에 앉으라고 말했다.

"나는 정말로 충격을 받았습니다. 승무원이 만델라에게 크고 무례하게 소리를 쳤거든요. 나는 화를 참을 수 없었습니다. 그건 나에 대한 모욕이나 마찬가지였으니까요."

하지만 퀸시는 입을 다물고 만델라가 그 상황을 어떻게 처리하는지 지켜보기로 했다.

"만델라는 돌아서서 나를 가리키며 '승무원 선생님, 저는 이분과 말씀을 나누고 있었습니다.'고 말하면서 마치 내가, 영향력 있는 이 미국인이 잘못 이라는 식으로 책임을 떠넘겼습니다. 나에게 눈짓을 하고 미소를 지으며 장난스럽게 말입니다. 그렇게 긴장된 분위기를 진정시키고 곧바로 자기 자 리로 조용히 돌아갔습니다."

퀸시는 세계적인 위상을 가진 사람이 아무런 소동도 일으키지 않고 조용 히 자리에 앉았던 일을 이렇게 회상했다. 이후 만델라는 그 사건을 떠올리 며 퀸시에게 말했다.

"아프리카민족회의에서 활동하던 젊은 시절 나는 끝까지 이겨내는 리더 는 모든 전투가 전쟁의 끝이 아니라는 사실을 아는 사람이라는 것을 배웠 네. 그런 작은 사건은 전쟁이 아니잖나. 그런 건 중요치 않아. 전혀 중요하 지 않은 일이지."

퀸시는 만델라가 그 일을 마음에 품고 있지 않을뿐더러 자신이 존중받아 야 한다는 자만심도 갖고 있지 않았다는 사실을 알게 되었다. 그리고 만델 라는 퀸시에게 충고했다.

"자기가 처한 상황을 너무 진지하게 받아들이지 말게. 그런 태도는 개인 적인 사명을 성취하는 데 장애가 된다네. 내 경우 그 사명은 남아프리카공 화국에서의 민주적 선거였네."

그로부터 1년이 채 안 된 1994년 4월 선거에서 아프리카민족회의가 압 도적인 승리를 거두었고, 넬슨 만델라는 남아프리카공화국의 첫 번째 흑인 대통령이 되었다.

퍼트리셀리와 퀸시는 자신들이 이루고자 하는 것이 무엇인지 정확히 알고 있었다. 그 때문에 장애물이 나타날 때마다 그것을 단호하게 처리했다. 그들은 어떤 것도 자신들을 방해하도록 놔두지 않았고 이로써 주위 사람들에게 자신감을 불러일으켰다. 굳건한 자신감으로 커다란 어려움도 기꺼이 감수하는 리더가 이끄는 조직은 그 어떤 것보다 강한 힘을 가지고 있다.

진정한 리더는 개인적인 어려움을 기꺼이 감수하고 어려움에 맞선다. 데일 카네기(Dale Carnegie)는 이렇게 말했다.

"기회를 잡아라! 인생 전체가 기회이다. 가장 먼 곳에 이르는 사람은 보통 기꺼이 그리고 대담하게 일에 뛰어드는 사람이다. '확실하고 안전한 것만을 추구하는' 배는 해안에서 멀리 나아가지 못하는 법이다."

진정한 리더는 자기 사람들이 위험을 감수하고 그 과정에서 생기는 불가피한 실수를 통해 교훈을 얻도록 격려하는 분위기를 만든다. 위험을 감수하도록 끊임없이 자신의 팀을 자극하고 창의성을 발휘하도록 독려하며 장기적으로 뛰어난 비약을 달성하도록 이끈다.

## 훌륭한 리더는 모든 사람의 능력과 인성을 중시한다

현재의 WHF들은 엄청난 다양성으로 국민을 대표하지만 처음의 펠로 클래스는 대표성과는 거리가 멀었다. 첫 번째 클래스는 모두 남성으로 이루어져 있었다. 메리 엘리자베스 '핸퍼드' 돌(Mary Elizabeth 'Hanford' Dole)처럼 듀크, 옥스퍼드, 하버드 등 세계 유수의 명문교에서 교육받은 우수한 여성 후보들이 전국 최종 선발까지 올라오긴 했지만 말이다. 돌은 선발 탈

락에 실망하기는 했지만 완전히 좌절하지는 않았다. 그녀는 다섯 대통령의 행정부에서 일하며 화려한 공직 이력을 쌓았다. 또한 레이건 대통령과 조지 H. W. 부시 대통령의 각료로 일했으며 2000년 대통령 선거에 도전하기도 했다. 2003년에는 고향인 노스캐롤라이나 주에서 상원의원으로 선출되었다. 존슨 대통령의 영부인 버드 존슨 여사는 첫 해에 펠로들의 명단을 보고 실망감을 숨기지 않았다. 그녀는 펠로 선발 과정에 관여하는 모든 사람에게 여성 후보자에게도 동등한 기회를 줄 것을 요구했다. 프로그램 책임자인 톰 카는 향후 클래스에 다양성을 확충하겠다고 다짐했고, 다음 해에는 그 약속을 충실히 지켜 제인 케이힐 파이퍼가 최초의 여성 WHF로 선발되었다.

앞서 소개한 파이퍼는 출세가도를 달리던 33세의 IBM 임원일 당시 WHF 프로그램에 대해 알게 되었다.

"IBM은 나를 어떻게 대해야 할지 모르고 있었어요. 부문 이사 자리에 여성을 앉힐 준비가 되어 있지 않았던 것이죠. WHF에 대한 광고를 본 나는 생각했지요. 'IBM의 정부 관련 부문에서 일한 10년간의 내 경력을 토대로 정부가 어떻게 돌아가는지 식견을 넓혀보는 것도 좋겠군.'"

파이퍼는 펠로십에 선발되었고 아주 좋은 임무를 맡았다. 새로운 주택 · 도시 개발부 장관인 로버트 위버(Robert Weaver)의 관리 보좌역에 임명된 것이다. 위버는 파이퍼가 1년간 자신과 함께 일하게 되었다는 이야기를 듣자 "맙소사, 여자잖아!"라고 소리쳤다고 한다.

"지금 상황에서 보면 정말 우스운 일이 아닐 수 없었죠."

파이퍼는 웃으면서 말했다.

"하지만 위버는 곧 익숙해졌습니다. 그가 나를 자기 집무실과 가까운 사무실로 옮기게 하는 데는 그리 오랜 시간이 걸리지 않았습니다. 나는 진짜 일을 맡았고, 모든 일에 참여하게 되었죠."

위버가 주택·도시 개발부에서 근무한 것은 불과 몇 개월뿐이었다. 존슨 행정부의 모든 사람이 그에게 큰 기대를 가지고 있었다. 그는 하버드에서 박사 학위를 받았고 수년간 연방주택융자국(Federal Housing and Home Finance Agency)에 몸담았다. 당시 가장 중요한 과제로 대두되었던 두 가지 문제, 즉 흑인 노동자 문제와 노사 문제 전문가였고 그 주제와 관련해 높은 평가를 받은 책을 집필한 경력도 있었다.

파이퍼는 이렇게 회상한다.

"위버는 완전히 슈퍼스타였습니다. 그는 워싱턴에 있는 나의 어머니 집에서 바로 한 블록 떨어진 곳에 살고 있었어요. 당시 나는 흰색에 실내가 빨강색인 코르벳 스팅 레이를 가지고 있었습니다. 스포츠카를 무척 좋아했거든요. 나는 토요일 아침이면 위버 장관을 그 차에 태우고 주택·도시 개발부까지 모시곤 했습니다. 그는 그 드라이브를 무척이나 좋아했죠. 그는 내가 가장 소중하게 생각하는 사람 중 하나가 되었습니다. 나에게 너무도 귀중한 리더십의 교훈을 가르쳐준 평생의 멘토였죠."

펠로십 기간 동안 파이퍼가 배운 교훈들은 그녀가 1978년 NBC 텔레비전 네트워크의 회장으로 임명되어 미국에서 가장 강력한 권력을 가진 여성이 되었을 때 큰 역할을 했다. 주택·도시 개발부에서 보낸 1년 동안 그녀가 얻은 교훈은 주목할 만한 한 가지 사실 때문에 특히 중요했다.

로버트 위버는 대통령 각료 자리에 임명된 최초의 흑인이었던 것이다. 존슨 대통령의 역사적인 각료 지명을 수락했을 때 그는 수백만 흑인의 꿈과 희망을 어깨에 짊어졌다. 위버는 그들과 자신을 전국적인 스포트라이트를 받도록 지원해준 영향력 있는 리더들을 실망시키지 않았다. 사실 위버가 최고의 자리에 오르도록 보이지 않는 곳에서 큰 역할을 한 사람은 마틴 루서 킹 목사였다.

노벨상을 수상한 킹 목사는 1965년 1월 15일, 린든 존슨 대통령이 자신의 전화를 받아주기를 끈질기게 기다리고 있었다. 지난 몇 달간 민권 운동이 커다란 진보를 이루었지만 아직 할 일이 많이 남아 있었다. 킹 목사는 대통령에게 중요한 문제를 제기할 작정이었다. 존슨 대통령이 그 제안을 받아들인다면 그날은 미국 소수 민족의 평등을 찾는 길에 중대한 발걸음으로 남게 될 터였다. 대통령은 1964년 민권법에 서명했었다. 민권법은 고용, 공공장소, 학교에서의 인종차별에 공식적인 종말을 선언하고 연방 정부 혹은 주 정부가 인종, 피부색, 종교, 성별, 국적을 근거로 한 차별을 비합법화하는 것이었다. 하지만 새로운 법률에도 불구하고 차별은 전국 도처에서 만연하고 있었다. 오랜 사회적 관습을 강제로 퇴치하는 것이 얼마나 어려운 일인지 드러나고 있었던 것이다.

민권법을 지키기 위한 투쟁은 길고도 오랜 싸움이었다. 그동안 존슨 대통령과 의견을 같이하던 의회 지도자들은 대통령의 오랜 친구이자 멘토였던 조지아 주 상원의원 리처드 러셀이 이끄는 일단의 남부 입법자들과 맞서고 있었다. 러셀은 "우리 남부 주에 인종 간의 혼합과 사회적 평등을 이루려는 모든 수단과 모든 시도가 사라지는 날까지 저항할 것이다."라고 선언했다. 54일에 걸친 의사 진행 방해와 많은 정치적 논쟁 끝에 이 역사적인 법안은 남부 의원 연합의 반대에도 불구하고 상원을 통과해 존슨 대통령에게 보내졌고, 대통령은 1964년 7월 2일 이 법안에 서명했다.

대통령이 그 법안에 서명한 지 6개월 후 사태는 진정되기 시작했다. 킹 목사는 연방 정부의 가장 높은 수준에서 존슨 대통령이 인종 평등의 선례를 세워야 할 때가 되었다고 생각했다. 각료로 흑인을 임명할 때가 된 것이다.

"우리는 내각에 흑인 각료를 두는 것이 전체 민주주의의 번영과 미국의 흑인들에게 대단히 큰 의미가 있을 것이라는 강한 믿음을 가지고 있습니다."

킹은 대통령 존슨과의 통화(비밀리에 녹음됨)에서 이렇게 말했다.

"지금 승진이 필요한 많은 사람의 직급을 올려주는 것은 국가와 흑인 그리고 우리의 국제적 위상을 한층 높여주는 위대한 발걸음이 될 것이고 엄청난 효과로 돌아올 것입니다. 그것은 수백만 흑인에게 자긍심과 존엄에 대한 의식을 심어줄 수 있을 것입니다."

존슨 대통령은 그 일을 성사시키기 위해 모든 행정적 힘을 집중할 것이라고 대답했다. 그리고 주택과 도시 문제를 다룰 새로운 부서를 신설할 생각이며, 그 부서를 맡길 완벽한 인물을 이미 염두에 두고 있다고 밝혔다. 그 사람이 바로 연방주택융자국장 위버였다.

존슨 대통령은 킹에게 말했다.

"미국 도시 지역의 주택과 교통 문제를 포괄하는 가장 큰 부서를 만들기 위해 가능한 한 노력을 다해 강력하게 밀어붙일 예정입니다. 그 일이 성사되면 다른 것은 따지지 않고 내가 생각하고 있는 사람에게 그 부서의 지휘를 맡길 생각입니다. 아마도 그 사람은 위버가 되겠지요. 나는 좋은 성과를 거두고 누구도 실망시킨 적이 없는 사람에 대한 도의적 책임이 있다고 생 각하니까요."

킹이 대답했다.

"대단히 고무적인 일입니다. 이것은 '위대한 사회'를 향한 또 하나의 위 대한 발걸음이 될 것입니다."

두 사람의 전화 통화가 있은 후 1년하고 3일이 지나 존슨 대통령은 로버 트 위버를 신설된 주택·도시 개발부 장관으로 임명했다. 이로써 위버는 내 각의 각료로 임명된 최초의 흑인이 되었다. 그리고 8개월 후 제인 케이힐 파이퍼가 최초의 여성 WHF가 되면서 또 다른 장벽을 뛰어넘었다. 그해에 워싱턴에서는 인종과 성별 문제와 관련해 커다란 진전을 이루기는 했지만 모든 일이 잘 풀리고 있었던 것은 아니다. 불행히도 미국 수도 워싱턴에서 의 차별은 여전히 남아 있었다. 파이퍼는 이렇게 말한다.

"위버는 63개 도시의 빈민가를 재정비하기 위해 연방과 주 정부, 지역의 자원을 한데 모으도록 법제화된 모델 시티(Model City) 프로그램의 책임자 였습니다. 그는 전체 프로젝트 팀이 외부에서 회의를 할 만한 장소를 물색 하라고 요청했습니다. 린든 존슨 대통령도 참석할 수 있는 장소로 말입니 다. 나는 메릴랜드 주 베데스다에 있는 컨트리클럽이 적당한 장소일 것 같 다고 말했습니다. IBM이 회의를 할 때 종종 이용하던 곳이었죠. 나는 클럽 의 고위 관계자를 알고 있었지요. 그에게 전화를 걸었지만 장소를 제공할 수 없다고 하더군요. 내가 말했죠. '할 수 없다니, 그게 무슨 뜻이죠? 내각의 각료들과 심지어 미국 대통령까지 참석할 거란 말입니다.' 그랬더니 그가 이렇게 대답했습니다. '위버는 이곳에 들어올 수 없습니다.' 그 클럽은 흑인의 입장을 허락하지 않았던 것입니다! 내가 위버에게 가서 그 이야기를 어떻게 할 수 있겠습니까?"

파이퍼는 클럽 대표에게 차별 관행을 철폐할 때까지 IBM이 그 시설을 이용하지 않도록 조치하겠다고 알렸다. IBM에 있는 옛 동료는 도와주겠다고 약속했다. 그녀는 위버에게 그 클럽에 입장하는 것을 거절당했다는 소식을 알리지 않기로 했다. 그리고 조용히 '모델 시티' 회의를 위한 다른 장소를 예약하고 일을 진행했다. 하지만 위버가 장소를 변경한 이유를 꼬집어 묻자 사실대로 말하지 않을 수 없었다. 피부색 때문에 그 클럽이 그의 입장을 허용하지 않았다는 슬픈 사실을 말이다.

"하지만 위버는 그 일에 대해 깊게 생각하지 않았습니다. 그것으로 끝이었죠. 그 정도로 사려 깊은 사람이었습니다. 두 번 다시 그 일에 대해 언급하지 않았죠. 위버는 항상 그런 식이었습니다. 무례나 모욕 때문에 영향을 받지 않았습니다."

그 일은 남성이 지배하는 일터에서 자기 역할을 다하려고 분투하는 젊은 여성에게 귀중한 교훈이 되었다. 파이퍼는 화를 내거나 분노하는 것이 자신을 쓸쓸하게 만들 뿐이라는 사실을 배웠다. 그런 병균은 아무런 경고도 없이 우리의 몸 구석구석으로 스며들고 조용히 퍼져서 몸 전체를 망가뜨린다. 그렇게 되면 주위의 모든 사람, 특히 아랫사람에게 부정적인 태도를 전염시킨다. 그리하여 곧 리더로서의 존경심을 잃고 만다. 따라서 훌륭한 리더는 모든 사람을 존중하고 능력과 인성을 가장 중요하게 생각해야 한다.

만델라와 위버에게서 특징적으로 드러나듯이 유능한 리더는 품위와 겸손을 보여준다. 훌륭한 리더는 조직의 견고한 미래상에 주의를 집중하고 자신의 사명이라는 목표를 이루는 데 초점을 맞추고 다른 사람의 선입견에 휘둘리지 않는다. 이는 자신만의 행동 지침을 가진 사람의 노골적인 공격에도 적용된다. 많은 지도자들이 소소한 자극 때문에 전선에서 이탈해 반격을 가하는 데 너무나 집중한 나머지 엉뚱한 일에 귀중한 시간과 에너지를 낭비하곤 한다. 공격과 비난 속에서도 자신의 진정한 사명에 집중하며 품위를 보여주는 리더야말로 언젠가 큰 성공을 이룰 사람들이다.

제 12 장

리더는 자기 사람들에게
활력을 준다

LEADERS ENERGIZE THEIR PEOPLE

**66** 훌륭한 리더는 조직의 에너지를 관리하는 사람이며 주위에 있는 모든 사람이 비범한 일을 성취하는 데 필요한 추진력을 공급하는 사람이다. 실수로 인해 비난받지 않고 오히려 그것을 통해 교훈을 얻고 성장하는 환경을 조성한다. 자신이 주위 사람들에게 에너지를 불어넣어 고양시키는 리더인지 차분히 돌아보라. 다른 사람으로부터 에너지를 빨아들이는 리더가 아니라 일터에 매일 긍정적인 에너지와 열정을 불어넣기 위해 애쓰는 유형의 리더가 되겠다는 결단이 필요하다. **99**

## 나는 부하들에게 에너지를 주고 있는가, 빼앗고 있는가?

백악관을 마주보고 있는 거리의 작은 회의실에서는 사회 각 분야의 저명인사들이 매년 75건에서 100건에 이르는 비공식 오찬을 연다. 이 책을 쓰기 위해 일화를 모으던 중 내가 WHF 동문들에게 물은 질문 중 하나는 WHF 클래스를 상대로 연설한 사람 중 가장 기억에 남는 인물은 누구이며 그 이유는 무엇인가, 하는 것이었다.

펠로들은 저마다 다양한 대답을 내놓았지만 그중에 주목할 만한 예외가 있었다. 최근의 클래스에서 내가 인터뷰한 모든 펠로들이 가장 인상적인 연설가로 당시 이라크 다국적군의 지휘관이던 데이비드 페트레이어스 (David Petraeus)를 꼽은 것이다. 페트레이어스가 펠로들에게 던진 질문은 간단하지만 평생 잊을 수 없는 것이었다.

"당신은 아랫사람에게 에너지를 주는 유형의 리더인가, 그들로부터 에너지를 빨아먹는 리더인가?"

말할 것도 없이 페트레이어스 장군은 리더십 원리에 정통했고 임무를 수행하기 위해 그 원리들을 실천에 옮기는 방법도 잘 알고 있었다. 그는 뛰어난 지성과 역량을 바탕으로 세계적인 명성을 쌓았다. 웨스트포인트를 졸업하고 프린스턴에서 국제 관계 박사 학위를 딴 페트레이어스는 1983년에 미육군 참모대학을 수석으로 졸업했다. 2007년 〈타임〉 지는 학자이자 군인인 페트레이어스를 그해의 가장 영향력 있는 리더이자 획기적인 인물로 평가했다. 〈타임〉이 뽑은 그해의 인물 후보 4명 중 한 명에 오르기도 했다. 2008년에는 독일의 주간지 〈슈피겔〉이 뽑은 '미국에서 가장 존경받는 군인'으로 선정되었으며, 2007년에는 영국의 〈데일리 텔레그래프〉가 뽑은 올해의 인물로 선정되었다 페트레이어스 장군이 리더십에 대해 이야기할 때면 모든 사람이 귀를 기울인다. 존 패트릭 갤러거(John Patrick Gallagher, WFH 07-08) 역시 마찬가지였다.

웨스트포인트를 졸업하고 시카고 대학에서 철학과 사회학, 공공정책학 학위를 받은 갤러거가 소위로 82공수사단에 배속되었을 때, 페트레이어스는 대령으로 그곳에 있었다. 하루는 페트레이어스가 부대원들을 강당에 모아놓고 군의 리더십에서 최우선 순위가 무엇인지 말해보라고 했다.

"우리는 성실성이나 전문적·기술적 자질 같은 것에 대해 말했습니다. 자기가 생각할 수 있는 건 전부 얘기했죠."

갤러거는 재미있어하며 그때의 일을 회상했다.

"사격술이나 자동차 정비라고까지 말했지만, 그는 자신이 원하는 대답이 아니라는 말만 되풀이했습니다. 마지막에 누군가가 '건강입니까?' 하고 물었습니다. 그러자 그는 '그래, 그게 정답이네. 리더십에서 가장 중요한 것은 건강이네.'라고 말했습니다. 우리는 농담을 하는 거라고 생각했습니다. 그것이 군대에서 최우선 순위일 거라고는 한 번도 생각해본 적이 없었으니까요. 하지만 얼마 되지 않아 우리는 그가 옳다는 것을 알게 되었습니다. 자기절제 그리고 압력을 받거나 마음이 편치 않은 곳에서도 임무를 수행하는 능력이 성공의 열쇠였던 것입니다."

페트레이어스는 매일 아침 부대원과 함께 연병장에서 75분간 집중적인 운동을 했다. 부대원이 녹초가 된 뒤에도 운동을 더 하라고 채근했다. 턱걸이, 팔굽혀펴기, 전력 질주가 이어지면서 부대원들에게 변화가 생기기 시작했다. 일을 처리하는 데 더욱 기민해졌을 뿐만 아니라 신체적인 에너지나 정신적인 에너지가 한층 충만해졌다. 개인과 팀에 대한 자부심도 눈에 띄게 높아졌다.

"우리가 수행한 모든 일이 갈수록 좋은 결과를 냈습니다. 사격술이든 자동차 정비이든 말입니다. 외출을 나가 음주 운전으로 적발되는 일도 없어졌죠. 페트레이어스가 스스로 절제하는 분위를 조성한 뒤부터 모든 지표가 상승하기 시작했습니다. 그는 리더십에 대한 접근 방법을 이런 질문으로 요약하곤 했습니다. '나는 부하들에게 에너지를 주고 있는가, 빼앗고 있는가?' 이 질문은 '나는 아랫사람이 그들의 일에 더 열정적이고 창조적이 되도록 하는가, 즉 그들이 하는 일에 대해 깊은 신뢰를 가지고 있는가 아니면 열정과 성장을 억누르는 방식으로 그들을 이끌고 있는가?'라고도 표현할 수 있습니다. 후자의 경우라도 순전히 리더의 존재감 때문에 일이 성사될 수 있을 것입니다. 하지만 리더가 그 자리를 떠난 후에는 조직이 그만큼 좋은 결과를 내기는 힘들겠죠. 페트레이어스는 아랫사람에게 에너지를 주는 방식으로 조직을 이끄는 방법을 알고 있었습니다. 그것은 엄청나게 강력한 리더십 기술입니다."

펠로십을 마친 이래 갤러거는 국가안전보장회의 이라크·아프가니스탄 사무국에서 아이디어전(Wars of Ideas)과 전략 커뮤니케이션 담당 책임자 역할을 수행하며 매일 이 리더십 기술을 응용했다.

## 두려움과 공포를 유발하는 리더가 아닌
## 열정을 불어넣는 리더가 되어라

또 다른 전임 펠로로서 코트 TV(Court TV)의 뉴스 앵커이자 법률 문제 분석가인 제이미 플로이드(WHF 93-94)는 매일 자신의 팀에 활력을 주기로 결심했다. UC 버클리 대학에서 법학 박사 학위를, 스탠퍼드 법과대학원에서 법학 석사 학위를 받은 그녀는 펠로십 기간 대부분을 앨 고어(Al Gore) 부통령의 집무실에서 그의 국내 정책 담당 수석 고문 그렉 사이먼(Greg Simon)과 함께 일했다. 이 두 사람으로부터 그녀는 긍정적인 에너지의 힘을 배웠다.

"그렉은 에너지를 불어넣는 사람이었습니다. 녹초가 된 사람도 그의 활기와 긍정적인 태도 덕분에 기운을 되찾았죠. 엄청 힘들 게 분명한데도 그는 전혀 피곤해 보이지 않았습니다. 그렉과 앨 고어는 성격이 판이하게 달랐습니다. 하지만 두 사람 모두 부하 직원에게 에너지를 주는 리더였죠. 그렉은 쾌활하고 명랑하고 아주 말이 많은 친근한 사람이었습니다. 그와 함께 점심 식사를 한 후 한 블록 정도 산책을 하거나 코코란 미술관까지 걸으면서 바깥 공기를 쐬고 나면 누구나 긴장이 풀리고 다시 활력을 얻게 되죠. 그렇게 할 수 있는 상관이 얼마나 되겠습니까? 부통령의 에너지는 훨씬 집중적이고 직접적이어서 아무 말을 하지 않아도 그 강렬함을 느낄 수 있을 정도였습니다. 부통령을 위해 일했던 사람들을 돌이켜보면 모두가 그렉처럼 에너지를 빼내기보다는 에너지를 주는 사람이었습니다. 당연히 부통령은 두려움이나 공포를 유발하는 사람보다 열정을 불어넣는 사람들을 높이 평가했지요. 그는 스트레스 속에서도 목표를 향해 나아가는 사람, 그런 부담을 다른 사람에게 전가하지 않고 잘 이겨내는 사람을 자신의 참모로 선발했습니다."

플로이드가 그 교훈의 위력을 절실하게 깨달은 것은 펠로십이 끝난 뒤 7년이 흐른 어느 날 끔찍한 사건을 겪고 나서였다. 2001년 9월 11일의 화창한 아침, ABC 뉴스의 법률 전문 기자로 일하던 플로이드는 출근하기 위해 뉴욕 시내를 지나가고 있었다. 그때 납치된 두 대의 비행기가 무고한 승객들을 태운 채 세계무역센터의 쌍둥이 빌딩으로 돌진했다. 그녀는 본능적으로 자신의 두 살 난 딸에게 돌아가려 했다. 다행히 아이는 아빠와 안전하게 있었다. 개인적인 일을 뒤로하고 이내 저널리스트로서의 본분으로 돌아간 그녀는 뉴스 룸으로 달려갔다.

"나는 프로듀서 한 명 그리고 카메라맨 한 명과 사운드맨 한 명으로 구성된 촬영 팀과 함께 즉시 세계무역센터로 파견되었습니다. 우리는 우리 생애에서 가장 큰 뉴스를, 미국이라는 나라의 역사상 가장 중대한 사건 중 하나를 다루려는 참이었죠. 그것은 격변의 순간이었습니다. 우리는 그것을 알고 있었죠. 그 때문에 모든 것을 올바르게 전달해야 한다는 막중한 책임감을 느꼈습니다."

플로이드와 그녀의 팀은 뉴스 밴을 몰고 붕괴 현장으로 달려갔다. 하지만 쌍둥이 빌딩에서 몇 블록 반경 안의 도로는 이미 통행이 불가능했다. 그들을 차를 버리고 걷기 시작했다. 공중에는 재가 가득했다. 플로이드의 팀은 맨해튼 거리를 지나 세계무역센터의 무너진 잔해를 향해 뛰어갔다. 무슨 일이 일어났는지 알 수 없었지만 엄청난 굉음과 함께 땅이 흔들렸다. 그들은 당혹감과 두려움으로 그 자리에 얼어붙었다. 이어서 무시무시한 침묵이 찾아오더니 천천히 멀리서 비명 소리가 들리기 시작했다. 갑자기 회색 연기 기둥이 눈앞에 펼쳐지고 젖은 콘크리트 같은 냄새가 가득 찼다. 잠시 후 잿더미를 뒤집어쓴 채 울부짖으며 그들을 향해 달려오는 사람들의 물결이 보였다. 어떤 사람은 플로이드에게 쌍둥이 빌딩 쪽으로 가는 것은 위험하다며 미친 듯이 손짓을 했다.

"팀원 중 누구도 입을 떼지 못했습니다. 슬로모션 같은 광경이 갑자기 현실이 되었고, 우리는 다시 쌍둥이 빌딩을 향해 뛰기 시작했습니다. 그렇게 뛰면서도 카메라맨은 촬영을 계속했습니다. 우리는 웨스트사이드 고속도로까지 내려갔습니다. 그리고 다시 끔찍한 일이 일어났습니다. 엄청난 진동과 충격음, 비명, 솟아오르는 연기…. 하지만 우리는 멈추지 않았습니다. 쌍둥이 빌딩 쪽으로 계속 뛰어갔죠. 나는 이런 때야말로 리더십이 필요하다고 생각합니다. 나는 다른 사람이 도망쳐 나오는 위험한 상황 속으로 나를 들어가게 하는 힘이 무엇인지 알지 못합니다. 기자는 생명을 구하기 위해 일하는 응급 요원이 아닙니다. 사랑하는 사람을 찾아 나선 것도 아닙니다. 삶과 자유를 수호하기 위해 싸우는 군인도 아닙니다. 하지만 우리도 그들과 똑같이 우리나라를 위해 봉사하죠."

플로이드와 팀원들은 무너진 쌍둥이 빌딩에 최초로 접근해 그 폐허의 끔찍한 초기 영상을 미국 국민들에게 전달했다. 그녀의 팀은 거의 3주 동안 그라운드 제로에서 쉬지 않고 일했다. 생존자를 구조하기 위해 투입된 해병대원과 뉴욕 소방서를 돕기 위해 전국에서 온 자원 소방대원들에 대해 보도했다. 타워가 붕괴되기 전 어린이 수십 명을 구한 노동자를 수소문해 그 아이들이 가족과 상봉하는 모습을 카메라에 담았다. 플로이드와 그녀의 팀은 구조대원들이 더 이상 생존자를 찾을 수 없다고 포기한 며칠 뒤 부서진 건물 틈에서 마지막 두 명의 생존자가 구조될 때도 그라운드 제로에 있었다.

정신적 중압감이 커지고 피로가 찾아올 때마다 플로이드는 WHF 시절 부통령 앨 고어와 그렉 사이먼이 부하들에게 불어넣었던 긍정적인 에너지를 상기했다. 그녀는 그들과 똑같은 방식으로 자신의 젊은 팀원들에게 활력을 주고 의욕을 고취시켰다. 그것이 9·11 테러를 보도하는 데 따르는 엄청난 스트레스와 밤낮으로 계속된 고된 노동에도 불구하고 최선의 결과를 만들어낸 근본적인 힘이었다. 플로이드는 이렇게 회상한다.

"당시 서른여섯 살이던 나는 경험이 많았을 뿐 아니라 우리 조직에서 가장 연장자이기도 했죠. 팀원들은 나보다 훨씬 나이가 어렸지요. 그 젊은 친구들은 두려움에 떨며 눈물을 흘리기도 했습니다. 그때마다 나는 리더로서 그들의 두려움에 공감하면서도 의욕을 고취시켜야 했습니다. 그들에게 방송국과 대중과 희생자와 진실에 대한 우리의 임무를 부드럽게 상기시키는 것 역시 제 몫이었으니까요. 그런 긍정적인 리더십 덕분에 우리는 활력을 찾고 에너지를 충전해 9·11 테러를 정확하고 공정하게 전달하는 중요한 책무를 다할 수 있었습니다."

## 긍정적인 행동으로 부하의 자신감을 북돋워주어라

로버트 '밥' 조스(Robert 'Bob' Joss, 68-69)는 제이미 플로이드와 마찬가지로 WHF 기간 동안 리더십에 대한 훌륭한 교훈을 얻었다. 현재 스탠퍼드 경영대학원의 학장이자 교수로 일하고 있는 조스는 펠로십 기간 동안 재무부로 발령을 받았다. 이때는 존슨 행정부와 닉슨 행정부 사이의 과도기였다. 얼마 후 취임한 리처드 닉슨은 '콘티넨털 일리노이스 내셔널 뱅크 앤드 트러스트(Continental Illinois National Bank and Trust)' 회장 데이비드 케네디를 재무부 장관으로 임명했다.

"케네디는 시카고 출신의 친절하고 뛰어난 은행가였습니다. 그에게는 정치를 하고 싶은 야심이 없었죠. 어떤 면에서 그는 공직이 불편해 보일 정도였습니다. 그래서 자기 직원 중에 대중의 신뢰를 받는 사람이 있으면 아주 기뻐했지요."

조스는 재무부에서 인정을 받아 펠로십이 끝난 후에도 2년 더 그곳에서 일해달라는 제의를 받았다. 그 2년 동안 조스는 재무 관련법에 대한 강연을 하기 위해 전국을 여행하고, 의회의 입법자들에게 로비하는 재무 행정가들과도 많은 시간을 보냈다. 그는 어린 나이에 상관의 인정을 받았고, 그의 상관 역시 조스로부터 존경을 받았다.

"일이 잘될 때 모든 공을 부하에게 돌리고 잘되지 않을 때는 격려해주는 분위기였죠. 나에 대해 긍정적인 사람들을 위해 일하는 것 자체가 얼마나 좋은 일인지 깨달으면서 정말 많은 것을 배울 수 있었습니다. 나는 리더의 역할은 젊은이들에게 에너지를 주고, 동기를 부여하고, 영감을 불러일으켜 어떤 것이든 이룰 수 있게 하는 것이라는 사실을 배웠습니다. 그 덕분에 리더십을 발휘할 자리에 있는 동안 나는 항상 사람들에게 모든 책임을 맡기고 그들에게 모든 공을 돌렸습니다. 그들의 성공이 나를 돋보이게 한다는 것을 알았으니까요. 하지만 일이 잘못되면 리더로서 부하들을 지원하고 그들의 부담을 덜어줌으로써 자신감을 잃지 않고 그 일을 통해 교훈을 얻을 수 있도록 해야 합니다. 이 가르침이 내가 펠로십을 통해 배운 교훈 중 가장 귀중한 것이라고 생각합니다."

1971년 닉슨 대통령이 텍사스 주지사와 해군장관을 역임한 존 코널리 주니어(John Connally Jr.)를 재무장관으로 임명하면서 조스는 다른 종류의 에너지를 관찰할 기회를 얻었다. 코널리는 뛰어난 재능을 가졌을 뿐만 아니라 데이비드 케네디와 달리 외향적이고 카리스마 넘치는 정치가였다. 화려하고 매력적이고 에너지로 가득 찬 인물이었다. 존 F. 케네디 대통령이 저격당할 당시 그 차에 탑승했다가 심각한 총상을 입어서 더욱 잘 알려진 인물이기도 했다.

"코널리는 정말 인상적인 사람이었습니다. 어느 날 의사당에서 있었던 일입니다. 그때 자신의 지역구에서 방문한 어린 학생들과 함께 있는 한 의원을 마주쳤죠. 코널리 장관과 내가 들어서자 그 의원이 이렇게 말했습니다. '어린이 여러분, 이분이 재무장관인 존 코널리 씨예요.' 그 의원은 자기 지역구 어린이들에게 그 유명한 존 코널리를 소개하게 된 것을 무척 뿌듯해했지요. 하지만 놀라운 것은 코널리가 그다음에 한 행동입니다. 그는 당당한 걸음으로 그 의원에게 다가가 어깨에 팔을 두르고 어린이들에게 이렇게 말했습니다. '어린이 여러분에게 꼭 알려드리고 싶은 게 있어요. 이 의원님은 국회에서 가장 훌륭한 의원이랍니다.' 그러고는 그 의원에 대한 칭찬을 계속했죠. 놀라운 광경이었습니다. 의원은 자기 지역구 어린이들 앞에서 자신을 치켜세워주는 존 코널리를 보며 환한 미소를 지었습니다. 나는 그날 긍정적인 행동으로 다른 사람과의 관계를 정립하는 리더십의 아주 중요한 측면을 배울 수 있었습니다."

## 실수에 대한 두려움 없이
## 아이디어를 실행하도록 격려하라

프레데릭 벤슨 3세(Frederic Benson Ⅲ, WHF 73-74)도 펠로십 기간 동안 워싱턴 D. C.에서 매우 비슷한 영향을 받았다. 펠로십 기간이 끝난 후, 벤슨은 국방장관 빌 브렘(Bill Brehm)의 군사 문제 담당 보좌관으로 일했다. 벤슨은 브렘을 '내 생애 최고의 멘토'라고 불렀다. 둘은 아주 가까운 친구가 되어 펠로십이 끝난 지 30여 년이 지난 지금까지 자주 만나 이야기를 나눈다.

"빌에게서 배운 것이 아주 많습니다. 부드럽게 말하라, 사람들에게 많은 기회를 주어라, 포괄적인 지침을 주어라, 당신이 그들에게 요구한 일을 해낼 수 있는 자원을 가지고 있는지 확인하라 등등 긍정적인 리더십의 지침이 될 만한 것들이지요. 한 번은 웨스트포인트에 여성을 받아들이는 일로 빌이 엄청난 반대에 부딪혔습니다. 하지만 그는 확실한 결과를 얻기 위해 각계각층의 사람들을 어떻게 다루어야 하는지 잘 알고 있었습니다. 그의 모토는 '옳은 것을 하라.'였죠. 그는 언젠가 한 의원으로부터 자기가 해달라는 일을 하지 않으면 그 자리에서 몰아내겠다는 협박 편지를 받은 적이 있었습니다. 빌은 그 편지에 답장하지 않았습니다. 그렇게 할 수 있으면 그렇게 하라는 식이었죠. 그는 의지력이 매우 강한 사람이었습니다. 윤리적으로도 문제될 만한 것이 하나도 없었죠. 나는 그가 목소리를 높이는 것을 본 적이 없습니다. 그는 나에게 자기 사람들을 소중히 생각하고 보살펴야 한다는 가르침을 주었습니다."

몇 년 후 벤슨은 와이어하우저 컴퍼니(Weyerhaeuser Company)에서 연방·국제 업무 담당 부사장으로 일하며 브렘에게서 배운 긍정적인 접근법을 실천에 옮겼다.

"나는 와이어하우저 컴퍼니에서 근무한 18년 동안 그런 자세를 견지했습니다. 내가 초기에 고용한 몇몇 직원들은 내가 회사를 나올 때까지 내내 나와 함께 일했죠. 나는 누구든 회사를 도울 수 있다고 생각하는 사람은 실수에 대한 두려움 없이 그 아이디어를 실행하도록 격려하는 '노 리스크(no risk) 환경'을 만들었습니다. 항상 새로운 아이디어와 새로운 프로그램을 만들어내라고 말했죠. 효과적인 아이디어를 낸 사람에게는 보너스를 주겠다고 약속했습니다. 만약 일이 잘못되는 경우에는 '그래서 뭘 배웠나? 다음에는 어떻게 하면 좋겠나?'라는 질문을 던짐으로써 자신감을 잃지 않게 했습니다. 이 방법은 좋은 효과를 냈습니다. 그래서인지 내가 일을 시작한 지 얼마 되지 않았을 때 고용한 29세의 비서는 지금 워싱턴에서 큰 기업을 훌륭하게 운영하고 있습니다. 사람들에게 자신의 길을 가고, 성장할 기회를 주고, 자원을 공급하고, 어려움에 처했을 때 도와준다면 그들은 당신의 리더십을 소중히 생각하고 당신을 위해 모든 장애를 이겨낼 것입니다. 나는 군대와 사회 모두에서 이런 일이 일어나는 것을 직접 보았습니다. 긍정적인 에너지를 가득 채우는 것, 노 리스크 환경이 그 방법이라는 것을 굳게 믿습니다."

링컨 캐플란 2세(Lincoln Caplan II, WHF 79-80) 역시 펠로 기간 동안 벤슨과 유사한 경험을 했다. 그 대부분은 전임 WHF 콜린 파월 특유의 유머러스한 리더십 덕분이었다. 하버드 대학과 같은 대학 법학대학원을 졸업하고 현재 유명한 작가와 저널리스트로 활동하고 있는 캐플란은 펠로십 기간 동안 미국 에너지국 국장과 부국장을 위해 일한 10명의 참모 중 일원이었다. 그와 함께 일한 참모 중 하나가 에너지국장의 수석 참모 일을 맡기기 위해 군에서 차출한 콜린 파월이었다.

"펠로십 기간이던 1979년 여름에는 에너지 문제가 커다란 이슈였습니다. 주유소마다 몇 블록에 걸쳐 자동차가 늘어서 있었죠. 지미 카터 대통령은 에너지 문제가 정신적으로는 전쟁에 상응하는 문제라고 선언했습니다. 새롭게 시작한 에너지국에 배치된 것을 애국심을 발휘할 기회라고 느낄 정도였습니다. 나는 그 제안을 기꺼이 받아들였죠."

캐플란의 글 솜씨는 예산 편성을 위해 에너지국의 입장을 정리한 '미국

에너지 정책 실태 보고서(Posture Statement on U. S. Energy Policy)'라는 긴 서류를 만드는 데 유용했다. 이 젊은 펠로는 저마다 이 보고서를 통해 주목을 끌려는 부서들 때문에 에너지국 내부에서 다툼이 끊이지 않는 것을 목격했다. 갖가지 압력이 캐플란과 그의 동료들을 내리누를 기미가 보일 때마다 파월은 그들의 스트레스를 덜어주었다.

"팀 내에서 콜린 파월의 존재감은 대단했습니다. 파월은 내가 함께 일해 본 그 어떤 사람보다 경영과 리더십 기술에 유머를 잘 활용한 사람입니다. 그는 유머를 사용해 긴장을 없애고 논의의 방향을 재조정하고, 또 무엇보다 협동 정신을 이끌어냈습니다."


## 긍정적 에너지와 개방적 리더십으로
## 부하를 활용하라


일부 WHF의 경우 상관의 긍정적 에너지와 개방적 리더십 스타일이 아니었다면 팀의 일원이 되는 것조차 불가능했을지도 모른다. 린 쉥크(Lynn Schenk, WHF 76-77)의 경우가 그렇다. 샌디에이고의 변호사이자 열렬한 민주당원인 그녀는 제럴드 포드(Gerald Ford) 행정부 말기에 WHF로 선발되었다. 포드 대통령과 조지아 주지사인 지미 카터 사이의 대통령 선거전이 최고조에 달했고 백악관은 나라를 운영하는 한편 포드 대통령의 선거전을 위해 애쓰느라 정신이 없었다.

제리 브라운(Jerry Brown) 후보의 대리인으로 민주당 전당대회에 참석하기도 했던 쉥크는 부통령 넬슨 록펠러의 고문인 잭 베네먼(Jack Veneman)과 일할 기회가 있었다. 비록 포드 대통령은 록펠러가 아닌 캔자스 주 상원의원 밥 돌(Bob Dole)을 부통령 후보로 삼아 1976년 선거에 나섰지만 록펠러는 여전히 포드의 선거전을 기획했다. 쉥크가 록펠러를 처음 만난 것은 공화당 전당대회가 일주일밖에 남지 않은 시점이었다.

"그가 응접실로 나를 부르더니 굵직한 목소리로 이렇게 말했습니다. '이보게, 가을에 무슨 일이 일어나든 나는 부통령이 되지 않을 걸세. 하지만 지금부터 11월까지 나는 우리 당의 선거전을 도울 생각이네. 자네는 상당히 바빠질 테고 그걸 통해 많은 걸 배우게 될 걸세. 나와 함께 선거전에 뛰어들어보겠나?' 내가 민주당원이라고 밝히자 그는 의심스러워하면서도 내가 여전히 선거전에 참가해야 한다고 주장했습니다. 예스라는 대답이 나오는 데에는 일초도 걸리지 않았습니다. 나는 그때부터 두 달 반 동안 넬슨 록펠러와 함께 공화당을 위해 선거전에 뛰어들었습니다. 바로 얼마 전만 해도 민주당 전당대회에 참석했던 내가 말입니다. 부통령의 말이 옳았습니다. 나는 많은 것을 배웠습니다. 펠로십 기간 동안 넬슨 록펠러의 사무실에 있었던 것이 내 인생의 전환점이 되었습니다."

여론 조사는 포드가 뒤처진다는 결과를 내놓았지만 쉥크는 록펠러가 긍정적인 견해를 유지하는 데 깊은 감동을 받았다. 그의 열정은 흔들리는 법이 없었다. 그의 무한한 에너지가 모든 방을 가득 채웠다. 쉥크는 이렇게 말한다.

"그는 방 안에 에너지와 열정을 불어 넣었습니다. 헬륨이 채워진 것처럼 힘이 났지요. 자신이 하는 일에 엄청난 충성심과 신념을 가지고 있는 사람이었습니다."

쉥크 같은 열렬한 민주당 지지자를 선거 운동에 참여시킨 록펠러의 생각에 이의를 제기하는 사람들이 많았다. 하지만 그럼에도 불구하고 그는 쉥크에게 많은 일을 맡겼다.

"그는 처음부터 나를 수석 참모 회의에 참석하도록 했습니다. 8~10명의 수석 참모들이 점심을 먹기 위해 집무실에 있는 식탁에 둘러앉곤 했죠. 그는 자신에게 내가 필요하다는 말을 이런 식으로 표현했습니다. '그 일에 린을 참여시키게.' 그러곤 항상 '린, 여기로 와서 내 옆에 앉게.'라고 말했죠. 사람들은 그의 왼쪽 옆자리에 앉아 있는 나를 보면서 무의식적으로 내 존재를 받아들이게 되었습니다. 그는 정말 비범한 사람이지만 삼촌처럼 다정하고 개방적이었습니다."

1977년 1월, 지미 카터 대통령과 월터 먼데일(Walter Mondale) 부통령이 취임하자 쉥크는 상당히 다른 리더십 스타일을 가진 새로운 상관을 만나게 되었다. 그녀는 먼데일을 대단히 존경했다. 하지만 그는 그녀를 고위급 행사에 참석시키지 않았다.

"먼데일은 그 자리에 익숙하지 않았고, 넬슨 록펠러와는 아주 다른 인생의 단계에 있었습니다. 록펠러는 나이가 많고 정치적인 경력에서도 황혼기에 있었죠. 하지만 가는 곳마다 열정의 흔적을 남겼습니다."

WHF가 끝나고 캘리포니아로 돌아간 쉥크는 33세의 나이에 비즈니스·운송·주택부 장관으로서 제리 브라운 주지사의 각료가 되었다. 이후 하원의원에 선출되어 1993년부터 1995년까지 일했다. 1998년에는 캘리포니아 주지사 그레이 데이비스(Gray Davis)의 수석 참모로 임명되어 2003년까지 그 자리를 맡기도 했다.

제이미 플로이드, 밥 조스, 프레데릭 벤슨, 링컨 캐플란, 린 쉥크가 워싱턴 D. C.에서 펠로십 기간 동안 긍정적인 에너지의 힘에 대해 배운 것처럼 나 역시 그랬다. 한 번은 WHF의 공동 창설자인 존 가드너가 우리 클래스에게 연설을 한 적이 있었다. 그때 우리는 각자 질문할 기회를 얻었다. 내 질문은 이런 것이었다.

"훌륭한 리더의 자질 중 가장 중요한 것은 무엇입니까?"

나는 그가 성실성이나 역량, 용기, 낙관적인 자세 같은 것에 대해 말할 것이라고 생각했다. 하지만 그는 자신이 함께 일했던 모든 뛰어난 리더들이 가진 공통적인 특징은 에너지라고 말했다. 에너지가 없으면 리더는 자신이 계획한 일을 실현할 수 없다. 존 가드너에게 에너지는 가장 중요한 리더십 특성이었던 것이다. 가드너는 이렇게 말했다.

"신체적인 활력, 스태미나, 좋은 체격, 정신이 항상 건전해야 합니다. 에너지가 있어야 힘든 스케줄을 견딜 수 있고 함께 일하는 사람들에게 힘을 줄 수 있습니다. 그들은 당신의 활력으로부터 활력을 얻습니다. 거기에는 의심의 여지가 없습니다. 지친 지도자를 따를 사람은 없습니다."

신체적인 에너지는 정신적인 기민함을 가져다주고, 자신감을 북돋우고, 일을 완성할 수 있게 해준다. 페트레이어스 장군이 젊은 리더들에게 가르친 대로 리더십의 최우선 요건은 신체적인 건강과 건전한 라이프스타일을 통해 높은 수준의 에너지를 개발하는 것이다. 9·11테러가 발생했을 때 ABC 뉴스 보도를 맡았던 제이미 플로이드처럼 리더는 극심한 스트레스를 견뎌야 하는 경우가 많다. 따라서 아랫사람들에게 공감과 인내와 낙관적인 태도를 보여주기 위해서는 감정적인 여유를 갖고 있어야 한다.

훌륭한 리더는 조직의 에너지를 관리하는 사람이며 주위에 있는 모든 사람이 비범한 일을 성취하는 데 필요한 추진력을 공급하는 사람이라는 것을 항상 기억하라. 프레데릭 벤슨은 이것을 사람들이 실수로 인해 비난받지 않고 오히려 그것을 통해 교훈을 얻고 직업적으로 성장하는 문화, 즉 노 리스크 환경의 창조라고 말한다. 자신이 쉥크가 표현한 대로 주위 사람들에게 에너지를 불어넣어 고양시키는 넬슨 록펠러 같은 리더인지 차분히 돌아보라. 다른 사람으로부터 에너지를 빨아들이는 리더가 아니라 일터에 매일 긍정적인 에너지와 열정을 불어넣기 위해 애쓰는 유형의 리더가 되겠다는 결단이 필요하다.

제 13 장

---

# 리더는 다른 사람의
# 이야기를 경청한다

---

LEADERS ARE GREAT LISTENERS

" 다른 사람들보다 훨씬 잘 듣는 능력은 리더를 다른 사람과 구별시켜주는 특징
이다. 리더는 대표가 되어야 하고, 집단을 고무시키고 규합하는 역할을 해야
하며, 때로는 연합이나 합의를 이루어내는 사람이 되어야 한다. 하지만 조직
원의 말에 그리고 그들과 대립하고 있는 사람들의 말에 귀를 기울일 줄 모른
다면 파멸하는 길밖에 없다. 경청하는 태도를 갖지 못한 리더는 항상 중도에
서 길을 잃고 헤매게 마련이다. "

## 경청하는 자세로 상대방을 자기 사람으로 만든다

세자르 아리스테이귀에타(Cesar Aristeiguieta, WHF 02-03)는 더 나은 기회를 찾아 불과 15세의 나이에 혼자 고향 베네수엘라를 떠나 미국으로 이주했다. 그는 미국에서 자신이 찾던 것을 대부분 이루었다. 고등학교를 졸업한 후 아리스테이귀에타는 응급 구조사로 일하면서 전미스키패트롤협회(National Ski Patrol)와 미국적십자에 자원했다. 이어서 경찰 대학에 입학 허가를 받았고 최우등으로 경찰 대학을 졸업했다. 그는 경찰관으로 일하며 캘리포니아 주립 대학에서 수학했다. 졸업 후에는 서던캘리포니아 의과 대학에 입학했고, 졸업 후에는 응급의학과 레지던트가 되었다.

레지던트 생활을 끝낸 아리스테이귀에타는 의문이 생기기 시작했다. 곧바로 의사 생활에 뛰어들 만한 확신이 들지 않았던 것이다. 뭔가 다른 것을 하고 싶었다. 공공 서비스 분야에서 일을 하고 싶었다. 하지만 무슨 일을 해야 할지 정확히 알 수가 없었다. 아리스테이귀에타는 자신의 혼란스러운

239

감정을 친한 친구에게 털어놓았다. 마침 그 친구는 WHF 프로그램에 대한 이야기를 들은 터였다.

"그녀가 알려준 웹사이트 주소를 찾아보게 되었죠. 펠로십과 그들이 추구하는 것에 대한 설명을 자세히 읽고서 내가 지금까지 그 프로그램을 준비해왔다는 사실을 깨달았습니다."

아리스테이귀에타는 펠로십에 지원해 합격했다. 그리고 보건후생부 장관 토미 톰슨(Tommy Thompson)과 일하게 되었다.

톰슨 장관은 변호사로서 위스콘신의 주지사를 역임하고 25년간 주 의회 하원의원을 지내기도 했다. 하지만 의학 방면의 지식이 없었기 때문에 의료와 관련된 문제에 대해서는 늘 아리스테이귀에타에게 의견을 구했다. 아리스테이귀에타에게는 톰슨 장관의 스케줄에 대한 접근이 전면적으로 허용되었고 종종 장관과 함께 회의에 참석하기도 했다. 이 젊은 WHF는 오래지 않아 그의 상관으로부터 자신이 본받아야 할 중요한 리더십 특성을 발견했다.

톰슨 장관은 유난히 다른 사람의 이야기를 잘 경청하는 사람이었다. 아리스테이귀에타는 그 당시 자신이 대화를 주고받는 데 인내심이 다소 부족했다고 인정한다. 장관의 활동을 지켜보면서 아리스테이귀에타는 경청하는 자세가 톰슨을 더 유능한 리더로 만들고 있다는 사실을 깨달았다.

"내가 펠로였을 때는 소아 비만이 큰 이슈였습니다. 그 논쟁의 한 부분은 식품업계가 그 문제에 대한 책임이 있느냐 없느냐 하는 논의로 모아졌죠. 그 때문에 장관은 주요 식품업계 경영진들을 불러 소아 비만에 대한 의견을 교환했습니다. 회의가 시작되자마자 식품업계 사람들이 법적인 규제를 당할까봐 염려한다는 게 확연히 드러났고, 회의는 그들의 공격적인 태도로 인해 제가 불편함을 느낄 지경에 이르렀습니다. 그들은 법적인 규제는 정부의 역할이 아니며 그들의 사업에 개입해서는 안 된다는 의견을 장관에게 피력했습니다. 장관은 끈기 있게 자리에 앉아서 그들의 말에 귀를 기울였습니다. 한마디도 하지 않았습니다. 거의 한 시간 동안 자신을 방어하려는 어떤 시도도 하지 않았습니다. 단 한 번도 말입니다. 식품업계의 경영진들이 모두 말을 마친 후에 장관은 이렇게 말했습니다. '여러분들 이야기는 잘 들었습니다. 여러분이 걱정하시는 일이 무엇인지도 잘 이해했습니다. 그러면 이제 여러분의 업계가 이 공중 보건 문제를 해결하는 데 어떤 도움을 줄 수 있는지 말씀해주셨으면 합니다.' 그러곤 다시 자리에 앉아 그들의 말을 경청했습니다. 그러자 그들은 건강에 도움이 되는 재료를 추가하는 방법 등을 논의하고, 그걸 실천할 수 있는 방안에 대해 이야기하기 시작했죠. 이윽고 회의가 끝날 때는 분위기가 완전히 바뀌었습니다. 그들은 더 이상 장관을 공격하지 않았습니다. 오히려 만족스러워했고, 자신들이 대화를 주도했다는 느낌을 받았습니다. 실제로 그들은 당시 장관이 기대했던 것보다 훨씬 좋은 결과를 이끌어냈습니다. 그 회의를 통해 나는 경청하는 자세의 가치를 배우게 되었죠. 나는 응급의학협회(Emergent Medical Associates)의 응급 의료 서비스와 재난 대비 책임자로서 그리고 UC 데이비스 대학의 응급 의학과 부교수로서 일하며 그때의 교훈을 내 리더십 스타일과 통합시키기 위해 노력해왔습니다."

## 훌륭한 리더에게는
## 들리지 않는 것을 듣는 능력이 있다

아리스테이귀에타는 톰슨 장관의 경청하는 자세가 논쟁 상대방으로부터 신뢰를 이끌어내는 데 얼마나 큰 도움이 되는지 눈으로 확인했다. 한편 앞서 소개한 적이 있는 론 퀸시는 펠로십 기간 동안 그러한 교훈의 다른 측면에 대해 배웠다. WHF로 일하면서 그는 남아프리카공화국 지도자 넬슨 만델라와 알게 되었다. 만델라는 퀸시에게 상대가 신뢰할 만한 사람인지를 판단하기 위해서는 그의 말을 주의 깊게 들어야 한다고 일깨워주곤 했다. 리더의 훌륭한 도구 중 하나는 어떤 사람의 판단에 의존할 것인지 밝혀내는 능력이기 때문이다.

만델라는 퀸시에게 감옥에서 대화를 통해 몇몇 교도관들과 인간관계를 맺게 된 이야기를 해주었다. 물론 그 자신도 교도관에게 이야기를 했지만 더 중요한 것은 교도관의 말을 좀 더 잘 들어주었기 때문에 가능한 일이었다.

"만델라는 교도관의 이야기를 귀 기울여 들어주곤 했습니다. 그렇게 함으로써 바깥에 있는 자기 가족과 친구 그리고 동지들에게 중요한 메시지를 전달해줄 수 있는 믿음이 가는 사람인지를 판단했던 것이지요. 신뢰할 수 있는 교도관이 있는가 하면, 믿을 수 없는 사람이라는 신호를 보내는 교도관도 있었습니다. 그는 후자에 속하는 사람들과는 관계를 맺으려 하지 않았습니다. 만약 그가 실수를 저질렀다면 어떤 일이 벌어졌을지 상상해보십시오. 어쩌면 그의 조직이 와해됐을지도 모릅니다. 리더에게 경청하는 태도가 얼마나 중요한지 알 수 있습니다."

퀸시는 만델라의 이야기를 들으며 장래에 왕이 될 어린 왕자에게 지도자의 역할을 가르치라는 명을 받은 스승에 대한 중국 우화를 떠올렸다. 이 스승이 한 첫 번째 일은 왕자를 혼자 숲으로 보낸 것이었다. 스승은 왕자에게 숲에서 1년을 머무르게 한 다음 보고 들은 것을 설명해달라고 말했다.

"1년이 지나 돌아온 왕자는 새들이 지저귀고 나뭇잎이 바스락거리고 바람이 살랑거리는 소리를 들었다고 이야기했습니다. 그러자 스승은 왕자에게 다시 숲으로 돌아가 다른 소리를 더 듣고 오라고 시켰습니다. 더 많은 소리가 들릴 거라면서 말이죠. 왕자는 숲으로 돌아가 아주 오랫동안 앉아 있었습니다. 그런데 어느 날 아침 정말 뭔가 다른 소리가 들렸습니다. 그는 스승에게 돌아가 '들리지 않는' 소리를 들었다고 말했습니다. 꽃이 피어나는 소리와 태양이 대지를 따뜻하게 덥히는 소리를 말이죠. 스승은 고개를 끄덕이며 왕자가 마침내 왕권을 이을 준비를 마쳤다고 말했습니다. 훌륭한 리더가 되기 위해서는 들리지 않는 것을 듣는, 명백하게 드러난 것 이상을 파악하는 능력이 필요하기 때문입니다."

퀸시에게 경청의 가치를 가르쳐준 또 다른 리더는 마틴 루서 킹 목사의 미망인 코레타 스콧 킹 여사였다. 펠로 시절 킹 여사를 수행한 인연으로 그가 '비폭력 사회 변화를 위한 킹 센터'의 CEO이자 책임자가 되었을 때의 일이다. 킹 여사와 퀸시의 인터뷰는 두 시간 안에 끝낼 예정이었지만 결국 열 시간 동안 이어졌다.

"보스턴으로 돌아오는 비행기를 네 대나 놓쳤습니다."

퀸시는 웃으며 말을 이었다.

"킹 여사가 200명의 다른 후보자를 제치고 나를 선택했다고 말했죠. 나는 그 사실을 믿을 수가 없었습니다. 그래서 여사에게 말했죠. '그 말씀이 믿기지가 않습니다.' 그랬더니 그녀는 자신이 그런 결정을 하는 데 가장 큰 영향을 미친 것은 남아프리카공화국에서 보여준 내 태도였다고 했습니다. 그때 킹 여사의 말을 경청하고 효과적인 프로세스를 사용해 안전을 보장하면서 목표를 달성한 내 능력을 높이 평가했던 것입니다."

킹 센터에서 일하는 동안 퀸시는 FBI 책임자의 전화를 받았다. 그 책임자는 자신이 조만간 애틀랜타에 들를 테니 킹 여사를 만날 수 있게 해달라고 말했다. 퀸시는 킹 목사 가족과 FBI가 편치 않은 관계라는 것을 잘 알고 있었다. 그래서 그 제안을 거절하려 했지만 킹 여사는 기꺼이 FBI 국장을 만나겠다고 했다.

"킹 여사는 약속을 잡으라고 말했습니다. FBI 국장도 나만큼이나 놀랐죠. 하지만 그들은 아주 좋은 만남을 가졌습니다. 그로써 킹 센터는 비폭력 운동과 관련해 FBI와 일정 부분 공조하게 되었죠. 정말 놀라운 일이었습니다."

불화와 다툼을 접고 기꺼이 귀를 기울이는 킹 여사의 태도는 퀸시를 여러 번 놀라게 했다. 그는 킹 목사 암살범인 제임스 얼 레이(James Earl Ray)의 부인으로부터 전화가 왔던 일을 잊을 수 없다고 했다. 레이 부인은 남편이 감옥에서 그린 킹 목사의 초상화를 전해주고 싶어 했다.

"레이 부인은 그 그림이 그다지 좋은 작품은 아니라고 말했습니다. 나는 그것이 킹 여사에게 얼마나 민감한 부분인지 잘 알고 있었습니다. 그래서 여사에게 상황을 설명했죠. 그러자 여사는 좋은 그림이라면 관심을 가졌겠지만 이미 남편의 초상화를 많이 갖고 있기 때문에 받고 싶지 않다고 말했습니다. 이처럼 킹 여사는 열린 마음으로 다른 사람의 말에 귀를 기울이는 대단한 능력을 갖고 있었습니다."

## 경청은 조직 공동의 목표를 달성하는 데 도움을 준다

앞서 소개한 바 있는 미첼 리스 역시 펠로십 기간 동안 경청하는 자질이 리더의 능력을 얼마나 강화시키는지 직접 눈으로 목격했다. 리스는 국가 안보 보좌관이던 콜린 파월과 함께 일했다. 그는 반대 의견에 귀를 기울이는 것에서 그치지 않고 그것을 적극 권장하는 파월의 태도에 감탄한 게 한두 번이 아니었다.

"판단하기에 앞서 테이블에 올라온 모든 의견과 모든 옵션을 받아들이는 열린 마음이 있어야 사람들이 의견을 자유롭게 개진하지 못하고 자기 검열을 거치는 부작용을 막을 수 있습니다. 파월은 사람들에게 권력 앞에서도 진실을 말하라고 격려했습니다. 힘 있는 사람에게 그 사람이 듣기 싫어하는 말을 하는 것이 대단히 어려운 일이라는 것을 잘 알고 있었기 때문입니다. 파월은 문제가 커지기 전에 그 문제를 제기하도록 격려하는 문화가 없다면 그곳이 정부이든, 민간 부분이든, 학계이든, 연구소든 제 기능을 할 수 없다는 것을 잘 알고 있었습니다. 파월은 그 문제에 관한 한 대단히 탁월했습니다. 사람들로 하여금 진실을 말하지 못하게 하는 리더는 결코 유능한 리더가 될 수 없습니다."

리스는 정책의 진로를 바꿀 것을 요구하는 두 개의 간단한 서류를 파월에게 전달했던 일을 회상했다. 리스는 자신이 옳다고 확신하며 파월이 자신의 권고를 따를 것이라고 자신했다. 하지만 파월은 거의 30분에 걸쳐 리스의 논거를 조목조목 반박했다.

"이야기가 끝난 후, 파월은 내게 자기 말을 납득했는지 확인했습니다. 나는 기꺼이 '그렇습니다, 장군님.'이라고 대답했죠. 서류를 다시 받아들고 사무실을 나가려는데 파월이 나를 불렀습니다. 내가 돌아서자 그는 미소를 지으며 말했습니다. '계속 의견을 올려주게.' 나 때문에 30분이나 시간을 낭비했지만 자신에게 그와 같은 의견을 말해주는 사람이 많지 않았기 때문이죠. 일테면 내 의견에 동의하지는 않았지만, 가치 있는 일이라고 여겼던 겁니다. 바로 이런 자세가 세상의 모든 차이를 만들어내는 것이라고 생각합니다."

리스와 마찬가지로 빌 코터(Bill Cotter, WHF 65-66)도 펠로십 기간 동안 경청에 대한 귀중한 교훈을 배웠다. 코터는 상무부에서 고위 공무원과 일반 직원 사이의 가교 역할을 하는 프로젝트 팀에 임명되었다. 그 일을 하면서 그는 상무부 차관과 차관보 사이에서 나타나는 다양한 리더십 스타일을 보게 되었다. 일테면 가장 효과적인 리더십 유형을 명확하게 파악할 수 있었던 것이다.

"고위 공무원들은 대단히 명민하고 헌신적이었습니다. 자신들의 사명에 대해 깊이 생각하는 사람들이었죠. 하지만 부서의 어젠더에 가장 열정적인 직원은 자신의 상관과 가장 좋은 커뮤니케이션을 유지하는 사람들이었습니다."

차관과 차관보들은 정기적으로 해당 부서의 직원을 만나 의견을 교환하고 그들에게 여러 가지를 설명하고 아이디어를 취합했다.

"그들은 팀의 구성원이라는 의식이 강했고, 의견에 차이가 있을 때라도 상대방의 말에 귀를 기울이고 존중하는 마음을 가져야 하며 그들의 주장이 채택 불가능한 이유를 설명해야 한다는 것을 알고 있었습니다. 조직 전체에 사람들의 말에 주의 깊게 귀를 기울이는 문화가 있었죠. 어떤 의견을 선택한 이유를 제대로 전달하는 것은 많은 사람을 한데 모아 공동의 목표를 달성하는 데 도움을 줍니다. 조직 내에서 그들의 지위가 무엇인지를 막론하고 말입니다."

코터는 펠로십을 마친 후 자신이 이끄는 모든 조직에서 매주 스태프 회의를 열어 자신이 최우선 순위로 삼는 문제를 상세하게 전달했다. 뿐만 아니라 사람들의 말에 귀를 기울이고 그들의 염려와 그들이 가진 아이디어를 듣는 기회로 삼았다

## 사람들에게 기탄없이
## 자기 의견을 피력하도록 하라

펠로십 기간 동안 내무부에서 일한 리처드 노던(Richard Northern, WHF 79-80)은 자신의 상관이었던 세실 앤드러스(Cecil Andrus) 내무장관이 경청의 기술을 이용해 자신의 부서가 그리고 더 정확하게는 미국이 당면한 중요한 논쟁을 해결하는 모습을 볼 기회를 얻었다. 켄터키 출신의 법률가인 노던은 자기 상관을 대단히 존경했다.

"앤드러스는 내무부 장관처럼 보이지 않았습니다. 키가 크고 건장한 사람으로 양복을 입은 모습보다는 말에 올라탄 모습으로 사진 찍는 것이 더 어울릴 법했죠. 그는 내게 나 자신이 아닌 나의 일을 진지하게 생각하라고 가르쳤습니다. 대단히 높은 지위에서 큰 책임을 맡고 있는 사람이었지만 워싱턴 특유의 오만함이 전혀 없었지요. 자기 자신에게만 몰두하는 그의 모습을 한 번도 본 적이 없습니다. 그는 내무부 소프트볼 팀에서 일루수를 맡기도 했죠. 그의 운전사 역시 그 팀에 속했습니다. 앤드러스는 운전사를 대할 때도 차관보를 대할 때와 똑같은 태도를 취했습니다. 어쩌면 운전기사가 고위 공무원들에 비해 운동을 더 잘했기 때문인지도 모르지만요."

아이다호의 유력한 주지사로 4차례나 재임한 앤드러스는 자신의 젊은 펠로에게 미국에서 가장 크고 가장 비용이 많이 드는 수력 이용 시스템, 즉 '센트럴 애리조나 프로젝트'에서 일하는 중요한 임무를 맡겼다. 이 프로젝트의 가장 중요한 과제는 540킬로미터에 달하는 운하를 건설해 콜로라도 강의 물을 피닉스와 투싼으로 보내는 것이었다. 이 과정에서 내무부는 이해 당사자, 즉 도시민과 농민 그리고 아메리카 원주민에게 어떤 식으로 한정된 물을 공급할지 여부를 결정해야 했다.

"임기가 끝나기 전에 이 분배 문제를 매듭짓는 것이 그의 가장 중요한 임무였습니다. 그 때문에 나도 이 문제에 깊이 관여하고 있었죠. 앤드러스 장관은 아메리카 원주민 땅의 수탁자로서 옳은 일을 하기로 마음먹었습니다. 그는 이 세 이해관계 집단의 의견에 귀를 기울였습니다. 모두가 물에 대한 권리를 강력히 주장했죠. 당시로서는 아메리카 원주민 측의 이해관계보다는 도시민의 입장이나 농민의 입장이 정치적으로 훨씬 큰 힘을 가지고 있었습니다. 쉬운 방법은 지하수 개선을 요구하지 않고 도시민과 농민에게 큰 배당을 준 후 정치적으로 약자인 아메리카 원주민들에게는 작은 배당을 주는 것이었습니다. 하지만 장관은 그런 방식을 취하지 않았죠. 그는 모두의 주장을 들은 후, 아메리카 원주민에게 할당된 권리를 늘렸습니다. 애리조나에서는 그 권고안이 아메리카 원주민들에게 편파적이라고 생각했지만, 앤드러스 장관에게 중요한 것은 아메리카 원주민 땅의 수탁자로서 옳은 일을 하는 것이었습니다."

앤드러스는 매주 오전 8시에 참모 회의를 열었다. 겨울이면 차관보나 차관, 주요 참모가 도착하기 전에 일찍 회의실에 나와 벽난로에 불을 지폈다. 사람들이 벽난로 주위로 모이면 앤드러스는 각자에게 관심사나 걱정, 아이디어, 좋은 성과 등 함께 나누고 싶은 어떤 이야기든 하라고 청하면서 회의를 시작했다.

"장관은 다른 의견을 가진 경우도 분명 있었을 것입니다. 하지만 그는 항상 다른 사람을 존중했고 그들의 의견에 귀를 기울였으며 한시도 내무부 장관으로서 취해야 할 태도를 잃지 않았습니다. 그는 누구나 장관이 귀를 기울여줄 것이라는 확신을 가지고 기탄없이 자기 의견을 말할 수 있는 분위기를 만들었고, 그로써 아주 유능한 리더가 될 수 있었습니다. 펠로십이 끝나고 켄터키 주 루이스빌로 돌아온 나는 그 교훈을 마음에 새겼습니다. 그 교훈은 특히 내가 루이스빌의 두 보건 의료 조직인 유대교 병원과 켄터키 최대의 가톨릭 병원 '카리타스 헬스 케어(Caritas Health Care)'를 합병시키는 복잡한 프로젝트를 진행할 때 유용했습니다. 아주 다른 문화를 가진 이들 두 조직의 합병은 대단히 매력적이면서도 어려운 모험이었습니다. 하

249

지만 우리는 '유대교 병원 & 세인트 메리 헬스 케어 시스템'이라고 알려진 이 통합 작업을 완성시킬 수 있었습니다. 내가 WHF 기간에 배웠던 많은 교훈이 그러한 도전에 맞설 힘을 주었다는 데는 의심의 여지가 없습니다."

보건 의료 조직 합병 같은 공동체 프로그램에 참여한 덕분에 노던은 2007년 '루이스빌 커뮤니티 리더(Louisville's Community Leader)'로 선정될 수 있었다.

## 리더는 사람들을 옳은 길로도
## 그른 길로도 인도할 수 있다

리처드 노던의 상관이 일관적이고 느긋한 리더십 스타일을 보여준 반면 알렉산더 로드리게스(Alexander Rodriguez, WHF 80-81)는 워싱턴에 있는 동안 완전히 상반된 두 명의 상관을 만났다. 로드리게스는 에머리 의과 대학에서 학위를 받은 정신과 의사였다. 보건복지부에서 일하게 된 그는 그곳에서 주로 마리엘 보트 리프트(Mariel Boat Lift)라고 알려진 방법으로 미국에 들어온 쿠바 난민 수천 명의 정착과 관련된 사무를 맡았다. 그의 상관은 퍼트리샤 해리스(Patricia Harris) 장관이었다. 흑인 여성 최초로 각료가 된 이 작은 몸집의 여성은 강력한 스타일로 잘 알려진 자신의 멘토 린든 존슨으로부터 리더십 기술을 배웠다.

"퍼트리샤 해리스 장관은 몸집은 작았지만 아주 강직했고, 어느 곳이든 들어서는 방마다 분위기를 장악했습니다. 어떤 모임에서든 주도권을 잡았죠. 그녀가 장관이기 때문만이 아닙니다. 곧은 자세와 과단성 있는 발걸음, 큰 음성을 비롯해 그녀의 리더십에서 풍기는 '존재감'이 그만큼 컸기 때문입니다. 말을 할 때면 자신의 생각을 강하고 분명하게 표현했죠. 종종 손을 허리에 올리고 말입니다. 그녀는 몸짓으로 이렇게 말했습니다. '내가 리더다. 그러니 모두 내 말을 들어라.' 마치 조지 패튼(George Patton) 장군 같은 위풍당당한 전장의 영웅을 떠올리게 했습니다. 해리스 장관은 모든 회의 때마다 달성하고자 하는 목표에 대한 명확한 어젠더와 분명한 전략을 가지고 임했습니다."

경험 많은 변호사에 법학대학원의 학장이기도 했던 퍼트리샤 해리스는 언제나 기민하게 행동했고 자신의 생각을 가감 없이 정확하게 진술했으며 다른 사람에게 자신의 논리를 이해시키고 자신의 계획에 동의하게끔 만드는 데 능란했다. 그녀가 로드리게스에게 가르쳐준 가장 중요한 교훈은 논의와 협상을 통해 파워 포지션을 확보하는 것이었다.

"보통 사람들은 인사를 나누고 본격적인 회의를 시작하기 전에 약간의 대화를 주고받죠. 하지만 150센티미터에 불과한 몸집을 가진 그녀는 곧바로 신랄한 말을 억수같이 쏟아냈습니다. 반대 의견을 가졌던 사람도 방어할 힘을 잃게 되죠. 인사가 끝나고 나면 조용히 차를 한 잔 대접합니다. 그 후에는 알파 우먼인 그녀가 논의를 지배하게 되죠. 처음 이 모습을 보았을 때 나는 사무실 커튼 뒤로 숨고 싶은 심정이었습니다. 공식적인 자리에서 그런 태도를 보는 것은 처음이었거든요. 다음 폭격이 나에게 떨어질까봐 겁이 났죠."

얼마 후 해리스는 로드리게스를 개인적으로 불러 린든 존슨이 논란을 해

소시키기 위해 재빨리 주도권을 잡는 기법을 알려주었다고 말했다. 로드리게스는 해리스 장관을 좋아했지만 그녀에 대한 염려도 컸다.

"정신과 의사인 나는 내 몸과 마음의 소리에 귀를 기울이라고 훈련을 받았습니다. 나와 함께하는 사람들에게 어떤 느낌을 받는가? 이는 그들이 나와 커뮤니케이션하는 방식이나 내가 그들에게 반응하는 방식에 영향을 줍니다. 나는 신뢰감을 정립하는 그녀의 접근 방법이 내 개인적인 스타일과 다르며 나에게는 잘 맞지 않을 것이라고 판단했습니다. 특히 내가 활동하는 분야에서는 신뢰와 존중이 협상의 중요한 요소니까요."

지미 카터 대통령이 재선에 실패하고 로널드 레이건 대통령이 백악관에 입성하자 로드리게스는 보건복지부에서 새로운 상관을 맞게 되었다. 리처드 '딕' 슈바이커(Richard 'Dick' Schweiker) 장관이었다. 로드리게스는 자신과 슈바이커가 비슷한 성격이라는 것을 발견하고 안도했다.

슈바이커는 상황을 기민하게 관찰하고 남의 말에 귀를 기울이며 팀을 중시하는 리더였다. 리더로서의 결단이 필요한 때면 자기 사람들로부터 정보를 구해 그들과 함께 논의했다. 그리고 공동의 힘이 결집된 결정을 내리기 위해 팀을 이끌었다. 슈바이커는 정보를 모으고 분류하는 데 잘 정비된 방법론적 접근법을 채용했고 성급한 젊은이인 로드리게스가 새로운 수준의 비판적 사고를 할 수 있게끔 이끌어주었다.

로드리게스는 이렇게 말한다.

"슈바이커는 내가 일을 준비하는 데 있어 사고력 그리고 때로는 열정을 힘껏 발휘하지 않는다고 계속해서 충고했습니다. 대단히 효과적이고 무리 없는 방법으로 말입니다. 그는 내게 사람들의 말에 귀를 기울이고 면밀한 조사를 통해, 생각의 구체화를 통해, 결정을 하는 데 가장 중요한 요소를 추려내는 일을 통해 정해진 시간 안에 효과적으로 우선순위를 정하고 의견의 일치를 보도록 이끄는 의사 결정에 대해 많은 것을 가르쳤습니다. 이것이 이후의 내 직업적인 삶이나 개인 생활에서 큰 도움이 되었습니다. 펠로십 기간 동안 '위대한 사회의 의료와 사회 서비스 프로그램'에 대한 예산 삭감 계획을 두고 행정관리예산국과 몇 개월에 걸친 싸움을 벌이면서 나는 슈바이커 장관이 상대방에게 성실성, 존엄성을 전달함으로써 협상에 힘을 불어넣는 것에 깊은 인상을 받곤 했습니다."

현재 하모니 비헤이비어럴 헬스(Harmony Behavioral Health)의 수석 의료관이자 의료 자문의로 일하고 있는 로드리게스는 언젠가 의료 조직의 리더가 될 꿈을 갖고 있었기 때문에 슈바이크로부터 많은 것을 배울 수 있었다. 그는 자신이 지휘하게 될 사람들과 프로세스에 대해 이해하고, 그러한 수준의 이해를 가능케 하는 중요한 도구가 사람들의 말에 적극적으로 귀를 기울이는 것임을 배웠다. 경청하는 자세는 화자의 말 그 이상을 이해하려는 노력을 수반한다. 사람들의 말에 적극적으로 귀를 기울이는 것은 화자의 이야기를 잘 듣고 있을 뿐만 아니라 그 느낌을 잘 받아들이고 있다는 것을 보여주는 반응을 포함한다.

해군 예비역이기도 한 로드리게스는 군대야말로 왜 그런 기술이 그렇게 중요하며 왜 모든 리더가 그 기술을 배워야 하는지 보여주는 좋은 본보기라고 말한다.

"베트남에서의 경험 이후 우리가 배운 한 가지 교훈은 전장이나 기업에서 최고의 현장 지도자는 삶과 죽음을 가르는 결정을 하기 전에 중간 관리자들의 말에 적극적으로 귀를 기울이는 사람들이라는 것입니다. 리더십의 목표는 집단을 전적으로 민주적인 과정을 통해 지도하는 것이 아닙니다. 하지만 생존을 위한 팀워크와 관련해 공동의 목표를 향해 나아가도록 사람들을 이끌기 위해서는 헌신과 명확한 계획이 있어야만 합니다. 일반적인 상황에서도 리더는 명확한 목표를 유념하고 적극적인 경청의 자세를 가짐으로써 목표를 가장 잘 달성할 수 있습니다. 팀이 효과적인 역할을 하기 위해서는 리더를 비롯한 각 구성원이 집단의 아이덴티티와 목표를 위해 이기심을 일부 희생하는 것이 꼭 필요합니다."

로드리게스는 계속해서 말한다.

"또 효과적인 리더십은 집단의 각 구성원이 공동의 집단 니즈를 위해 자기애적인 니즈를 버리도록 할 수 있는 비범한 재능을 필요로 합니다. 이는 웅변술, 자기의 가치나 목표에 대한 의식을 고취하는 것, 순수한 욕심이나 부정적인 자기애적 니즈에 호소하는 것 등 여러 방법을 통해 이루어질 수 있습니다. 리더는 사람들을 옳은 길로도 그른 길로도 인도할 수 있습니다. 리더는 사람들을 높은 사회적 수준으로 혹은 범죄 행위와 같은 낮은 사회적 수준으로 이끌 수도 있습니다. 운 좋게도 나는 슈바이커 장관을 비롯해 높은 수준의 집단 목표를 추구하는 롤 모델을 가질 수 있는 행운을 누렸습니다. 그는 모든 유능하고 영감을 불러일으키는 리더들과 마찬가지로 적절한 몸가짐과 긍정적인 사회적 가치를 중시했습니다. 다른 사람 특히 자신과 의견을 달리하는 사람까지 포용하는 진정한 리더였습니다."

## 가장 중요함에도 가장 과소평가하는
## 리더십 기술이 바로 경청이다

작가이자 정치과학자이며 교육자이기도 한 토머스 크로닌(Thomas Cronin, WHF 66-67)은 경청하는 태도가 효과적인 리더십에 없어서는 안 될 요소라고 말하는 로드리게스와 의견을 같이한다. 크로닌은 펠로십 기간의 대부분을 백악관 공보 비서관 빌 모이어즈 곁에서 일하며 그의 멘토인 존 가드너와도 친밀한 사이가 되었다. 크로닌은 경청을 '귀로 하는 곁눈질'이라고 말한다. 그리고 가장 중요함에도 불구하고 가장 과소평가되고 있는 리더십 도구가 바로 경청이라고 말한다.

"다른 사람들보다 훨씬 잘 듣는 능력은 리더를 다른 사람과 구별시켜 주는 특징입니다. 리더는 대표가 되어야 하고, 집단을 고무시키고 규합하는 역할을 해야 하며, 때로는 연합이나 합의를 이루어내는 사람이 되어야 합니다. 하지만 조직원의 말에 그리고 그들과 대립하고 있는 사람들의 말에 귀를 기울일 줄 모른다면 파멸하는 길밖에 없습니다. 경청하는 태도를 갖지 못한 리더는 항상 중도에서 길을 잃고 헤매게 됩니다. 이것은 고전에서도 언급한 교훈입니다. 예를 들어, 소포클레스(Sophocles)의 《안티고네(Antigone)》는 실은 경청에 대한 이야기입니다. 그리고 셰익스피어의 많은 희곡 역시 경청하고 이해하고 평가하는 능력에 대한 이야기입니다."

여러분은 팀원에게 그들의 생각이나 제안도 묻지 않고 성급하게 명령을 내리는 리더를 만난 적이 있을 것이다. 공통적인 판단이나 주안점 같은 것도 없다. 그리고 팀원들은 회의가 끝난 후 음료수 자판기 앞에 모여서 이렇게 푸념한다. "우리가 무슨 생각을 하는지에는 전혀 관심이 없다니까." "일단 보스가 마음을 먹으면 그것으로 끝이야." "일이 잘 안 될 게 뻔하니까 나는 적당히 해두겠어."

만약 리더가 명확한 목표를 가지고 자신의 팀원에게 정보를 구하고 그들의 말에 귀를 기울였다면, '정말로 그들의 말을 경청했다면' 팀원들이 헌신할 수 있고 정말 실현될 것이라고 믿는 자신만의 계획을 개발하도록 고무시킬 수 있을 것이다.

세자르 아리스테이귀에타, 론 퀸시, 미첼 리스, 빌 코터, 리처드 노던, 알렉산더 로드리게스, 토머스 크로닌은 모두 WHF 동안 가장 유능한 리더는 자기 팀원의 목소리에 귀를 기울일 뿐 아니라 그 뒤에 숨은 귀중한 의미를 헤아리는 데 시간을 할애하는 사람들이라는 것을 배웠다.

제 14 장

---

# 리더는
# 설득력이 있다

---

LEADERS ARE PERSUASIVE

" 리더로서 여러분의 성공은 일을 성사시키는 능력에 달려 있다. 설득력은 사람들로 하여금 자신이 현재 지키고 있는 입장에서 다른 입장으로 움직이게 만드는 데 필요한 필수적인 자질이다. 자신의 입장을 표현하기 이전에 모든 면에서 당신의 제안을 자세히 고려해보라. 직접 나서서 여러분이 설득하고자 하는 사람들을 만나고, 여러분의 입장에 대한 그들의 의견을 듣고, 그들로 하여금 건설적인 피드백을 제공하도록 하라. 그럼으로써 당신의 최종적인 제안이 그들의 이해관계를 반영하도록 해야 한다. "

## 설득하고 싶다면 참여시켜라

WHF로 선발되었을 때 존 맥긴티(John McGinty, WHF 67-68)는 라이스 대학과 프린스턴 대학에서 학위를 받은 젊은 건축가였다. 건축가로는 WHF 에 선발된 사람 중 최초이자 유일한 사람이었다. 내무부에 파견되어 스튜 어트 유댈 장관과 일하게 된 맥긴티에게는 자신의 직업적 통찰력과 개인적 시각을 한층 넓힐 수 있는 몇 가지 중요한 임무가 주어졌다. 그는 링컨 대 통령이 암살된 역사적 장소인 포드 극장(Ford's Theatre)의 복구 사업에 참가 했고, 유댈의 연설문 작성과 저술 작업을 도우면서 디자인과 기획에 대한 신선한 아이디어를 도입했다. 또 개발 이니셔티브에 대한 조사와 보고를 위해 버진 제도(Virgin Islands)와 태평양 제도(Pacific Trust Territories)에 파견 되기도 했다.

이후 맥긴티는 자신이 배운 어떤 교훈보다 중요한 리더십 교훈을 가르쳐준 임무를 맡게 되었다. 1968년 초여름 마틴 루서 킹 목사가 암살당한 후 킹 목사의 가까운 동료였던 랠프 아버나시(Ralph Abernathy) 목사는 빈민 운동(Poor People's Campaign)을 실천에 옮겼다. 이 운동은 가난한 사람들의 일자리와 주택, 음식에 대한 접근권을 보장하는 경제 권리 장전(Economic Bill of Rights)을 지지하는 워싱턴 D. C.의 대규모 '연좌 농성'으로 이어졌다.

"수천 명이 걸어서 또는 상징적인 노새 수레를 타고, 버스를 타고, 비행기를 타고 모여들었습니다. 미국 전역에서 온 사람들이었지만 주로 남부에서 온 사람들이 많았지요. 그들의 목적지는 워싱턴 중심부에 있는 내셔널 몰(National Mall)이었습니다. 민권 운동에 진전이 있을 때까지 그곳에서 캠핑을 할 작정들이었죠."

맥긴티는 당시의 일을 이렇게 회상한다.

"내셔널 몰은 국립공원으로서 내무부의 관리와 감독 하에 있었습니다. 유델 장관은 많은 사람들의 주장대로 그러한 점거를 저지하기보다는 그 운동을 기꺼이 받아들여 국립공원을 적절히 이용하도록 하는 용기 있는 결단을 내렸습니다. 그는 나에게 민권 운동 캠프를 매일 조사하고 혹시 발생할지도 모를 문제를 보고하는 일을 맡겼습니다. 이미 예상한 바였죠. 나는 건축가였고 도시 계획과 합판 바닥 텐트에 대해 지식이 있었으니 말입니다."

불행히도 보고해야 할 문제가 너무도 많았다. 끊임없이 비가 와서 늘어선 텐트 사이에 임시로 만든 통로가 사람이 지나다닐 수 없는 수렁으로 변했다. 포트 에이 캔즈(Port-A-Cans)에는 아무런 서비스도 미치지 못했다. 진달래는 진흙 속에서 밟혀 뭉개졌다. 링컨 기념관(Lincoln Memorial) 앞의 리플렉션 풀(reflection pool)은 민권 운동 단체의 욕조가 되었다. 맥긴티가 유델에게 전하는 매일매일의 보고는 점점 음침하고 진력나는 것이 되어갔다.

그 운동에 희생의 가치가 있다는 유랠의 확고한 신념만이 그러한 고통을 덜어주고 있었다. 수주일 동안 시위자들은 경제 권리 장전을 통과시키기 위해 정부를 압박했다. 그들은 데모를 하고 사람들의 주의를 끌기 위해 시민 불복종 운동을 벌였다. 하지만 곧 집단의 리더십에서 내부적인 문제가 발생했다. 〈뉴욕 타임스〉는 내셔널 몰의 오물 더미 속에서 살고 있는 시위자들과 시내의 편안한 호텔에서 머물고 있는 아버나시를 비롯한 고위 관계자들 사이에서 불화가 생겨나기 시작했다고 보도했다.

이 집단에 대한 의회와 백악관의 지지가 약화되기 시작했다. 〈뉴욕 타임스〉의 기자는 "그들 중 한 사람이 이르듯이 '대단히 가망 없는 상황에서도 빈민 운동에 가능한 한 최대의 승리'를 안겨주기 위해 주의를 기울이고 있는 존슨 행정부의 많은 고위 관료들을 포함한 걱정스러운 관찰자들…."이라는 기사를 썼다. 그러던 중 1968년 6월 5일 민권 운동의 영웅으로 사랑받던 로버트 케네디 상원의원이 암살당했다. 시위자들의 사기는 곤두박질쳤다. 텐트촌은 물론이고 워싱턴 D. C. 전역에 폭력이 난무했다. 미국 국민과 존슨 행정부, 입법자들은 빈민 운동으로부터 등을 돌렸다. 고배를 마신 시위자들은 집으로 돌아갔다. 맥긴티는 당시의 상황을 이렇게 말한다.

"마지막 날 저녁이 되자 텐트촌은 황량하게 버려졌습니다. 내셔널 몰에는 풀 한 포기 없는 진흙탕과 산처럼 쌓인 캔버스 천과 합판, 살림의 잔해들만 남았습니다. 그 참담한 광경을 보면서 나는 빈민 운동이 왜 실패했는지 생각해보았습니다. 리더십을 정비하는 데 시간을 들였다면 목적을 성취했을지도 모릅니다. 강하고 폭넓은 지지층 기반을 만들었다면 온갖 방해를 극복하고 결국 목적의 일부라도 실현할 수 있었을 겁니다."

　빈민 운동은 맥긴티의 안목을 넓혀준 사건이었다. 그는 또한 이 일을 통해 자신의 상관인 스튜어트 유댈을 유심히 관찰함으로써 귀중한 식견을 얻을 수 있었다. 유댈은 문제 해결에 대한 창의적인 접근법과 날카로운 지성을 갖추고 있었다. 그는 모든 상황에 열의 있게 대처했고 가장 좋은 의미로 이상주의자였다. 하지만 그에게는 자신을 더욱 유능한 리더로 만들어줄 수 있는 한 가지 지극히 중요한 자질이 부족했다. 그것은 상대방을 설득하는 카리스마였다.

　스튜어트는 매력적이고 외향적인 자신의 형제이자 애리조나 주의 하원의원인 모 유댈(Mo Udall)과 정반대로 대단히 내향적인 인물이었다. 모의 재치와 매력은 가히 전설적이었던 반면 스튜어트는 조용하고 사려 깊은 사람이었다. 그의 진보적이고 때로는 혁명적이기까지 한 아이디어를 사람들로 하여금 받아들이게 하는 데 어려움을 겪는 경우가 많았다. 모 유댈이 1976년 민주당 대통령 후보 지명전에서 지미 카터에게 승리를 내줬을 때 칼럼니스트 제임스 킬패트릭(James Kilpatrick)은 그가 '대통령이 되기에는 너무 재미있는 사람'이기 때문에 패배했다고 표현하기도 했다. 1988년 여전히 애리조나 주의 명망 있는 하원의원으로 있던 모 유댈은 킬패트릭의 말을 인용해 자기 자서전의 제목을《대통령이 되기에는 너무 재미있는(Too Funny to Be President)》이라고 지었다. 많은 사람들은 미 하원의원으로 14번이나 당선된 모 유댈이 비교적 젊은 나이에 불치의 파킨슨씨 병 진단을 받지 않았다면 대통령직에 올랐을 것이라고 생각한다. 빈민 운동과 함께 맥긴티에게 "훌륭한 리더가 되려면 다른 사람을 설득하는 능력을 길러야 한다."는 가장 중요한 리더십 교훈을 가르쳐준 것은 이 두 형제 사이의 극명한 차이점이었다.

펠로십 기간이 끝나자 맥긴티는 휴스턴으로 돌아갔다. 그곳에서 다시 건축 회사 일을 시작했다. 각종 수상 경력에 빛나는 뛰어난 디자인과 교직, 저술 활동, 건축 디자인에 대한 의회 증언 덕분에 그는 전국적인 주목을 받게 되었다. 1976년에는 미국건축협회(American Institute of Architects, AIA)의 초대 회장으로 선출되기도 했다. 맥긴티가 이 협회의 회장이 된 것은 몇 가지 사회 운동이 AIA에 영향을 주고 있을 때였다. 그중 하나는 랠프 네이더(Ralph Nader)가 이끄는 소비자 보호 운동이었다. 네이더의 민중 운동은 독점과 가격 속임수, 약탈적 가격 그리고 건전한 경쟁 시장의 수립과 유지를 위협하는 요소들로부터 소비자를 보호하기 위해 고안된 독점금지법에 새롭게 초점을 맞추었다.

"아주 오랫동안 건축가들은 요금을 기초로 경쟁을 금지하는 윤리 규범을 가지고 있었습니다. 정해진 요금 명세서를 가지고 있었던 거죠. 법무부는 AIA에 이 모든 관행을 중지할 것을 명했습니다. 그와 동시에 AIA에는 직접 건설에 참여하는 등 사회에서 새로운 역할을 찾는 건축가들이 많이 생겨나고 있었습니다. 그것 역시 금지되었던 것이죠. 이후 환경 운동과 민권 운동 등이 부각되었습니다. 직업의 폭을 다양하게 넓히고 한층 많은 여성과 소수 민족을 받아들이려는 움직임도 있었습니다. 그때까지 건축은 백인 유산계급(有産階級)의 직업이었으니까요."

변화의 시기가 도래했다고 생각한 맥긴티는 AIA가 직면한 이 모든 새로운 트렌드를 지지하는 입장에 있었다. 그는 지금까지의 건축 관행을 현대화해 소비자 중심주의와 환경 보전 같은 사회적 트렌드에 초점을 맞추기로 했다. 그리고 AIA의 회장에 당선되자마자 곧 기존의 관행에 대한 일련의 결의안을 제안했다.

"젊은 패기에 모든 것을 잘 알고 있다고 생각한 나는 모두가 내 생각에 동의할 것이고 우리가 하룻밤 사이에 우리의 직업을 개혁하고 혁명을 일으킬 것이라고 확신했습니다. 하지만 내 생각은 틀렸습니다. 모든 것이 부결되었죠. 윤리 규범을 다시 쓰고 회원의 자격과 프로페셔널리즘을 재정의하려던 나의 노력은 모두 수포로 돌아갔습니다."

젊은 회장 당선자는 조직에 혁명을 일으키려는 자신의 시도가 실패했다는 것을 믿을 수 없었다. 어디에서 무엇이 잘못되었는지를 생각하던 중 그는 자신 역시 빈민 운동 지도자들과 같은 실수를 저질렀다는 사실을 깨달았다. 그는 아이디어를 실현하기 위해 견고한 기반을 마련하는 데 시간을 할애하지 않았다. 설득의 힘을 이용하지 않았던 것이다.

"나는 실수를 깨닫자마자 회장직에 있는 동안 개혁이 일어날 수 있도록 모든 열정을 바치겠다고 결심했습니다. 그때부터 개혁을 위한 좀 더 큰 지적 기반을 마련하고 좀 더 폭 넓은 지지층을 확보하는 데 힘썼습니다."

맥긴티는 AIA 내부의 변화를 꾀하는 일에 착수했다. 그리고 엔지니어처럼 업계와 관련된 전문가 그리고 젊은이에서 베테랑까지 망라하는 다양한 견해와 경험을 가진 사람들로 이루어진 프로젝트 팀을 조직했다. 그는 전국을 여행하면서 지역 건축가 집단과 만나 윤리 규범 개혁에 대한 그들의 의견을 들었다. 그리고 마침내 회원들의 정보를 기초로 새로운 결의안을 마련했다.

"1년 뒤 내가 제안한 개혁안이 압도적으로 가결되었습니다. 그것은 지난번보다 더 훌륭한 결의안이기도 했습니다. 더 주의 깊게 고안되었고 더 사려 깊게 만들어졌으니 말입니다. 내가 배운 교훈은 사람들을 설득하고 싶다면 그들을 참여시키라는 것입니다. 부대를 남겨두고 혼자 돌진하는 것은 불가능합니다."

## 설득은 상대방을 움직이게 만드는 필수적인 자질이다

로버트 '버드' 맥팔레인(Robert 'Bud' Macfarlane, WHF 71-72)은 WHF로서 이러한 교훈을 배우고 그것을 냉전을 평화적으로 종식시키는 데 직접 응용한 인물이다. 맥팔레인은 맨 처음 닉슨 대통령의 법률 고문 클라크 맥그레거(Clark McGregor)와 일하라는 명령을 받았으나 맥그리거가 닉슨의 재선위원회 책임자가 되어 자리를 떠나면서 닉슨 대통령의 의회 연락책인 빌 티몬즈(Bill Timmons)와 일하게 되었다. WHF로 선발된 최초의 해병대원이기도 한 맥팔레인은 두 차례 베트남 원정에 참여했다. 첫 원정에서 그는 베트남에 상륙한 제1포병대를 지휘했고, 두 번째 원정에서는 유난히 치열하고 길었던 베트콩의 구정 공세(Tet offensive) 동안 제3해병사단의 연대 화기 지원 협조관으로 참여했다.

맥팔레인은 펠로십 기간 동안 닉슨 대통령과 그의 보좌관들(미국 국민들에게는 잘 알려지지 않은)이 중화인민공화국과의 문호를 확대하기 위해 어떻게 그 토대를 마련하는지 지켜보았다. 미중 관계는 수십 년 동안 상당히 껄끄러웠다. 두 나라의 관계는 제2차 세계대전 이후 미국이 지원하는 중화민국 정부가 마오쩌둥이 이끄는 공산당에 의해 본토에서 쫓겨나면서 심각한 손상을 입었다. 마오는 중국 본토에 중화인민공화국을 수립했고, 장제스가 집권한 중화민국은 타이완으로 국호가 격하되었다. 하지만 미국은 오랫동안 마오의 정부를 인정하지 않았고, 국제연합에서 의석을 확보하려는 중화인민공화국의 시도를 막기 위해 싸웠다.

한국전쟁 동안 미국군과 중화인민공화국군은 한반도에서 격돌했고, 그로 인해 미국은 장제스의 타이완 중화민국 정부를 지지하기로 결심을 굳히게 되었다. 시간이 흐른 후, 중국공산당이 베트남 전쟁 동안 교전 상대인 북베트남에 물자와 군대를 제공하자 미국은 중화인민공화국을 고립시키는 데 더욱 전념했다. 미국은 중국에 대한 통상 정지를 선언했고 동맹국들을 집결해 그러한 조치를 지지하게끔 했다. 이로써 중화인민공화국은 조금씩 고립되기 시작했다. 게다가 중화인민공화국과 오랜 우방인 소련연방 간의 1969년 국경 분쟁으로 중국은 더욱더 외교적 긴장감과 고립감을 느꼈다. 이런 시점에서 닉슨 대통령과 국가 안전 보장 담당 보좌관 헨리 키신저 그리고 다른 최고위 미국 관리들은 중화인민공화국과의 관계 발전을 통해 소련연방과의 힘의 균형에서 유리한 위치를 점하려고 노력했다. 중화인민공화국과의 통상 개방은 미국의 경제에도 엄청난 이득이 될 터였다. 하지만 백악관은 과연 지금이 미중 간 긴장 완화를 위한 적절한 시기라고 미국 국민을 설득할 수 있을지, 미국 국민이 '원수'를 포옹하는 대통령의 모습을 볼 준비가 되었는지 염려했다.

맥팔레인은 이렇게 말한다.

"중국은 문화혁명 중에 수백만 명의 자기 민족을 학살한 나라입니다. 베트남에 무기를 공급해 미국인들을 죽음에 이르게 한 나라입니다. 더욱이 중국은 공산주의 정부입니다. 이것은 만약 대통령이 정부 간 대화를 재개하기 위해 중국을 방문한다고 발표하면 미국인들이 '닉슨 대통령, 도대체 우리가 뭘 하고 있는 거요?'라고 질문할 거라는 뜻이기도 했습니다. 이때 백악관은 우선 가장 중요한 세 가지 지지 기반, 즉 의회·동맹국·국민을 참여시키는 전략을 채용했습니다. 이들 지지 기반은 대통령의 아이디어가 채택되어 공감을 얻고, 지지를 받고, 자금을 확보하고, 결국 성공하기 위해 반드시 돌보아야 하는 것들입니다. 그러한 극적이고 역사적인 도약을 달성하기 위해서는 아이디어를 은밀히 마련하고 소비에트연방에 비해 우리가 얻을 수 있는 전략적 이익을 공개적으로 명시하는 방법밖에는 없었습니다."

1971년 7월, 닉슨 대통령은 비밀리에 키신저를 중국으로 보냈다. 그리고 키신저는 중국 총리 저우언라이를 만나 곧 다가올 닉슨의 중국 방문을 준비했다. 키신저는 그날 파키스탄에 머무를 예정이었지만 몸이 아프다는 핑계를 대고 기자단을 따돌렸다. 그 후 일주일이 지나지 않아 닉슨 대통령은 중화인민공화국 국가 주석 마오쩌둥과 만나게 될 것이라고 발표했다. 대다수 미국인이 그 방문을 지지했고, 1972년 2월 맥팔레인은 닉슨 대통령과 마오 주석이 역사적인 악수를 나누는 모습을 세계인과 함께 지켜보았다. 닉슨의 지지도는 급등했다.

## 건설적인 피드백을 통해
## 모든 사람의 의견을 통합하라

맥팔레인의 펠로십 기간은 1972년 8월에 끝났지만 그는 워싱턴에서 떠나지 않았다. 헨리 키신저가 맥팔레인에게 자신의 국방 담당 보좌관이 되어달라고 요청했기 때문이다. 그 역할을 맡으면서 그는 중국 관리들과의 민감한 정보 교환에 참여했고 키신저의 중국 방문을 수행했다. 맥팔레인은 또한 무기 단속 문제를 포함한 중동과 소비에트연방에 대한 미국 정책의 모든 면에 관여했다. 부통령 제럴드 포드가 닉슨 사임 후 대통령직을 승계한 뒤 맥팔레인은 국가 안보 담당 특별 보좌관으로 임명되었다. 맥팔레인은 그 자리에서 1976년까지 일하다 해병대로 돌아갔다. 이후에도 의회와 대통령의 제의로 여러 자리를 역임한 끝에 맥팔레인은 로널드 레이건 대통령의 국가 안보 보좌관이 되어 냉전의 종식과 핵무기 확산 방지를 위한 일련의 조치를 고안하고 수행하는 일을 맡았다.

핵무기와 관련해 냉전 기간 내내 미국과 소련의 국민들은 서로 한 발 앞서고자 하는 대단히 위험한 게임을 벌이고 있었다. '상호 확증적 파괴(mutually assured destruction, MAD)'주의가 양측에서 파멸을 부르는 무기의 개발로 이어졌다. 하지만 레이건 대통령은 더 많은 무기를 쌓아두는 공격적인 전략이 지속 가능한 방안이라고는 생각하지 않았다. 그는 다른 정책의 개발을 원했고, 그 기조가 방어적인 모드로 전환되기를 바랐다. 맥팔레인은 당시를 이렇게 회상한다.

"레이건은 대규모 공격력을 통한 전쟁 억제를 신뢰하지 않았습니다. 하지만 국방부는 그가 취임하고 첫 1~2년 동안은 대통령의 의견에 동의하지 않았죠. 실제로 국방부는 공격에서 방어로의 전환이라는 아이디어를 따르는 데 전혀 열성을 보이지 않았습니다. 하지만 레이건 대통령은 세계로부터의 우리 안전이 모든 사람을 파괴하는 능력에 기반을 둔다는 것은 윤리적이지 못하다고 말했습니다. 작은 일이 계속해서 더해지면 언젠가는 엄청난 결과를 초래한다는 카오스 이론을 근거로 말입니다. 우리는 군사적으로 지속 불가능한 위치에 있다. 이것이 레이건 행정부의 견해였습니다. 그렇다면 우리가 해야 할 일이 무엇이겠습니까? 우리의 무기를 증강하거나 그것을 효율적으로 배치할 수 없고 소비에트연방으로 하여금 일방적으로 무기를 줄이게 할 수도 없다면 우리에게 남은 선택은 방어뿐 아니겠습니까."

맥팔레인은 오랫동안 군사 전략을 연구했다. 그는 종종 경제 단위들을 대상으로 방위에 관한 역할극을 만들어보곤 했다. 그 결과 미국이 탄도미사일 발사를 막는 방법을 개발한다면 소비에트연방은 재정적으로나 과학적으로 그에 대응할 수 없다는 결론에 이르렀다.

맥팔레인은 수소폭탄을 발명한 에드워드 텔러(Edward Teller)를 비롯해 국가 안보 관련 연구와 개발에 참여하고 있는 미국 최고의 과학자들에게 자문을 구했다. 그리고 마침내 탄두의 진로를 정확하게 계산해내는 것이 가능하다는 사실을 알게 되었다. 그것은 미사일 요격을 가능케 하는 첫 번째 단계였다.

"과학자들이 모두 한결같이 동의한 것은 아닙니다. 하지만 많은 돈이 들어가는 일이었죠. 레이건 재임 기간 동안 그 일을 해낼 수 있을 거라고 말하는 사람은 없었습니다. 하지만 언젠가 미사일 공격을 방어하는 능력을 개발할 수 있고, 그렇게 된다면 소련을 파산시킬 수 있을 것이라고 믿었습니다."

문제는 MAD주의가 30년 이상 효과를 거두어왔다는 사실이었다. 국민과 의회와 동맹국들로 하여금 입증도 되지 않았고 무리해 보이기만 하는 기술에 의지해 그 성공적인 전략을 버리게끔 만드는 것은 어려운 문제였다. 하지만 레이건은 무기 경쟁을 끝내는 일에 헌신적이었다. 마침내 레이건과 그의 보좌관들은 전략 방위 구상(Strategic Defense Initiative, SDI)에 대한 지지를 얻어내기 위한 체계적인 접근에 착수했다. 이것이 바로 '스타 워즈(Star Wars)'라고 불리는 정책이다. 이는 레이저 빔과 적외선, 레이더, 광학 탐지 시스템을 통해 미국을 핵 공격으로부터 보호할 뿐 아니라 소련의 자신감을 꺾는 데 목적을 두고 있었다. 레이건은 우선 SDI 캠페인을 직접 공개하고 국민을 설득하기로 결정했다.

"레이건이 의회 지도부를 찾아가 35년간 성공적으로 유지해온 전략을 뒤엎고 효과가 입증조차 되지 않은 일을 하겠다고 말했다면 온갖 불만과 반대의 목소리에 짓눌렸을 것입니다. 따라서 방법적으로도 레이건이 옳았다고 생각합니다. 내 견해로도 밑바닥 대중에서부터 시작하는 것이 적절한 상황이었습니다. 그로써 로널드 레이건은 대중의 대변인이 될 것이고, 그러면 에스키모에게 얼음이라도 팔 수 있게 될 테니까요. 그는 거래에 소질이 있었습니다. 그 아이디어의 골자는 대중에게 '지금으로서는 날아오는 미사일로부터 여러분을 구해낼 방법이 없습니다. 그래서 내가 여러분을 위해 그런 방법을 하나 만들려고 합니다.'라고 말하는 것과 마찬가지였습니다. 승리는 당연한 결과였죠. 1981년의 경기 침체 이후 경제가 막 방향 전환을 시작하던 때였습니다. 당시 레이건은 상당한 정치적 자산을 가지고 있었던 셈이죠."

레이건 대통령은 1983년 봄 전국을 돌며 행한 일련의 연설을 통해 대규모 정책 전환 작업을 시작했다. 그리고 마침내 텔레비전 연설로 전략 방위 구상에 대한 계획을 공개적으로 발표했다. 국내외 지도자들로부터 상당한 비판을 받았지만 그는 미국 국민의 지지를 한몸에 얻고 있었다. 이 싸움에서 승리한 대통령과 보좌관들은 관심의 초점을 의회와 동맹국들로부터 호의적인 태도를 얻어내는 쪽으로 돌렸다. 이때 맥팔레인은 펠로십 기간 동안 헨리 키신저와 닉슨 대통령으로부터 배웠던 가장 중요한 리더십 교훈, 즉 훌륭한 리더는 설득의 능력을 개발한다는 사실을 떠올렸다.

"대부분의 공공 정책을 추진할 때 당신이 강한 설득력을 가지고 있으면 성공할 가능성이 훨씬 높습니다. 이때 결정적인 것은 문제와 그 해법을 설득력 있게 규정하는 능력입니다. 하원의원이나 상원의원, 기타 주요 지지 기반을 끌어들이려면 그들의 이해관계와 문제에 대한 당신의 해법이 그들에게 어떤 영향을 주는지 확실히 파악해야 합니다. SDI의 자금을 조성하기 위해 우리는 그 아이디어를 지극히 싫어하는 많은 사람을 납득시켜야 했습니다. 많은 회의를 거쳤지요. 그 과정에서 나는 어떤 일이 일어날지에 대한 내 생각을 솔직하게 밝혔습니다. 그리고 그들에게 말했습니다. 만약 자금을 투자한다면 소련이 미국에 비해 훨씬 뒤떨어져 있다는 것을 보여주겠다고 말입니다."

레이건 대통령의 설득은 바라던 효과를 냈다. 의회가 그 구상에 대한 자금 조달에 동의했고, 이어서 본격적인 기술 개발이 시작되었다. 1984년 여름, 지구 대기권 밖에서 탄도미사일을 요격함으로써 SDI가 첫 성공을 거두었다. 계속된 실험의 성공으로 우방국들도 미국의 새로운 방어 전략을 지지하기 시작했다. 1년이 채 지나지 않아 미하일 고르바초프(Mikhail Gorbachev)가 소련 지도자가 되었고, 레이건 대통령은 그와 접촉하기 시작했다. 두 정상은 무기 억제와 기타 분쟁 해결을 위한 일련의 회담을 갖는데 동의했다. 레이건 대통령을 보좌하며 고르바초프와의 첫 회담을 준비하는 동안 맥팔레인은 키신저 박사와 닉슨 대통령으로부터 배운 설득에 대한 교훈을 다시 한 번 발휘했다. 첫 정상 회담 6개월 전부터 레이건 대통령은 미소 정상 회담과 관련해 자신의 주요 지지 기반인 국민, 의회, 동맹국들의 동의를 획득하는 데 집중했다.

"첫 정상 회담을 앞두고 우리는 최대한의 힘을 얻기를 바랐습니다. 쌍방에 의미가 있는 힘 말입니다. 예를 들어 대통령은 자신이 테이블에서 주장하는 것에 동의할지 여부가 미국에서 문제되지 않을 정도로 국내 지지율을 높인 상태에서 제네바에 도착해야 했습니다. 그 때문에 소련 정상과 만나는 1985년 11월까지 6개월 동안 레이건은 그런 지지 기반을 설득하는 데 총력을 기울였습니다. 그리고 소련과의 관계에서 중요한 네 가지 측면, 즉 상호 균형·인권·지역 분쟁·무기 억제와 관련해 4번의 중요한 정책 연설을 가졌습니다."

설득을 위한 체계적인 접근이었다. 레이건 대통령은 자신의 입장을 공개적으로 천명하고 왜 그것이 옳다고 생각하는지 밝혔다. 대통령과 보좌관들은 의회 지도자들과 매주 초당파적인 회의를 가졌고 공화당 지도부와도 매주 모임을 가졌다. 그 목적은 가능한 한 모든 자원을 결집시켜 미국이 SDI

에 매우 진지하다는 것을 보여주는 데 있었다. 대통령은 동맹국들을 설득해 1985년 11월의 첫 정상 회담 한 달 전에 미국의 가장 가까운 우방인 영국, 일본, 프랑스, 서독, 이탈리아 정상들로부터 지지를 이끌어냈다. 미국과 동맹국들이 실제로 힘을 합치고 있다는 것을 소련을 비롯한 모두에게 보여준 것이다.

레이건 대통령과 미하일 고르바초프는 다섯 차례의 회담을 가졌고, 그들의 노력은 1987년 역사적인 중거리 핵전력 협정(Intermediate-Range Nuclear Forces Treaty, INF)의 서명으로 결실을 맺었다. 이것은 일정한 핵미사일을 철폐하고 두 나라의 상호 사찰을 허용하는 조약이었다. 4년 뒤, 오랫동안 과도한 국방비 지출로 경제적인 어려움을 겪던 소련은 마침내 붕괴했다.

리더로서 여러분의 성공은 일을 성사시키는 능력에 달려 있다. 설득력은 사람들로 하여금 자신이 현재 지키고 있는 입장에서 다른 입장으로 움직이게 만드는 데 필요한 필수적인 자질이다. 자신의 입장을 표현하기 이전에 모든 면에서 당신의 제안을 자세히 고려해보라. 합리적인 논거를 만드는 것뿐만 아니라 인간의 감정을 가진 다양한 집단에게 호소하는 방법으로 아이디어와 접근법 그리고 해결 방안을 구성하는 일도 필요하다. 청중의 입장에서 이해하려고 노력함으로써 그들이 어떤 반응을 보일지 파악하도록 하라. 존 맥긴티처럼 여러분 역시 직접 나서서 여러분이 설득하고자 하는 사람들을 만나고, 여러분의 입장에 대한 그들의 의견을 듣고, 그들로 하여금 건설적인 피드백을 제공하도록 하라. 그럼으로써 당신의 최종적인 제안이 그들의 이해관계를 반영하도록 해야 한다.

제 15 장

---

# 리더는 타협해야 할 때와
# 양보하지 말아야 할 때를 안다

---

LEADERS KNOW WHEN TO COMPROMISE
AND WHEN TO STAND FIRM

66 리더는 성실성의 문제에 관한 한 양보가 없어야 한다. 자신의 핵심적인 신조
나 원칙을 굽히지 않는 자세가 필요하다. 하지만 모든 문제가 흑과 백으로 단
순하게 결정되는 것은 아니다. 행동이 필요할 때가 언제인지 알 수 있는 잣대
도 없다. 결국 문제는 리더의 판단에 달려 있다. 훌륭한 판단은 경험에서 나오
고, 경험은 잘못된 판단에서 나온다. 99

## 옳은 일에는 양보하지 않는 결단이 필요하다

타협(Compromise). 타협만큼 극히 상반되는 정의를 가진 영어 단어는 별로 없다. 메리엄-웹스터 사전(Merriam-Webster Dictionary)에 따르면 '타협'은 '극단적인 것 사이에서 방법을 찾거나 그 방법을 따르다.'라는 좋은 의미를 가진다. 하지만 사전에 나열된 또 다른 정의는 '수치스럽거나 보기 흉하게 양보하다.'이다. 이것은 전혀 좋은 뜻으로 보이지 않는다. 리더들이 직면하는 가장 어려운 선택은 언제가 타협할 때이고 언제가 양보해서는 안 될 때인지를 결정하는 일이다. 중요한 문제에서 잘못된 선택을 하게 되면 리더의 능력에 대한 신뢰를 크게 해칠 수 있다.

앞서 소개한 크레이그 코이는 레이건 행정부에서 WHF로 대통령의 국내 문제 담당 보좌관 잭 스바흔(Jack Svahn)과 대통령 고문 에드윈 미즈(Edwin Meese)와 일하게 되었다. 펠로십에 선발된 최초의 해안경비대 장

277

교였던 코이는 자신의 상관과 함께 거의 모든 회의에 참석했다. 합참의장 제임스 베이커와 에드윈 미즈, 행정관리예산국장 데이비드 스톡먼(David Stockman)으로 이루어진 대통령의 예산심의위원회(Budget Review Board)에도 마찬가지였다. 이 위원회는 당시 1985 회계연도 예산을 짜기 위해 애쓰고 있었다. 코이가 아주 귀중한 리더십 교훈을 배운 것은 이 과정을 통해서였다.

"제임스 베이커가 왜 그렇게 일을 잘 처리하고 성공적으로 경력을 쌓았는지 알게 되었습니다. 해안경비대에 약물 거래 저지를 위한 예산을 얼마나 배정해야 하는지를 두고 충돌이 있었습니다. 미즈는 당시 약물정책위원회(Drug Policy Board)를 맡고 있었는데 해안경비대에 1억 달러가 필요하다고 주장했죠. 데이비드 스톡먼은 받을 수 있는 것은 5000만 달러가 전부라고 말했습니다. 그들은 나를 끌어들였습니다. 내가 해안경비대 소속이었으니까요. 그러고는 '대통령에게 가세나.'라고 말했습니다. 그래서 나는 레이건 대통령, 제임스 베이커, 에드윈 미즈, 데이비드 스톡먼과 함께 대통령 집무실로 갔습니다. 에드윈 미즈는 왜 해안경비대에 그 돈이 필요한지 설명하다 말고 나를 보며 이렇게 말했습니다. '크레이그, 왜 해안경비대에 그 돈이 필요한지 말해보게.' 나는 해안경비대에 예산이 부족하다고 말했습니다. 배는 물론 설비가 모두 낡았고 효과적인 직무 수행을 위해서는 업그레이드가 필요하며 그러려면 돈이 필요하다고 말입니다. 그러나 스톡먼은 해안경비대에 이미 충분한 자금이 있다는 주장을 폈습니다."

크레이그 코이는 계속 말한다.

"그때 베이커가 갑자기 끼어들었습니다. 대통령에게 말할 기회도 주지 않고 말입니다. 그는 미즈에게 이렇게 말했습니다. '에드윈, 이런 종류의 예산에 1억 달러를 얻기 힘들다는 건 자네도 알지? 그리고 스톡먼, 자네는 5000만 달러로는 이 일을 매듭지을 수 없다는 걸 알고 있을 걸세. 서로 절충해서 7500만 달러로 하세. 대통령께서 어려운 선택을 피하실 수 있도록 말이야. 그럼 모두가 행복해지지 않겠나?' 그렇게 문제가 매듭지어졌습니다. 이렇게 제임스 베이커는 타협의 기술을 보여주었죠."

그 경험을 통해 크레이그 코이는 적절한 타협을 통해 궁지에서 벗어날 수 있다는 것을 배웠다. 반면 또 다른 전임 WHF 프랜시스 '프랜' 하비 (Francis 'Fran' Harvey, WHF 78-79)는 정반대의 교훈을 얻었다. 때로는 타협을 거절하는 것이 옳은 일이라는 것을 말이다.

하비는 웨스팅하우스 일렉트릭 코퍼레이션(Westinghouse Electric Corporation)에서 엔지니어로 일하던 중 WHF로 선발되었다. 그는 국방부에 배속되어 에너지 정책 개발에 관여하며 전략무기제한협정(Strategic Arms Limitation Treaty)을 미국 국민에게 홍보하는 책임을 맡은 특별 대책반의 국방부 대표로 일했다. 하비는 해럴드 브라운(Harold Brown) 장관과 일하게 되었다. 브라운 장관은 스물한 살의 나이에 박사 학위를 받은 것을 비롯해 컬럼비아 대학에서 세 개의 학위를 받은 명석한 과학자였지만 매우 내성적인 사람이었다. 해럴드 브라운은 린든 존슨 행정부에서 국방부 부장관을 역임하기도 했다.

하비는 말한다.

"내가 브라운 박사로부터 배운 교훈은 자신이 일하는 환경에 대해 반드시 이해하고 있어야 한다는 점이었습니다. 그것이 시장 환경이든 국가 안보 환경이든 말입니다. 비즈니스 세계에서는 시장의 현실과 떨어져 어리석은 결정을 하고 어리석은 명령을 내리는 경우가 허다합니다. 그건 정치의 세계에서도 마찬가지입니다."

하비는 베트남 전쟁 이후 국방비 지출을 크게 삭감하겠다는 지미 카터 행정부의 약속에도 불구하고 브라운 장관이 국방 예산을 증액하는 것을 지켜보았다.

하비는 계속 말한다.

"사람들에게 소련이라는 실체에 맞서기 위한 국방 예산의 증가가 언제 시작되었느냐고 물으면 모두 레이건 대통령 때라고 대답할 겁니다. 하지만 사실은 대단히 자유로운 민주 정부로 평가받고 있는 카터 대통령 때 해럴드 브라운이 국방 예산을 늘렸던 것입니다. 나는 브라운 장관이 소련이 무슨 일을 하고 있는지 정말로 잘 파악하고 있었기 때문이라고 생각합니다. 나는 전략적 핵 균형에 대한 모든 과장된 이야기를 기억하고 있습니다. 당시는 실제로 우리가 앞서 있다 해도 소련이 우리를 따라잡는 중이었습니다. 우리는 힘이 필요했습니다. 숫자는 문제가 아니었죠. 중요한 것은 '등가성'이었습니다. 브라운 장관은 그것을 추구했습니다. 돌아보면, 모든 일은 상황에 대한 그의 정확한 이해를 기반으로 한 것이었습니다. 어떻게 그런 일이 가능했는지는 모르지만 정말 놀라운 일이었습니다. 브라운 장관이 그때 한 일은 높이 평가받아야 합니다."

하비는 펠로십 기간이 끝난 후 웨스팅하우스로 돌아갔다. 그리고 워싱턴에서 배운 교훈을 민간 부분에 적용해 뛰어난 경력을 쌓았다. 이후 20년 동안 그는 웨스팅하우스에서 전기 시스템 부문 사장, 선박 부문 사장, 과학기술 담당 부사장, 정부 환경 서비스 업체 사장, 방위 전자 시스템 그룹 사장 등 다양한 직책을 맡아 수행했다. 그리고 다음 몇 년 동안 다양한 기업의 중역으로 일하다 2004년 11월 다시 공직으로 돌아갔다. 조지 W. 부시 대통령이 그를 육군장관으로 임명했던 것이다. 그 직책은 하비가 맡았던 역할 중 가장 힘든 것이었다.

장관으로서 하비는 육군의 인적 자원과 훈련, 장비, 커뮤니케이션, 예산 등에 대한 책임을 져야 했다. 모두 합해 100만 명이 넘는 현역 군인과 주 방위군, 예비군은 물론 5000만 명에 이르는 민간 고용인, 계약직 인력이 그의 관할이었다. 하비는 또한 6만 제곱킬로미터가 넘는 토지와 그에 부속된 기지를 감독해야 했다. 균형을 잡기가 상당히 어려운 일이었다. 하지만 하비는 자신이 첫 번째 해야 할 일이 무엇인지 정확히 알고 있었다. 새로운 환경에 대해 파악하고 이해하는 일이었다. 그는 광범위한 여행을 통해 중동의 미국 병사를 방문하고 국내외 150개 이상의 군사 기지를 둘러보았다. 상황에 대해 명확한 이해를 한 다음 하비는 군의 자원 부족이 심각한 수준이라는 것을 깨달았다. 냉전 종식 직후인 1990년대에 육군의 병력이 78만 명에서 48만 명으로 감소했다는 것도 알게 되었다. 하비는 훈련과 장비 상태가 부적절한 원인을 분류했다.

하비는 말한다.

"국민들에게 전쟁이 끝나면 군을 축소해야 한다는 인식이 깊이 배어 있던 것 같습니다. 이러한 정서는 제1차 세계대전으로까지 거슬러 올라가지요. 우리는 아무런 준비 없이 제2차 세계대전을 맞았고 그 큰 전쟁에서 승리했습니다. 그 후 '이제 전쟁은 끝났어! 더 이상 군대는 필요 없다고.'라는 식으로 생각하게 된 것이죠. 그렇게 우리는 군을 축소했습니다. 그러던 중 준비 없이 한국전쟁에 참여했고 베트남 전쟁에서도, 이라크 전쟁에서도 마찬가지였습니다. 나와 내 파트너인 육군 참모총장 피터 슈메이커(Peter Schoomaker)는 곧 예산과 인력, 훈련, 장비가 모두 불충분하다는 걸 명확하게 알 수 있었습니다."

하비가 장관직을 맡았을 때 2005년도 육군 예산은 986억 달러였다. 새로운 5개년 재무 계획 입안서를 준비해 제출하는 것이 그의 임무였다. 행정관리예산국과 국방장관은 육군 예산의 감축을 권고했다.

"문서를 통해 충분히 입증되었듯이 처음부터 내 최우선 과제는 군인들과 그 가족의 복지였습니다. 알다시피 육군장관은 무척 힘든 자리입니다. 조의문에 서명도 해야 하고 병원을 찾아가 부상당한 장병을 위로도 해야 하고 장례식에도 참석해야 합니다. 아무런 준비 없이 이라크에 파병되어 전장에서 죽은 병사들을 보면 마음이 울컥했습니다. 리더의 자리에 있다보니 육군에 필요한 자금을 조달하는 임무가 현실로 다가왔습니다."

하비의 아내 메리 루이즈(Mary Louise)는 이렇게 말한다.

"나는 프랜이 육군장관으로 있을 때만큼 열정을 가지고 열심히 일하는 것을 본 적이 없습니다. 병사들이 자신의 아이나 손자인 것같이 생각될 정도였죠."

하비는 집념을 가지고 병사와 그의 가족들을 위해 옳은 일을 했고, 그들을 위한 일에서는 결코 양보하지 않으리라 결심했다.

하비는 말한다.

"전시에도 우리는 국방 예산을 감축하라는 권고를 받았습니다. 하지만 솔직히 나는 이미 자원이 부족한 육군의 실정에서 예산 감축을 받아들일 생각이 없었습니다. 때로는 의견을 굽히지 않고 버텨야 할 때가 있습니다. 그래서 나도 그렇게 했죠. 우리는 3개월 보름이나 늦게 예산안을 제출했습니다. 결국 팀플레이를 못한다는 평을 얻었지만요."

## 아무리 올바른 결정이라도
## 리더로서의 책임을 회피하지 말라

슈메이커 장군의 말에 따르면, 사람들은 육군장관으로 지명된 하비가 다른 분야의 고위 책임자와 육군 예산 증액에 반대하는 국방부 일부 인사들의 의견에 동의할 것이라고 예상했다고 한다.

하비가 등장할 당시 육군은 장기간의 중동 전쟁 참여로 인해 엄청난 변화를 겪고 있었다. 부시 대통령과 럼스펠드 국방장관은 육군에서 진행하는 대부분의 개혁을 지원하고 예산 증액의 필요성을 이해했지만 다른 유력자들의 거센 반대에 부딪히고 있었다.

슈메이커는 말한다.

"언제나처럼 여러 분야가 예산을 두고 경합하고 있었습니다. 하지만 우리를 이길 수는 없었지요. 우리는 단지 돈이 필요하다고만 말한 것이 아니기 때문입니다. 우리는 우리에게 요구되는 전투력의 수준을 보여주고, 그런 전투력을 확보하는 데 드는 비용을 제시함으로써 그 문제에 접근했습니다. 그것은 대단히 실질적인 문제였습니다. 그들이 기본 예산에서 240억 달러를 삭감하려 하면 우리는 그것이 어떤 영향을 미칠 것인지, 예를 들면 아프가니스탄과 이라크에서의 상황에 어떤 영향을 줄지 보여주면 됐습니다. 그들은 우리가 제시하는 사실의 진실성 여부를 추궁하려 했지만, 우리에게는 자료가 있었죠. 자료는 거짓말을 할 수 없지 않습니까."

현장에 있는 부대에게 무엇을 의미하는지 고려하지 않고 예산 삭감을 권고하는 회계 지침이 내려왔을 때, 슈메이커와 하비에게는 세 가지 옵션이 있었다. 병력을 줄이거나, 조직을 줄이거나, 뜻을 굽히지 않고 예산 배정이 필요하다고 요구하는 것이었다. 그들은 양보하지 않기로 결정했다. 마침내 예산안 제출을 거부했고, 그들의 전술은 효과를 발휘했다.

실제로 하비 장관의 짧은 재임 기간 동안 육군의 예산은 10년 전에 비해 2배로 증액되었다. 그는 또한 육군 신병 모집에 대한 관심을 높이는 일에도 일조했다. 자신이 의장직을 맡은 특별위원회를 발족시킨 그는 신병 모집과 관련해 새로운 아이디어를 제안했다.

하비는 말한다.

"비즈니스 세계에서는 직원 자체가 회사의 적임자를 구하는 최고의 소스가 된다는 것을 누구나 알고 있습니다. 그래서 우리는 신병을 추천하는 병사에게 1000달러의 금전적인 보상을 해주는 프로그램을 시작했습니다. 병사가 추천한 사람이 실제로 군에 입대하고 기본 훈련을 통과하면 보상을 주는 방식이었죠. 우리는 휴가로 고향에 간 병사가 친구들을 만나 '군대는 좋은 조직이다. 나라를 위해 일할 수 있고 자부심도 느낀다고. 너도 군대에 자원하는 게 어때?'라고 권하는 것만큼 좋은 방법이 없다고 생각했습니다. 정말, 정말 효과가 좋았죠. 우리는 실제로 신병 모집을 크게 늘릴 수 있었습니다."

그 결과 2006년에만 8만 명의 새로운 병사가 입대함으로써 육군은 신병 모집의 전기를 마련했다. 그리고 육군은 하비와 슈메이커의 리더십 덕분에 2012 회계연도까지 병력을 54만 7000명으로 증강시킬 수 있는 권한을 부여받았다.

하비는 특히 육군의 모든 사업에서 질과 생산성을 개선하기 위한 육군 사업 개혁(Army Business Transformation) 구상을 수행함으로써 육군을 한층 강력하고 효과적으로 조직화하는 것에 자부심을 느꼈다. 하비와 슈메이커에 의해 2005년 착수된 이 구상은 지금까지 진행 중이며 그 결과 상당한 비용이 절감되었다.

하비 장관은 또 다른 주목할 만한 진보를 이루어냈다. 군의 복지를 개선하기 위해 2억 5000만 달러를 들여 표준 이하인 막사 2만 동을 수선했다. 또 이라크와 아프가니스탄에서 활동하는 병사들의 안전을 위해 육군 엔지니어들에게 가장 강력한 보호 장비를 디자인하라고 명령했다. 그 작업이 완성되자 하비는 중동 지역으로 험비(Humvee: 지프와 경트럭의 특성을 합쳐 만든 군용 차량)에 탑재할 수 있는 1만 4000여 구의 맞춤형 보호 장비를 보냈다. 부상당한 병사를 지원하기 위해 그들의 사회 복귀를 돕고 최소 5년 동안 그들을 지원(특히 의료 지원)하는 육군 상이용사 프로그램(Army Wounded Warrior Program)을 추진했다. 일부 전몰 군인 가족에게 병사의 사인(死因)이 잘못 전해져 관료주의 문제가 부각된 후에는 육군의 사상자 보고, 통지, 지원 과정 시스템을 완전히 바꾸었다.

그러한 성과에도 불구하고 하비는 2007년 봄 육군장관 자리에서 퇴진했다. 워싱턴 D. C. 월터 리드 육군 병원에 대해 표준 이하의 방만한 관리를 문제 삼는 주장이 공개된 후, 새로 지명된 국방장관 로버트 게이츠로부터 사임 압력을 받은 것이다. 하지만 슈메이커나 하비는 월터 리드의 문제에 대해 전혀 알지 못했다.

하비는 말한다.

"알지 못하는 문제를 해결할 수는 없죠. 나는 재임 기간 동안 10여 차례 월터 리드를 방문해서 수백 명의 부상병과 병원 직원들을 만났습니다. 하지만 그 당시 아무도 임시 외래 진료 환자 건물에 대해서는 언급하지 않았습니다."

하비가 병원 문제에 대해 처음 알게 된 것은 신문 기사를 통해서였다. 하비의 참모들은 그 문제를 해결하기 위해 그 즉시 34페이지에 달하는 계획서를 작성했다. 하비는 특히 임시 병동에 있는 병사들을 병원의 최신 시설로 옮기라고 지시했다.

"나는 월터 리드 병원 문제로 사임을 요구받았습니다. 하지만 진짜 이유는 예산이었죠. 사람들이 달리 생각하는 것은 저에게 아무런 문제도 되지 않습니다. 중요한 사람들은 진실이 무엇인지 알고 있으니까요. 나에게 중요한 사람은 바로 병사들입니다. 요점은 예산이 2005년 980억 달러에서 2009년 1410억 달러로 증가했다는 것입니다. 나는 슈메이커 장군과 내가 양보하지 않고 타협을 거부했기 때문에 군이 오늘날 마침내 전투의 모든 면에서 완벽한 준비를 갖추는 데 필요한 자원을 얻고 있다는 데 큰 자부심을 느끼고 있습니다."

하비가 사임을 강요받은 지 한 달 만에 전역한 슈메이커 장군은 타협하지 않는 하비의 대담한 리더십에 깊은 존경의 마음을 표현했다.

"그는 좋지 않은 상황에서 육군을 맡아 아주 큰 변화를 이끌어냈습니다. 사람들은 정치적으로 지명된 그가 타협하고 쉬운 해결법을 택할 것이라고 생각했죠. 하지만 그렇지 않았습니다. 나는 그가 누구보다 유능한 장관이었다고 생각합니다. 그는 우리 군이 가장 어려운 시기를 극복할 수 있게 만들었습니다. 당시 우리는 제2차 세계대전 때보다 더 긴 전쟁을 치르고 있었죠. 그 기간 동안 우리에게는 올바른 명분을 지키는 것이 대단히 중요했고, 우리는 그렇게 했습니다. 나는 그것이 프랜이 우리에게 남긴 유산이라고 생각합니다."

하비는 현재 다양한 단체의 지도부에서 일하고 있다. 육군장관으로 재직하는 동안 병원과 기지에서 만났던 수많은 병사들과도 계속 연락을 유지하고 있다.

하비는 말한다.

"미국의 가장 큰 보물은 병사들입니다. 나는 그들을 위해 봉사할 수 있는 행운을 누렸습니다. 전사 윤리(Warrior Ethos)의 마지막 줄은 '나는 낙오된 전우를 버려두지 않겠다.'입니다. 그 점에 있어서 나는 결코 타협하지 않았습니다. 신문이 인쇄를 멈추고 카메라가 돌지 않을 때에도 원칙을 양보하지 않는 것이 리더, 진정한 리더가 할 일입니다. 우리 전사들이 매일 포화와 위험 속에서 보여주었듯이 그들은 압력에 약해지거나 굴복하지 않습니다. 개인적인 대가를 치르거나 평판에 흠이 가더라도 말입니다. 진정한 리더는 자신의 행동을 통해 원칙을 양보하지 않는다는 것을, 외부의 압력을 극복할 수 있다는 것을, 충동적인 결정이 아닌 올바른 정보에 따른 올바른 결정을 내린다는 것을, 자신의 결정에 개인적인 책임을 진다는 것을 보여주어야 합니다."


## 타협은 모두를 승자로 만드는 기술이다

로널드 레이건 대통령 역시 엄청난 압력 앞에서도 자신의 원칙에 어긋나는 것과 타협하지 않은 사람이다. 1981년 대통령 취임 초기 거의 1만 3000명에 달하는 미국 항공 관제사들이 조합과 연방항공청(Federal Aviation Agency, FAA) 간의 수개월에 걸친 협상 끝에 파업에 들어갔다. 연방 정부 공무원인 관제사들은 오랫동안 FAA의 경영 방식에 대해 불평하며 더 나은 처우와 봉급, 작업 환경 및 근무 시간 단축 등을 요구하고 있었다. 정부의 입장은 간단했다. 적은 노동 시간에 대해 더 많은 봉급을 줄 수 없다는 것이었다. 노조와 정부의 협상은 난관에 봉착했고, 관제사들은 연방법을 위반한 채 직장에서 무단이탈하며 파업에 돌입했다. 국가의 항공 수송 시스템을 위협하는 조치였다.

로버트 '버드' 맥팔레인은 펠로 당시 국무부 고문으로 일하고 있었다. 그는 이 자리에서 2년간 일한 후 레이건 대통령의 국가 안보 보좌관이 되었다. 맥팔레인은 진행 중인 파업 처리 방안에 대해 백악관 내에서 큰 의견 차이가 있었다고 회상했다. 특히 레이건 대통령은 사실상 혼자 최측근 보좌관들과 다른 의견을 고수했다.

"파업 전에 각료 회의가 있었습니다. 레이건 대통령은 조합이 법을 어기는 것을 묵인해서는 안 된다고 말했죠. 그는 관제사들이 무책임한 행동을 하고 미국인을 위험한 상황에 빠뜨리고 있다면서 그들을 모두 해고해야 한다고 말했죠. 대부분의 각료는 '그렇게 해서는 안 됩니다. 정치적으로 부적절한 일입니다.'라고 주장했고 대통령은 '나는 그렇게 할 겁니다. 그게 옳은 일이니까요.'라고 말했습니다. 정치적인 위험과 군대를 항공 운행 관제탑에 신속히 투입해 시스템을 유지할 수 있는지에 대한 의구심에도 불구하고 대통령은 자신의 뜻을 관철시켰습니다."

레이건 대통령은 각료들의 불안에도 개의치 않고 동맹 파업 당일 백악관 로즈 가든에서 기자 회견을 열어 관제사들에게 '여러분은 법을 어기고 있습니다. 48시간 안에 직장으로 복귀하기 바랍니다.'라는 최후통첩을 담은 타협 없는 성명서를 발표했다.

1만 1000명 이상의 파업 노동자들이 대통령의 말을 허세로 생각하고 저항했지만, 그는 굽히지 않았다. 대통령은 그들을 해고하고, 다시는 FAA에서 일할 수 없게 했다. 노동조합은 이 해고 사태를 비난했지만 대부분의 미국 국민은 법률을 위반한 사람들을 다루는 데 있어 타협에 굴하지 않는 굳건한 태도를 보여준 레이건에게 지지를 보냈다.

맥팔레인은 레이건 대통령으로부터 많은 미국인의 삶에 심각한 영향을 주는 문제와 관련해 양보하지 않고 타협을 거부하는 행동이 얼마나 가치 있는지를 배웠다. 지도자는 언제 양보하고 언제 타협의 기술을 발휘해야 하는지 알아야 한다.

한편, 전 대통령 제럴드 포드는 "타협은 정부를 굴러가게 하는 기름이다."라고 말하기도 했다. 변호사인 또 다른 전임 WHF 넬슨 디아즈(Nelson Diaz, WHF 77-78)는 유능한 리더는 일을 성공시키기 위해 기꺼이 융통성을 발휘해야 한다는 것을 배웠다. 카터 행정부 동안 펠로가 된 디아즈는 푸에르토리코 혈통을 가진 사람으로서는 백악관에서 두 번째로 일한 인물이었으며, 그의 상관은 부통령 월터 먼데일이었다.

디아즈는 펠로십 이전에 필라델피아의 라틴아메리카 출신자와 흑인 공동체의 경제 개발 문제를 위해 일하는 운동가였다. 디아즈와 먼데일은 지미 카터 대통령의 생일 파티를 준비하기 위해 공군 2호기를 타고 로스앤젤레스로 향하던 중 놀라운 발표를 들었다. 대통령이 사우디아라비아와의 무기 매매 협정에 서명했다는 소식이었다. 먼데일은 카터가 그런 거래에 동의하리라고는 생각지도 못했다. 디아즈는 이번 일 때문에 유대인 사회가 반발하리라는 사실을 알고 있었다.

디아즈는 말한다.

"부통령에게는 비행기를 돌리거나 예정된 여행을 계속하는 두 가지 선택이 있었습니다. 그는 비행기에 동승한 수석 보좌관 해밀턴 조던(Hamilton Jordan)과 상의했습니다. 그리고 예정대로 로스앤젤레스로 가되 생일 파티를 준비하는 대신 대규모 유대인 공동체를 방문하기로 결정했습니다. 여행의 목적이 생일 파티에서 유대인 지도자들과의 회의로 바뀌었던 것이죠. 우리가 도착했을 때, 유대인 지도자들은 다소 침울한 분위기였습니다. 하지만 부통령은 그들에게 카터 대통령이 왜 그런 결정을 내렸는지 설명하고, 이번 사태에 대한 그들의 우려를 경청했습니다. 그는 자신이 그런 거래가 성사되리라고는 미처 생각지 못했다는 것을 전혀 내비치지 않았습니다. 그때 나는 대통령에 대한 그의 충성심과 타협 능력을 목격했습니다. 거리에서 운동가로 활동해온 나는 그런 점에 대해서는 많이 부족했죠. 하지만 그 여행을 통해 때로는 빵을 전혀 얻지 못하는 것보다 반 덩이라도 얻는 것이 낫다는 것을 배웠습니다."

디아즈는 전임 WHF이자 주택 · 도시 개발부 장관인 헨리 시스네로스(Henry Cisneros, WHF 71-72)에 의해 주택 · 도시 개발부의 법률 고문으로 임명되면서 자신의 이러한 생각을 행동에 옮길 수 있었다.

디아즈와 시스네로스는 1970년대에 WHF 프로그램을 통해 만났다. 펠로십 기간이 끝나고 수년이 지난 후, 디아즈는 판사로서 필라델피아의 재판 체계를 개혁해 1억 달러의 예산을 절약하기 위한 프로그램을 맡고 있었다. 그런데 당시 텍사스 샌안토니오의 시장으로 있던 시스네로스가 주택 · 도시 개발부 장관으로 임명되자 자신의 오랜 친구인 디아즈에게 법률 고문직을 제안한 것이다.

"나는 그 자리를 원치 않았습니다. 그래서 세 번이나 그 제안을 거절했죠. 하지만 나와 헨리는 서로를 신뢰했고 두 사람 모두 WHF 출신이었기 때문에 결국 그 요청을 받아들이고 일을 맡기로 했습니다. 그리고 아주 성공적인 결과를 이끌어냈죠."

주택 · 도시 개발부의 법률 고문으로서 디아즈는 소송 화해를 이용해 시스네로스의 정책을 구체화했다. 디아즈가 주택 · 도시 개발부에서 일한 시기는 이 부서 사상 가장 소송이 많았던 때였다. 그는 10년을 끌어온 12건의 큰 사건을 해결하고, 주택 · 도시 개발부를 상대로 그 어떤 변호사보다 많은 소송을 진행한 변호사를 부고문으로 고용했다.

"나는 사람들의 소리에 기꺼이 귀를 기울이겠다는 자세를 보여주고, 강한 신뢰 관계를 형성함으로써 모든 사건을 해결할 수 있기를 바랐습니다. 그리고 논란이 큰 사건을 해결하기 위해서는 타협의 기술을 이용해야 한다는 점을 잘 알고 있었죠. 주택 · 도시 개발부에서 일하는 동안, 나는 상관에게 충성해야 한다는 부통령 먼데일로부터 배운 교훈도 적용했습니다. 나하고 뜻을 달리하는 사람들과 솔직하고 개방적인 관계를 맺기 위해서 내가 할 수 있는 모든 일을 했습니다. 그리고 어떤 일이든 일단 리더가 결정을 내리거나 지휘 팀이 합의를 하면 타협의 기술을 발휘해 최종 결정이 마치 내 의견인 것처럼 진행했습니다."

사업체를 운영하거나, 비영리 단체를 운영하거나, 어떤 협회 또는 이사회를 지휘하거나, 가족 또는 운동 팀을 이끌거나를 불문하고 리더는 타협해야 할 때와 양보해서는 안 될 때를 알아야 한다. 모든 분쟁이 협상 또는 합의를 통해 해결될 수 있는 것은 아니라 해도 대부분의 경우는 그것이 가능하다. 자신의 생계나 평판, 자신이 이끄는 조직이 위험에 처한 상황에서 타협을 거부한다는 것은 어려운 결정이다.

지도자는 성실성의 문제에 관한 한 양보가 없어야 한다. 레이건 대통령이 항공 관제사들에게 했듯이 핵심적인 신조나 원칙을 굽히지 않는 자세가 필요하다. 하지만 많은 경우 문제가 흑과 백으로 단순하게 결정되는 것은 아니다. 행동이 필요할 때가 언제인지 알 수 있는 잣대도 없다. 전 육군장관 하비가 병사들에게 필요하다고 생각한 예산을 끝까지 지켜내기로 결정한 경우처럼 말이다. 결국 문제는 리더의 판단에 달려 있다. 훌륭한 판단은 경험에서 나오고, 경험은 잘못된 판단에서 나온다는 격언이 정확히 적용되는 것이다.

중요한 문제를 두고 타협할 것인지 양보하지 않고 뜻을 세울 것인지 선택해야 할 때가 오면 심사숙고하라. 그리고 자신의 신조와 성실성을 희생하지 않고 서로 양보해서 문제를 해결할 수 있다면 중용을 찾도록 하라. 그러면 여러분도 넬슨 디아즈와 크레이그 코이가 배운 교훈을 발견하게 될 것이다. 타협은 모두를 승자로 만드는 기술이다.

제 16 장

리더는
문제 해결사이다

LEADERS ARE PROBLEM SOLVERS

66 리더는 자기 팀원이 문제를 스스로 개념적으로 생각하고 해결하는 방법을 이해하도록 도와주는 역할을 해야 한다. 훌륭한 리더는 유능한 부하를 고용하고, 그들의 멘토가 되고, 그들이 조직 내에서 훌륭한 자질을 발휘할 수 있도록 능력을 개발하고, 무엇보다 첫날부터 그들을 훈련시킨다. 유능한 리더는 세세한 부분까지 관리하고 싶은 유혹을 누르고, 자기 사람들이 스스로 해답을 만들어낼 능력을 가지고 있다고 믿는다. 99

## "나에게 문제를 가져오지 말고 해답을 가져오게."

스물네 살 때의 일이다. 공군 중위로 근무하던 시절 나는 파나마의 남부 사령부 사령관 존 갤빈의 특별 보좌관으로 일하게 되었다. 그리고 1988년 WHF로 선발될 때까지 2년 동안 그 자리에서 일하는 영광을 누렸다. 훗날 북대서양조약기구의 연합군 최고사령관이 된 갤빈 장군은 내가 아는 가장 훌륭한 스승이자 멘토이다. 나는 경력을 쌓아가는 내내 그로부터 배운 교훈을 실천하려고 노력했다. 특히 미래의 지도자를 키우는 그의 뛰어난 리더십은 최고였다.

갤빈 장군은 첫 임무를 맡은 나에게 리더십의 방법을 가르치기 시작했다. 특유의 친절한 태도로 내 임무를 설명해준 뒤 곧바로 그 일을 하도록 했다. 며칠 후, 나는 여러 가지 질문을 가지고 그의 사무실을 방문했다. 그의 책상 맞은편에 서서 내게 맡겨진 임무를 수행하면서 직면한 다양한 문제를 해결하려면 언제 어디서 누구와 무엇을 어떻게 해야 하는지 일일이 질문하던 나는 장군이 점점 불편해한다는 것을 눈치챘다. 그가 갑자기 독서용 안경을 벗더니 벌떡 일어났다. 그리고 책상을 돌아와 나를 내려다보며 엄한 목소리로 물었다.

"중위! 자네 어깨엔 별이 몇 개나 있나?"

나는 바보처럼 별을 찾느라 내 어깨를 내려다보곤 소심하게 대답했다.

"하나도 없습니다, 장군님."

"그러면 내 어깨 위엔 몇 개나 있나?"

"네 개입니다, 장군님."

나는 장군의 눈길에 잔뜩 위축되었다.

"중위, 자네 일을 내가 해야 한다면 나한테 자네가 필요할 이유가 있겠나?"

갤빈 장군이 불만스럽게 물으며 말을 이었다.

"자네는 해고야."

나는 돌아서서 재빨리 문으로 향했다. 심장이 내려앉는 것 같았다. 일을 시작한 지 단 며칠 만에 비참한 패배자가 되었음을 인정하지 않을 수 없었다. 문고리로 손을 뻗는데, 갤빈 장군의 목소리가 들렸다.

"가르시아 중위!"

나는 군 특유의 민첩한 동작으로 재빨리 돌아서서 발뒤꿈치를 붙이며 차려 자세로 소리쳤다.

"예, 장군님!"

갤빈 장군이 말했다.

"나에게 문제를 가져오지 말게."

그리고 강한 어조로 덧붙였다.

"내게는 '해답'을 가져오란 말이야."

그 이후 며칠 동안 나는 장군이 부여한 임무에 대한 해법을 찾기 위해 고심했다. 이윽고 내가 찾은 해답을 제시했지만 그는 여전히 만족하지 못했다. 그는 안경을 고쳐 쓰고 갑자기 자리에서 일어나 책상을 돌아오더니 다시 내 앞에 섰다. 나는 신랄한 비난이 날아올 것이라 생각하고 마음을 다잡았다. 하지만 이번엔 달랐다. 장군은 타이르는 말투로 자신이 내게 원하는 것을 정확히 설명하기 시작했다.

"나에게 하나의 해답만을 가져오지 말게. 적어도 세 개의 해답을 가져와. 그래야 자네가 정말로 생각을 하면서 일을 하고 있다는 것을 내가 알 수 있지 않겠나. 그리고 어떤 것이 최선이고 왜 그런지를 설명하게. 문제를 해결하는 다른 방법을 최소한 세 가지씩 생각하는 훈련을 하게. 그러면 일을 여러 가지 측면에서 보게 되고, 머릿속에 떠오르는 첫 번째 해법을 덥석 물어버리는 잘못도 저지르지 않을 걸세."

그날 저녁, 갤빈 장군의 말을 되새기던 중 문득 아주 오래전 아버지가 읽어주시던 책이 생각났다. 엘버트 허바드(Elbert Hubbard)의 《가르시아 장군에게 보내는 메시지(A Message to Garcia)》였다. 이야기의 배경은 1898년 아메리카-에스파냐 전쟁이었다. 맥킨리 대통령이 내린 불가능해 보이는 임무를 수행하기 위해 파견된 미국 육군 중위 앤드루 서머즈 로완(Andrew Summers Rowan)의 스토리가 중심이었다.

젊은 중위 로완은 스페인으로부터의 독립을 위해 싸우는 쿠바 반군 지도자 칼릭스토 가르시아(Calixto Garcia)에게 메시지를 전하고 가르시아의 대답을 받아오라는 대통령의 명령을 받았다. 이것은 미국이 스페인군에 대항하는 전략을 개발하는 데 상당한 도움이 되는 일이었다. 하지만 문제가 있었다. 아무도 쿠바 장군 가르시아와 그의 부대가 숨어 있는 정확한 위치를 알지 못했던 것이다. 로완은 가르시아 장군이 쿠바 정글 깊숙한 곳에 은신하고 있다는 이야기만 들었을 뿐이다. 로완 중위는 이 임무를 받고 아무런 질문도 하지 않았을뿐더러 누구에게도 도움을 구하지 않았다. 그저 임무를 완수하리라 마음먹고 가슴에 맨 가죽 주머니 안에 대통령의 메시지를 넣고 길을 떠났다. 작은 배를 타고 어부 행세를 하며 무장한 스페인 순찰선 사이를 통과한 그는 어둠을 틈 타 해안으로 숨어들었다. 그리고 말을 타거나 걸어서 산을 넘고 깊은 정글을 헤맸다. 마침내 로완과 그의 쿠바인 가이드는 가르시아 장군을 찾아 대통령의 메시지를 전달했다. 하지만 임무를 절반만 완성했을 뿐이었다. 그에게는 아직 가르시아의 메시지를 가지고 안전하게 돌아가야 하는 임무가 남아 있었다. 기적적으로 임무를 완수한 로완은 조용히 일상으로 돌아왔다. 그 임무를 수행한 것은 그에게 단지 의무였을 뿐이다. 그는 삶이 공평하지 않다고 불평하지도 않았다. 불가능해 보이는 임무 때문에 고민하지도 않았다. 어떤 질문도 하지 않고 그저 그 일을 해냈을 뿐이다.

나는 로완 중위의 정신을 마음에 담고 갤빈 장군이 부여한 임무를 완수하기 위해 다시 도전했다. 하지만 이번에는 좀 달랐다. 문제가 아닌 해결 방안에 초점을 맞춘 것이다. 그리고 생각할 수 있는 모든 각도에서 그 문제를 다루었다. 이윽고 세 가지 가능한 해답에 도달한 나는 그 해답들을 다시 분석해 가장 좋다고 생각되는 해답을 선택했다. 그리고 그것이 최선이라고 생각하는 이유를 조목조목 정리해 장군에게 보고했다. 물론 장군은 만족스러워했다. 임무를 완수한 것이다.

되돌아보면 갤빈 장군이 나에게 해답을 가져오라고 한 것은 그 자신이 문제의 해결법을 알지 못해서가 아니라 문제를 나에게 위임함으로써 나만의 유효한 해답을 개발하는 프로세스를 가르치려 한 것이었다. 갤빈 장군이 나에게 부여한 첫 임무는 기밀에 해당하지만 그 일을 통해 내가 배운 것이 무엇인지는 밝힐 수 있다.

리더는 자기 팀원이 문제를 스스로 개념적으로 생각하고 해결하는 방법을 이해하도록 도와주는 역할을 해야 한다. 훌륭한 리더는 유능한 부하를 고용하고, 그들의 멘토가 되고, 그들이 조직 내에서 훌륭한 자질을 발휘할 수 있도록 능력을 개발하고, 무엇보다 첫날부터 그들을 훈련시킨다. 유능한 리더는 세세한 부분까지 관리하고 싶은 유혹을 누르고, 자기 사람들이 스스로 해답을 만들어낼 능력을 가지고 있다고 믿는다.


## 훌륭한 리더는 모험 정신과 열정으로 가득 차 있다

줄리아 태프트(Julia Taft, WHF 70-71)는 세계적인 규모의 문제를 해결함으로써 명성을 얻은 전임 WHF이다. 태프트는 스물여덟의 나이에 WHF로 선발되었다. 볼더의 콜로라도 대학에서 국제관계학 석사 학위를 받은 지

겨우 1년 만의 일이었다. 군의관의 딸인 그녀는 첫 남편에게서 버림받고 이혼을 한 뒤였다. 하지만 WHF 창설자 린든 존슨 대통령과 존 가드너가 이 프로그램을 통해 펼치고자 했던 꿈과 목표, 즉 사회봉사에 대한 모험 정신과 열정으로 기꺼이 프로그램에 참여했다.

WHF 프로그램 초기에는 여성 선발자가 거의 없었다. 태프트는 17명의 WHF 클래스 중 유일한 여성 펠로였다. 하지만 펠로 동기인 다나 미드, '번' 뢰프케, 톰 오브라이언, 키스 크리스코 등에 따르면 모두가 여러 가지 면에서 그녀를 보호해주었기 때문에 16명의 남자 형제를 둔 것과 비슷했다고 한다. 태프트는 펠로십 기간 동안 부통령의 집무실에서 일했다. 그곳에서 태프트가 보여준 활달한 성격과 능력은 놀라웠다. 펠로십 기간이 끝났을 때 여러 기관에서 그녀를 채용하려고 찾을 정도였다. 가난한 사람을 돕고 싶었던 태프트는 보건·교육·복지부를 선택했다. 그리고 1974년 WHF 클래스 열여섯 형제들의 열렬한 성원을 받으며 윌리엄 하워드 태프트(William Howard Taft)의 증손자인 윌리엄 하워드 태프트 4세(William Howard Taft Ⅳ)와 결혼했다. 남편인 태프트 4세는 훗날 보건·교육·복지부와 국방부에서 법률 고문, 국방부 부장관, 사막의 폭풍 작전 당시 북대서양조약기구 미국 상주 대표, 콜린 파월 장관 휘하의 국무부 법률 고문을 역임한 인물이다.

줄리아는 1975년부터 난민을 돌보고 정착하도록 돕는 세계에서 몇 안 되는 진정한 전문가 중 하나로 경력을 쌓기 시작했다. 포드 대통령은 보건·교육·복지부 장관 캐스퍼 와인버거(Casper Weinberger)의 제안으로 그녀를 보건·교육·복지부에서 발탁해 사이공 붕괴 이후 베트남, 캄보디아, 라오스에서 온 난민들의 정착을 지휘하도록 했다. 그 정착 프로그램을 통해 6개월 동안 13만 1000명의 난민이 미국으로 들어왔다. 이 정도의 규모는 이전에 미국에서 시도된 적이 없었다. 따라서 어떤 전례도 없었고 계획을 할 시간도 없었다. 그저 성사해야 하는 일이었을 뿐이다. 태프트는 이 모든 일을 유머와 품위와 강철 같은 의지로 해냈다. 그녀의 오랜 친구이자 전 국방부 대변인 케네스 베이컨(Kenneth Bacon)은 이렇게 말한다.

"그녀는 너무나 어렸기 때문에(당시 32세에 불과했다) '이 일을 어떻게 해야 할지 전혀 모르겠어요. 그러니 앉아서 천천히 생각해보기로 해요.'라고 편하게 이야기할 수 있었습니다. 그런 줄리아에게 싫다고 말할 수 있는 사람은 없었지요."

태프트는 항상 수만 명의 베트남 난민을 정착시키는 일을 맡긴 포드 대통령의 결정이 자신의 인생을 바꾸었다고 말하곤 했다. 베이컨은 이렇게 증언한다.

"그녀의 인생만을 바꾼 것이 아니었습니다. 그것은 미국의 태도와 DNA 자체를 바꾸었습니다. 그 결과 우리는 더욱 풍요로운 나라가 되었고요. 줄리아는 젊은 나이에 아주 중요한 세 가지 교훈을 배웠죠. 첫째, 복잡하고 급박한 상황에 대처할 때는 협력이 필요하다. 둘째, 쉬운 해법을 목표로 삼지 말라. 옳은 해법을 목표로 하라. 셋째, 정부의 독자적인 조치보다는 정부와 민간의 제휴가 거의 언제나 낫다. 이런 교훈이 '할 수 있다'는 불굴의 정신과 어우러져 일련의 어려운 일을 성공으로 이끌 수 있었습니다."

난민 정착 임무를 완성한 뒤 태프트는 세 아이를 기르는 일에 몰두했다. 그리고 자녀들을 고등학교 졸업반이 되기 전에 가난과 기아로 고통받는 외국으로 보내 다른 사람을 돕는 의미 있는 경험을 하도록 했다. 세계 전역에서 도움을 청할 때마다 그녀는 외면하는 법이 없었다. 그녀는 남편에게 헌신적이었고, 남편 역시 자신의 개인적·직업적 수완을 이용해 아내의 일을 도와주었다. 태프트는 계속해서 세계 각지의 고위 정부 인사들과 친분을 쌓고 중요한 연락을 주고받았다. 그녀에게 무위(無爲)란 용서할 수 없는 범죄였다.

태프트는 1980년의 난민법(Refugee Act) 제정에 도움을 주었다. 임시 정착 프로그램에서 정부와 민간 기관들 사이의 강력한 제휴를 이끌기도 했다. 이후 그녀는 레이건 행정부의 해외재난지원국(Office of Foreign Disaster Assistance, OFDA) 국장으로서 그 부서의 능률을 높이는 데 일조했다. 특히 1987년 12월 지진으로 인해 불과 4분 만에 아르메니아 주요 도시들이 완전히 파괴되고 5만 5000명이 넘는 사망자가 생겼을 때의 일을 베이컨은 이렇게 회상한다.

"지진이 일어난 직후 어느 날, 사무실에서 손님과 함께 있던 그녀는 레이건 대통령이 지진 피해자들을 위한 원조를 승인했다는 소식을 들었습니다. 손님이 물었죠. '그곳을 정상화하는 데 얼마나 걸릴까요?' 줄리아는 망설임 없이 눈을 빛내며 확신 가득 찬 표정으로 이렇게 말했습니다. '첫 비행기가 즉시 떠날 겁니다. 짐을 싣고 활주로에서 출발만을 기다리고 있죠. 내가 대통령의 승인이 떨어질 때까지 손을 놓고 기다리고 있었을 거라고 생각하신 건 아니겠죠?'"

태프트는 군용 비행기를 타고 아르메니아에 도착했다. 소지품으로 가져간 것이라고는 딸의 분홍색 스트로베리 쇼트케이크(Strawberry Shortcake) 슬리핑백뿐이었다. 그만큼 빨리 행동에 옮겼다는 얘기다. 군용 화물 비행기는 구호물자로 가득 차 있었다. 이 같은 담대함은 태프트의 트레이드마크 중 하나였다. 그녀는 아르메니아의 지진 피해자를 지원하는 미국 대표부 수장으로서 일한 공로를 인정받아 1989년 소련 정부가 수여하는 수훈 훈장과 국제개발처(USAID: 미국의 대외 원조 실시 기관 – 옮긴이)의 수훈상을 수상했다.

또 다른 그녀의 트레이드마크는 용기였다. 1992년 사라예보에서 구조 활동을 할 때는 호텔이 공격을 받아 헬멧과 방탄조끼를 착용하고 욕조에 몸을 숨기기도 했다.

OFDA에서 3년을 보내는 동안 태프트와 직원들은 뉴저지 크기의 3배에 달하는 면적이 물에 잠기고 2500만 명이 집을 잃은 방글라데시의 수해, 그보다 덜 알려진 도미니카공화국과 인도의 수해, 아프리카 브룬디의 난민 문제, 카메룬에서 1200명의 사람을 죽인 독가스 사고, 아프리카의 사헬(Sahel)과 에티오피아에서 광범위한 기아 문제를 유발한 메뚜기 떼의 재앙 등을 수습하는 일에 참여했다. 이러한 성과를 바탕으로 그녀는 비정부 단체들의 연립 기구인 인터액션(InterAction)을 책임지는 자리를 맡게 되었다. 처음에 그녀는 "나는 이런 일을 하기에는 너무 오만하고 부주의한 사람입니다."라며 거절했다. 케네스 베이컨은 이렇게 말한다.

"1994년부터 1997년까지 그녀는 인터액션을 주요 단체로 변모시키며 사람들을 다루는 일에도 재능이 있다는 것을 다시 한 번 보여주었습니다."

1997년 빌 클린턴 대통령은 태프트를 내무부의 인구 · 난민 · 이민

(Population, Refugees, and Migration, PRM) 담당 차관보로 지명했다. 그리고 태프트는 1999년 달라이 라마와 중국 정부 간의 대화를 추진하기 위해 티베트 문제 특별 조정자 역할을 했다. PRM의 차관보로 일하는 동안 코소보에서 내몰린 80만 명의 난민을 보호하고 세계 전역에서 발생하는 난민 문제에 대한 미국의 대응책을 마련하는 데 중요한 역할을 담당했다.

태프트는 거의 모든 사람의 전화번호를 갖고 있었으며 전화 수화기 드는 것을 결코 두려워하지 않았다. 그런 그녀를 필요로 하는 곳은 너무나 많았다. 마크 말로크 브라운은 국무부를 떠나 국제연합개발계획(United Nations Development Programme)의 관리자가 된 후 그녀를 국제연합으로 불러들였다. 그곳에서 그녀는 위기 방지와 복구 사무국(Bureau for Crisis Prevention and Recovery) 국장으로 일하면서 특히 2002년 아프가니스탄의 재건을 위한 계획 마련과 조정에 힘썼다.

WHF 동기생인 톰 오브라이언은 이렇게 말한다.

"그 모든 일에서 줄리아는 문제를 해결하고 일을 성사시키는 데 집중하는 마법 같은 힘을 발휘했습니다. 놀랍고 가끔은 몸이 오싹해지는 일화도 많지만, 중요한 것은 도전과 모험, 자신의 경험 속에서 찾은 유머와 우리 시대에서 정말로 중요한 사건들 속에 참여하며 얻는 즐거움이었습니다. 줄리아는 그것을 자신이 아끼는 모든 사람과 나누고 싶어 했습니다. 모든 사람들에게 관심과 사랑을 가지고 있었죠."

2005년 태프트는 대장암에 걸렸다는 사실을 알았다. 병을 이겨내기로 결심한 태프트는 계속해서 일을 하며 전 세계의 핍박받는 사람들과 소외된 사람들에게 관심을 쏟았다. 심지어 인터액션의 임시 CEO 자리를 다시 맡기도 했다. 2008년 3월 임종을 앞두고도 그녀는 다른 사람들을 염려하는 마음을 잃지 않았다.

태프트가 숨을 거두기 며칠 전 〈뉴욕 타임스〉와 가진 인터뷰에서 전임 WHF이자 태프트의 오랜 친구인 콜린 파월은 이렇게 말했다.

"줄리아 태프트는 미국의 관대함을 보여준 표상이었습니다. 그녀의 삶은 하루에 1달러로 살아가는 사람들, 깨끗한 물도 약도 집도 없는 배고픈 사람들을 위해 바쳐졌습니다."

다음은 2008년 3월 18일 〈워싱턴 포스트〉 지에 실린 그녀의 부고 기사이다.

"그녀는 혼돈 속에서도 질서를 찾는 능력을 가졌으며 자신이 필요한 곳이라면 비행기, 헬리콥터, 지프, 나룻배에 올라 어디든 가고자 했던 의지의 소유자였습니다. 백악관에서든, 난민촌에서든, 정부 혹은 비정부 조직 관리와의 회담에서든 사람들의 마음을 움직이는 법을 알고 있었습니다."

나는 줄리아 태프트야말로 현대의 로완 중위라고 생각한다. 그녀는 문제가 무엇인지를 본능적으로 파악하고 최선의 해법을 찾는 데 집중했다. 일을 성공시키기 위해 자신이 가진 모든 능력과 용기를 끌어냈다. 언제나 냉정을 유지했고 자신이 이룩한 놀라운 성과에 겸손을 잃지 않았다.

## 의사 결정과 문제 해결에는 준비가 필수적이다

에드워드 라이스 주니어(Edward Rice, Jr., WHF 90-91) 중장은 주일 미군사령관이며 흑인으로서 미 공군 최고 계급에 오른 인물이다. 그는 30년에 걸친 군 경력 동안 여러 가지 직책을 거쳤다. 공군 신병 모집을 지휘했을 뿐 아니라 '항구적 자유 작전(Operation enduring Freedom: 9·11 사태 이후 미국이 아프가니스탄에서 전개한 일련의 작전을 말한다-옮긴이)' 때는 폭격기 군단을 이끌기도 했다. 또 2004년에는 동남아시아에서 쓰나미로 고통받는 사람들을 위해 재난 구호 활동을 편 합동대책반의 부지휘관으로 일했다.

라이스는 WHF 기간 동안 보건후생부에서 수석 보좌관 마이클 칼훈(Michael Calhoun)의 일을 도왔다. 그는 마이클 칼훈을 문제의 본질을 꿰뚫고 그것을 효과적으로 해결하는 뛰어난 능력을 가진 명석한 사람으로 평가했다. 칼훈으로부터 라이스는 의사 결정과 문제 해결에는 준비가 필수적이라는 것을 배웠다고 한다.

"마이클 칼훈은 비범한 판단력을 가지고 있었습니다. 그것은 칼훈이 항상 철저하게 준비를 갖추었기 때문입니다. 나는 오랫동안 그런 자질을 배우고자 노력했죠. 나는 성공적인 문제 해결의 첫 번째 요소는 문제에 대한 이해라고 생각합니다. 누군가 나에게 이런 말을 한 적이 있습니다. 복잡한 문제의 경우, 그 문제를 정확하게 파악하는 데 75퍼센트의 시간을 활용하라고 말이죠. 문제를 정확히 파악했다면 나머지 25퍼센트의 시간으로도 해답을 찾는 데 충분하다면서요. 너무 빤한 이야기처럼 들리겠지만, 우리 주위엔 실제로 문제를 제대로 이해하지 못해서 일을 올바로 해결하지 못하는 경우가 아주 많습니다."

몇 년 전 출장길에서 돌아온 나는 내 어시스턴트와 내 사무실 문에 1미터 길이의 커다란 팻말이 걸려 있는 것을 보았다. 그 팻말에는 "나에게 문제를 가져오지 말게. 나에게는 해답을 가져오게."라고 쓰여 있었다.

여러분도 이와 비슷한 팻말을 걸어두고 팀원들을 최고의 문제 해결사로 이끄는 일에 착수하길 권한다. 물론 사람들에게 문제 해결 전략을 가르치는 데에는 시간과 노력이 필요할 것이다. 하지만 여러분의 노력이 결실을 맺으면 그것이 가치 있는 투자였다는 사실을 알게 될 것이다.

제 17 장

---

# 리더는 직접
# 발로 뛰며 지휘한다

---

LEADERS LEAD
BY WALKING AROUND

> 가장 유능한 리더는 기꺼이 자기 사무실에서 나와 팀원들과 의미 있는 방식으로 교류한다. 아무리 세련되고 뛰어난 견해를 갖고 있어도 스스로를 고립시키는 리더는 곧 자기 사람들과 멀어지고 훌륭한 시각을 공유할 기회를 놓치게 된다. 조직을 이끄는 최선의 방법을 알고 싶다면 직원 식당이나 작업 현장, 구매 부서로 가서 '시시한 질문'을 던지도록 하라. 아랫사람들은 리더인 여러분이 그 답을 찾는 데 기꺼이 도움을 줄 것이다.

## 부하들이 자신에게 다가올 때까지 기다리지 말라

삼라트 '샘' 키치(Samrat 'Sam' Khichi, WHF 04-05)는 매출액이 20조에 달하고 1만 명의 종업원을 둔 거대 국제 기업 카탈렌트 파르마 솔루션 (Catalent Pharma Solution)의 수석 부사장 겸 법률 자문을 맡고 있다. 그가 다루는 문제는 수출입, 고용법, 특허 신청, 다국적 기업 인수합병 등 다양하지만 어떤 문제를 다루든 키치는 모든 정보를 철저히 분석한다. 그와 같은 위치에 있는 사람이라면 자기 책상을 모든 일을 지시하는 '지휘부'로 이용하고 싶은 유혹을 가질 수 있다. 하지만 키치는 자신의 책상을 벗어나 현장에서 발로 뛰는 리더로 유명하다.

키치는 육군 중위이던 시절 직접 발로 뛰는 지휘를 처음 배웠다. 키치의 상관은 그에게 앞에 나서서 부대원들 눈에 띄는 곳에 있는 것이 군 조직에서 필수적인 리더십 기법이라고 가르쳤다. 키치는 WHF 기간 동안 주택 · 도시 개발부 장관 알폰소 잭슨(Alphonso Jackson)과 일하면서 그 교훈을 다시 한 번 확인했다.

"WHF로서 나는 다각적인 검토를 통한 지휘가 군에서만 적용되는 것이 아님을 알게 되었습니다. 주택·도시 개발부의 잭슨 장관 역시 사적인 상호 작용과 인간관계의 중요성을 강조했습니다. 펠로십 기간 동안 내가 배운 공통적인 교훈은 직접 발로 뛰는 리더십이라는 개념입니다. 발로 뛰는 리더십은 부서와 관계를 유지하는 것이 그 목적입니다. 그것은 일반적인 커뮤니케이션 수단, 즉 이메일이나 문자 메시지를 보내고 초안을 교환하고 공식적인 회의를 가지는 것 이상의 일입니다. 리더는 항상 눈에 띄는 곳에 있어야 하고 언제든 접근할 수 있는 자리에 있어야 합니다."

키치는 그러한 목표를 달성하기 위해 매일 점심 식사 전에 책상 앞을 떠나 사무실을 돌아본다. 사무실을 하나하나 살피고 20명의 직원 각자와 직접적인 접촉을 가진다. 따뜻하게 인사를 건네며 안부를 묻고 그들이 말하는 것에 귀를 기울인다. 키치는 매일같이 직원들과 사적인 미팅을 갖기도 한다.

"우리 직원들은 그것을 '드라이브바이(drive-by)'라고 부릅니다. 미팅은 전적으로 직원들이 이야기를 마치는 시간에 달려 있기 때문에 몇 분 안에 끝나지 않는 경우도 있습니다. 그러니 아주 꼭 맞는 이름이라고 볼 수는 없죠. 우리 직원들은 그 시간이 나에게 문제를 제기할 수 있는 기회이고, 내가 귀를 기울여줄 것이라는 사실을 잘 알고 있습니다. 내가 받은 피드백으로 볼 때 그들은 이런 유형의 커뮤니케이션을 좋아합니다. 약속을 미리 잡거나 이메일을 통하는 식의 정형성을 피할 수 있기 때문입니다. 실시간으로 직원들과 연결되기 때문에 나 역시 이 방식을 좋아합니다. 목표는 매일 직

원 각자와 두 번씩 만나는 것입니다. 한 번씩밖에 못하는 경우도 있느냐고
요? 물론입니다. 하지만 목표는 두 번씩입니다. 나는 이 기법이 개방적이고
접근하기 용이한 문화를 만들 뿐만 아니라 팀의 기능을 더 효과적으로 만
들어준다는 것을 발견했습니다."

해군 대장으로 전역한 찰스 '척' 라슨 역시 팀원과 어우러지는 분위기가
가져다주는 힘을 믿고 있다. 그는 해군사관학교 교육감으로 있을 때나 미
국 태평양사령부의 총사령관으로 재임할 때나 혹은 핵잠수함 지휘관으로
있을 때나 자리에 앉아 부하들이 자신에게 오기를 기다리는 법이 없었다.
그는 자신이 '발로 뛰는 리더십'이라고 부르는 것을 실천했다. 자기 분야에
서 일어나는 일에 대해 브리핑을 원하는 사람이 있을 때는 그의 담당 구역
으로 가서 그 사람을 만나곤 했다. 또 정기적으로 조직의 여러 부분을 무작
위로 선정해 그들이 일하는 모습을 둘러보았다. 라슨은 말한다.

"잠수함에서 근무할 때는 언제나 돌아다니며 자기 위치에서 근무하는
부하들과 이야기를 나누었습니다. 무슨 일을 하고 있는지 묻고, 보수 관리
는 잘되고 있는지 살피면서 말입니다. 해군사관학교의 교육감으로 있을 때
에는 대외 관계를 시작하기 전에 내부 관계를 완성하겠노라고 결심했습니
다. 그래서 일주일에 두 번씩 학생들의 수업을 둘러보았습니다. 리더십 수
업이나 윤리 수업 또는 커리큘럼의 다른 부분 중 하나를 택했죠. 예고 없이
말입니다. 일주일에 한 번은 아무 테이블이나 선택해서 생도들과 점심 식
사를 했습니다. 나는 언제나 그들과 가까이, 그들의 손이 닿을 수 있는 곳에
있었습니다. 내가 깊은 관심을 표했기 때문에 그들도 나와 이야기할 수 있
다는 것을 알고 있었습니다."

## 모든 일은 현장에서 이루어진다

빌 앤드 멜린다 게이츠 재단(Bill & Melinda Gates Foundation)의 자금관리 이사인 알렉스 프리드먼(Alex Friedman, WHF 98-99)은 WHF 멘토인 찰스 '척' 크루락(Charles 'Chuck' Krulak)으로부터 같은 리더십 기법을 배웠다. 해병대 사령관 시절 크루락은 예고 없이 기지를 순시하는 버릇이 있었다. 아무에게도 알리지 않고 병영을 이리저리 돌아다니며 대원들과 이야기를 나누었다. 프리드먼은 자신이 수행한 몇 차례의 깜짝 방문 중 샌디에이고 펜들턴 캠프(Pendleton Camp)에서 가진 해병대원과 크루락과의 대화를 기억했다. 크루락이 젊은 병사에게 어떻게 지내느냐고 묻자 그 해병대원은 자신은 해병대를 좋아하며 해병대가 최고라는 관례적인 대답을 했다. 크루락은 해병대가 멋진 곳이라는 데 동의하면서 혹시 마음에 들지 않는 부분이 있느냐고 물었다. 해병대원은 모든 것이 마음에 든다고 말했다. 하지만 크루락이 솔직하게 말해보라고 부추기자 그 병사는 오른쪽 군화에 조금 문제가 있다고 말했다. 군화를 살펴본 크루락은 그 대원의 뒤꿈치가 까져 있는 것을 발견했다.

"크루락 장군이 하루에 몇 시간 동안 군화를 신느냐고 묻자 그 병사는 완전 군장을 한 채 18시간씩 신고 있다고 대답했습니다. 크루락은 다른 병사들도 군화 때문에 같은 문제를 겪고 있지만 그들의 지휘관이 그 문제를 처리하기에는 '너무 바쁘다'는 것을 알게 되었습니다."

펜타곤으로 돌아간 크루락은 군화 문제가 해병대원들 사이에서 얼마나 심각한지 조사했다. 그리고 잘못된 군화가 해병대 전체를 괴롭히고 있다는 사실을 깨달았다. 크루락은 결함 있는 군화를 신속히 교체하라고 명령했다.

"그 이야기는 해병대에서 눈 깜짝할 사이에 퍼져나갔습니다. 사령관이 모든 문제가 잘 해결되었는지 그 병사에게 사적인 이메일까지 보낸 것이 일개 사병에게 얼마나 깊은 인상을 남겼겠습니까? 자상한 관심이었죠. 그것은 크루락이 부하들을 정말 아낀다는 메시지였습니다. 그것을 절대 잊을 수는 없죠. 분명히 마음속 깊이 담아두었을 겁니다."

또 다른 전임 WHF 제임스 '짐' 파디야(James 'Jim' Padilla, WHF 78-79) 역시 현장에서 부하들과 어울리는 것이 얼마나 가치 있는 일인지 잘 알고 있었다. 파디야는 십대 때 고향 디트로이트의 유명한 가톨릭 고등학교에 입학하기로 결심했다. 학비가 비쌌지만 파디야는 굳은 결의를 가지고 있었다. 어린 파디야는 혼자 학비를 충당하기 위해 갖가지 일을 하면서 몇 주 만에 동기생 중 최고의 우등생이 되었다. 몇 년 후 보이스카우트로서 가장 큰 영예인 '이글 스카우트'가 된 파디야는 화학공학과 경제학 학위를 받고 디트로이트 대학을 졸업했다. 포드 자동차에서 일하기 시작한 그는 32세의 나이에 WHF로 선발될 때 연료 효율 계획 부문 책임자로 있었다. 그는 펠로십 기간 동안 상무장관 후아니타 크렙스(Juanita Kreps)와 일했다.

크렙스는 뛰어난 상관이었다. 그녀는 '제임스 B. 듀크 교수(James B. Duke Professor)'로 임명된 최초의 여성이었고 듀크 대학의 부총장을 역임하기도 했다. 크렙스는 이스트먼 코닥(Eastman Kodak), J. C. 페니(J. C. Penney), R. J. 레이놀즈(R. J. Reynolds), AT&T를 비롯한 유명 기업의 중역을 거쳐 뉴욕 증권거래소 최초의 여성 책임자가 되었다.

파디야는 펠로십 기간이 끝나고 포드 자동차로 돌아가 출세가도를 달린 젊은 WHF의 귀감이 되었다. 마침내 파디야는 포드의 사장이자 CEO 자리에 올랐고 2006년 포드에서 40년 생활을 마치고 은퇴했다.

파디야의 리더십 스타일은 포드의 30만 직원들 사이에서 가장 눈에 띄었다. 직원들은 파디야가 책상에 앉아 있는 것을 본 적이 없다고 말한다.

"지휘를 할 때는 최전방에 있어야 합니다."

파디야는 말한다.

"나는 자신의 리더십을 보여주는 것이 정말 중요하다고 생각합니다. 포드처럼 규모가 크고 복잡한 기업일 때는 특히 더 그렇습니다. 미국에서 일어나는 일은 브라질이나 중국에서 일어나는 일과 거의, 혹은 전혀 관계가 없습니다. 그 때문에 밖으로 나가서 사람들을 만나야 하는 것입니다. 나는 일과의 거의 절반을 밖에서 보냈습니다."

파디야 리더십 스타일의 특징 중 하나는 전 세계의 포드 직원들과 종종 갖는 타운 홀(town hall) 미팅이다. 파디야는 각 참가자에게 10분 동안 현재의 업무 상황에 대한 자신의 생각을 개략적으로 말하게 함으로써 미팅을 시작한다. 그리고 질문과 대답하는 시간을 가진다. 파디야는 제조 분야에서 확실한 경력을 쌓았기 때문에 현장을 방문하거나 현장 근로자들과 어울려 이야기하는 시간을 유난히 즐겼다. 세계 어느 곳에 있든 포드 딜러들과 시간을 보내며 그들이 비즈니스에 대해 어떤 독특한 견해를 갖고 있는지 파악했다.

"구매자와 접촉을 유지하는 것은 대단히 중요한 일입니다. 전 세계 본부의 윗사람들이 무슨 생각을 하고 있는지 그저 궁금해하기만 해서는 안 되죠. 잘 알고 있어야 합니다. 그래서 나는 그들과 함께 일하며 그들이 우리

조직의 우선순위를 이해하도록 하는 데 많은 시간을 할애합니다. 일은 본부에서 이루어지는 것이 아닙니다. 현장에서 이루어지죠. 사람들로 하여금 자기가 하는 모든 결정이 조직이 우선적으로 생각하는 것과 일치한다고 느끼도록 해야 합니다."

## 가장 명민한 사람은 가장 단순한 질문을 던진다

사람들로 하여금 솔선해서 일하도록 하는 것이야말로 리더십에서 가장 중요한 요소이다. 조지 루이즈(Geroge Ruiz, WHF 06-07) 박사가 펠로십 기간 동안 보훈처에서 일하며 배운 것도 바로 이것이다. 루이즈는 브라운 대학과 앨버트 아인슈타인 의과 대학(Albert Einstein College of Medicine)을 졸업하고 선천성 심장 결손 치료를 전문으로 하는 의사가 되었다.

루이즈는 WHF 시절 자신의 상관인 보훈처 장관 짐 니콜슨(Jim Nicholson)을 통해 책상 앞을 떠나 팀원들과 어울리는 것이 얼마나 중요한지 배웠다.

"내가 일찍이 배운 교훈 중 하나는 '점심 규칙'이라고 부르는 것입니다. 나는 장관이 직원 식당으로 내려와 우리와 함께 점심 먹는 것을 정말 좋아했습니다. 아주 깊은 인상을 받았죠. 직원 식당에 앉아 있는 장관의 모습을 볼 때마다 나는 '당신은 진정한 보스입니다!'라고 생각했습니다."

루이즈는 그 교훈을 실천에 옮겼다.

"진짜 소시지에 대해 알고 싶으면 소시지 만드는 곳엘 가보아야 합니다.

그래서 나는 '물건은 어떻게 구매합니까?' 같은 시시한 질문을 하며 돌아다니기 시작했습니다. 보훈처 전체를 위해 물건을 구입하는 부서가 있었거든요. 하지만 모두들 나를 미친 사람처럼 보았죠. 그것이 내가 펠로십 기간 동안 배운 또 다른 교훈이었습니다. 가장 명민한 사람은 가장 단순한 질문을 던진다는 것 말입니다. 그들이 단순한 사람이거나 단순한 사고 프로세스를 가지고 있어서가 아닙니다. 그들은 대상을 그 궁극의 본질까지 상세히 분석할 수 있기 때문에 가장 근본적인 질문을 던지는 것입니다. 나는 그 사실에 큰 흥미를 느꼈습니다. 그리고 깨달았습니다. 대부분의 의학 수련도 계속해서 시시한 질문을 던지는 것으로 이어진다는 것을요."

'시시한 질문'을 하며 사무실을 돌아다님으로써 루이즈는 보훈처가 효율성과는 거리가 먼 분산된 구매 프로세스를 갖고 있다는 사실을 알게 되었다. 그는 손익에 민감한 민간 병원들은 어떻게 물품을 조달하는지 궁금했다. 그래서 전국에서 가장 큰 의료 기관 열 군데를 조사하고 그곳의 CEO나 다른 고위직 임원들에게 전화를 걸어 구매 과정에 대해 알아보았다. 병원 관계자들은 루이즈에게 의료 기관을 위해 물품을 대량 판매하는 조직이 있다고 알려주었다. 순간, 보훈처가 그런 판매 조직을 만든다면 수백만 달러를 절약할 수 있을 것이란 확신이 들었다.

"나는 그 아이디어에 온 정신을 쏟았습니다. 정말로 흥분되는 일이었죠. 나는 보훈 병원들을 찾아가 많은 이야기를 나누었습니다. 그리고 보훈처의 시스템 하에서는 모든 구매 정보가 데이터 속에 묻혀 있기 때문에 집단 구매를 이용하기가 어렵다는 것을 발견했습니다. 자료는 있지만 체계가 없어 찾을 수 없었죠. 모든 데이터를 쓸모 있는 시스템 속에 옮기는 좋은 방법을 찾아내고 싶었습니다. 그래서 장관에게 대규모 지출 분석을 실시하는 것이 좋겠다고 건의했죠. 또 보훈처의 구매 시스템을 집중시키면 몇 억 달러를 절약할 수 있다는 것을 보여주기 위해 프레젠테이션을 준비하기도 했습니다. 장관은 내 프레젠테이션에 깊은 인상을 받고 계속 그 일을 진행하라고 격려했습니다. 마침내 보훈처 최초로 대규모 지출 분석을 실시하게 되었습니다. 비용 절감을 위한 중앙 집중형 구매 시스템을 향한 첫 걸음이었죠."

삼라트 키치, 척 라슨, 알렉스 프리드먼, 짐 파디야, 조지 루이즈는 모두 같은 리더십 기술을 배웠다. 바로 가장 유능한 리더는 기꺼이 자기 사무실에서 나와 팀원들과 의미 있는 방식으로 상호작용하는 사람들이라는 것이다. 물론 고위직에 있는 사람은 세련되고 뛰어난 견해를 갖고 있을 것이다. 하지만 스스로를 고립시키는 리더는 곧 자기 사람들과 멀어지고 오랫동안 훌륭한 시각을 공유할 기회를 놓치게 된다. 조직을 이끄는 최선의 방법을 알고 싶다면 직원 식당이나 작업 현장, 구매 부서로 가서 '시시한 질문'을 던지도록 하라. 아랫사람들은 리더인 여러분이 그 답을 찾는 데 기꺼이 도움을 줄 것이다.

제 18 장

---

# 리더는 전환적 변화를
# 이끄는 사람이다

LEADERS ARE TRANSFORMATIONAL
CHANGE AGENTS

---

66 변화를 이끄는 리더는 조직의 과거와 현재를 명확하게 이해하는 일에서부터 출발해 자신의 팀으로 하여금 미래에 대한 비전을 발전시키도록 이끄는 사람이다. 에이브러햄 매슬로는 이렇게 말했다. "성장을 위해 발을 내딛지 않는다면 남은 선택은 안전을 위해 뒤로 물러서는 것뿐이다." 가장 성공적인 변화를 이끄는 리더는 자신의 팀이 편안한 곳으로 물러서려는 욕구를 극복하게끔 격려하고 팀원이 더욱 밝은 미래를 향해 꾸준하고 긍정적인 태도로 나아가게끔 이끄는 사람이다. 99

## 새로운 조직을 변화시킬 때는 소통을 중시하라

리더의 자리를 지키는 것은 언제나 어려운 일이다. 이익이 증가하고 좋은 직원을 원활히 보충하고 비용 발생을 억제하고 있을 때라도 리더는 일이 수월하게 진행되도록 빈틈없이 주의를 기울이고 사전 대책을 강구해야한다. 그렇다면 새로운 리더가 문제 있는 조직을 맡아 상태를 원래 궤도로 복귀시키라는 기대를 받고 있을 때는 어떤 일이 일어날까? 신뢰도가 낮고 긴장감이 높을 때 리더는 어떻게 해야 할까?

빌 코터는 이런 질문에 대한 대답을 잘 알고 있다. 펠로십 기간 동안 상무부 장관 존 코너(John Connor)의 보좌관으로 일할 때 코터의 임무 중 하나는 상무부에 정치적으로 임명된 사람들과 직업 공무원들 사이의 커뮤니케이션 가교 역할을 하고, 일에 대한 열의를 다시금 높이는 방법을 찾는 것이었다.

"공무원은 자신들이 현 정권과 관계없이 자리를 지키게 되리라는 것을 알고 있고, 정치적으로 임명되어 조만간 자리를 떠나게 될 사람들이 제안한 새로운 아이디어에 전력을 다해 매달리고 싶은 마음이 없었습니다. 나는 이 두 그룹이 각자 시간에 대한 생각이나 어젠더가 다르다는 것을 깨달았습니다. 하지만 공동의 목표를 이루기 위해 서로를 존중하는 마음이 아예 없는 것은 아니었죠. 그들과의 대화를 통해 많은 것을 알게 되었습니다만, 그중 가장 중요한 것은 거의 모든 사람, 즉 새로운 사람이나 오래 자리를 지킨 사람이나 높은 지위에 있는 사람이나 낮은 지위에 있는 사람을 막론하고 조직을 더 나은 곳으로 만드는 데 이바지할 생각을 갖고 있다는 점이었습니다. 새로운 리더라면 지위와 관계없이 가능한 한 많은 사람과 직접 대화를 나누고 그 대화를 오랫동안 지속해야 합니다."

코너 장관은 코터에게 매주 여는 스태프 회의를 통해 사람들이 문제나 이의를 자유롭게 제기할 수 있는 분위기를 만드는 것이 얼마나 중요한지 가르쳤다. 장관은 회의 시간을 이용해 전 부서 사람들에게 정보를 전달하고 우선적인 일이 무엇인지 강조했다.

코터는 말한다.

"충돌이 불거지고 있는 상황이었죠. 중재와 조정이 필요할 때마다 장관은 직접 현장으로 나가 논리적인 방법으로 전체를 위해 그리고 각 부서에 가장 좋은 효과를 낼 수 있는 방안을 찾았습니다."

코터는 WHF 기간 동안 배운 교훈을 1979년 콜비 대학(Colby College) 총장으로 임명되었을 때 유용하게 사용했다. 콜비 대학은 메인 주 워터빌에 있는 소규모 사립 미술 대학으로서 리틀 아이비(Little Ivy)라고도 불리는 엘리트 교육 기관 중 하나이다. 하지만 뛰어난 역사와 전원(田園)의 매력을 자랑하는 이 학교 캠퍼스에는 큰 문제가 하나 있었다. 학생들의 클럽이 완전히 통제를 벗어나 있었던 것이다. 실제로 코터가 그 자리에 임명되기 전, 술에 취한 클럽 회원들이 싸움을 일으켜 피아노를 비롯한 학교 집기를 내던지는 사고가 있었다. 화재까지 일어나 소방차가 출동했으나 학생들이 소방호스를 끊었다. 그뿐만이 아니라 끊임없이 크고 작은 문제가 발생했다. 클럽의 싸움이 있을 때면 여학생들은 두려워서 그곳을 지나가지 못했다. 모욕적인 언사를 듣거나 때로는 신체적인 학대를 당했기 때문이다.

코터는 말한다.

"교직원들은 이 사태에 대단히 분개했습니다. 대부분의 이사회 이사들도 마찬가지였죠. 내가 콜비에 부임하기 전 봄, 이 문제가 교내의 쟁점이었습니다. 처음 학교에 도착한 뒤 열린 공개 포럼에서 학생 클럽에 대한 의견을 묻는 질문에 나는 이렇게 대답했습니다. '저는 클럽에 대해 아는 바가 없습니다. 클럽이 없는 대학을 다녔으니까요. 따라서 그 질문에 대답하기 위해서는 우선 클럽에 대해 많이 배워야 할 것입니다.'"

코터는 즉시 클럽 시스템을 분석하고 그 문제를 해결하기 위한 프로세스를 고안한 다음 2년에 걸쳐 그 계획을 실천했다.

"클럽이 콜비에 등장한 것은 1940년대부터였습니다. 당시 학교는 성차별주의적 태도와 알코올 남용, 낮은 성적 평가, 건물의 물리적인 상황 같은 문제를 안고 있었습니다. 대학이 학생들에게 어떤 기대를 하고 있는지 아무도 말하지 않았죠. 그래서 나는 무엇보다 우리의 기대를 명확하게 제시하고, 그런 뒤에 클럽들이 책임 있는 행동을 하는지 지켜보는 것이 좋겠다고 제안했습니다. 우리는 약 9개월 동안 일련의 클럽 지침을 마련했습니다.

거기에는 일정 기간이 지난 후 일정한 지침에 맞지 않는 클럽은 투표를 통해 해체한다는 조항도 있었습니다. 클럽들은 거의 모든 지침에 합의했습니다. 비로소 모두가 한 배에 타게 된 것이죠.”

상당한 시간이 흐른 뒤, 일부 클럽만이 기준에 부합했다. 코터는 관계자들을 지휘해 문제 해결을 위한 강력한 조치에 나섰다. 코터는 그토록 뿌리 깊고 논란의 소지가 많은 문제를 해결하는 것이 벅찬 일이라는 사실을 알고 있었다. 하지만 상무부에서 배운 교훈이 그를 이끌었다. 그는 커뮤니케이션 수단을 열어두었다. 모든 측면의 이야기에 귀를 기울였다. 지위가 높건 낮건 모든 사람으로부터 정보를 받아들였다. 학생들에게 외부 이사를 추천하도록 하고, 모두에게 의견을 제시할 수 있는 기회를 주었다. 마침내 클럽의 존폐를 위한 투표 날이 되었다. 이 비밀 투표를 통해 만장일치로 캠퍼스에서 클럽을 없애고 완전히 새로운 기숙사 생활 시스템을 만들자는 결정이 내려졌다. 이후의 조치는 평화롭게 진행되었고, 콜비 대학은 새롭게 단결된 힘으로 발전할 수 있었다. 앰허스트(Amherst), 보도인(Bowdoin), 해밀튼(Hamilton)을 비롯한 다른 대학들 역시 콜비의 뒤를 이어 캠퍼스에서 클럽을 폐지했다.

코터는 말한다.

“이 과정에서는 자기 측의 기반을 지키려 하지 않는 솔직한 논의와 이해 당사자들과의 완벽한 커뮤니케이션이 필수적이었습니다. 나는 새로운 자리에서 같은 문제에 직면한 사람들이라면 누구에게든(특히 당신이 CEO라면) 광범위한 변화를 모색하기 전에 스태프 또는 구성원들과 폭넓은 논의를 하라고 말해주고 싶습니다. 일단 새로운 이니셔티브가 결정되면 이러한 변화가 합당한 '이유'를 소통시키는 데 충분한 시간을 들여야 합니다. 가능한 한 폭넓게 일대일 미팅을 가짐으로써 동의하지 않는 사람이라도 최소한 그들의 의견과 논거를 경청했다는 사실을 알게 만들어야 합니다."

## 소통이 부족하면
## 조직은 반드시 혼란과 실패로 귀결된다

코터는 대화를 촉진하고 협력적인 분위기를 불러일으키기 위해 일대일 미팅을 권하는 반면, 조지 하일마이어는 타운 홀 미팅의 힘을 믿고 있다. 하일마이어는 WHF 기간 동안 국방장관의 특별 보좌관으로 일했다. 펠로십 기간이 끝난 후 몇 년 더 정부에 남아 일을 했고, 이후에는 민간 부문으로 돌아가 텍사스 인스트루먼트(Texas Instrument)의 수석 부사장 겸 최고 기술 책임자가 되었다. 이어 1991년에 벨코어[(Bellcore: 현재의 텔레코디아 테크놀러지(Telcordia Technologies)] CEO로 선임되어 일하던 중 그는 직업적으로 대단히 큰 어려움에 직면했다.

"벨코어에서 나는 가부장적이고 계층적이고 권력 지향적인 문화를 지키려 애쓰는 조직을 인계받았습니다. 미국 비즈니스업계에서는 더 이상 그런 문화를 유지하는 것이 불가능했지만, 그들은 기여도에 관계없이 자신의 자리를 지키고 봉급을 인상시키고자 했습니다. 개인적인 책임감이나 의무감은 거의 찾아볼 수 없었죠. 그리고 실패는 언제나 다른 누군가의 잘못이라는 평계로 돌아갔습니다."

하일마이어는 벨코어에서 이런 분위기를 하루라도 빨리 제거해야 한다는 사실을 알고 있었다. 그런 해로운 환경에서는 성공적인 비즈니스 모델이 생겨날 여지가 없었다. 그렇게 큰 문제를 해결하려면 어디서부터 시작해야 하는 것일까? 물론, 문제를 논리적인 방식으로 생각하는 것부터 출발해야 한다.

워싱턴에 있는 동안 하일마이어는 프로젝트를 관리하고 변화를 일으키기 위해 '질문 공세'라고 부르는 것을 개발했다. 하일마이어는 어떤 구상을 시작하거나 큰 변화를 시행할 때마다 다음의 질문들을 자신에게 던졌다. 실행 가능한 계획을 개발하기 위해 생각을 정리하는 방법이었다.

* 당신이 하려는 일은 무엇인가? 전문 용어를 쓰지 말고 당신의 목표를 명료하게 표현하라.

* 오늘 완성해야 할 일은 무엇인가? 현재 상황에서 실행에 장애물이 되는 것은 무엇인가?

* 당신의 접근법에 새로운 점이 있는가? 그것이 성공할 것이라고 생각하는 이유는 무엇인가?

* 개입된 사람은 누구인가? 성공한다면 어떤 차이를 만들 수 있는가?

* 어떤 리스크와 보상이 있는가?

* 비용은 얼마나 필요한가? 시간은 얼마나 소요되는가?

* 성공을 확인하는 '중간고사'와 '기말고사'에 해당하는 것은 무엇인가?

벨코어에서 하일마이어는 이 '사전 점검 목록'을 이용했다. 그리고 이후에는 뒤이은 변화를 실행하고자 하는 회사 내 사람들에게 그 지침을 가르쳐주었다. 이로써 벨코어는 성공적인 미래로 향하는 새로운 기회를 맞이할 수 있었다. 하일마이어는 또한 일련의 타운 홀 미팅을 일주일에 두 차례씩 개최함으로써 모두가 새로운 CEO를 직접 대면하고, CEO의 말에 귀를 기울이고, CEO에게 자신의 이야기를 할 수 있는 기회를 주었다.

"나는 언제나 내가 아닌 직원들이 일하는 곳에서 주제가 무엇이 되었든 그들과 만나 이야기를 나눕니다. 미팅 시간이나 주제에는 제한을 두지 않습니다. 타운 홀 미팅은 '그들이' 선택한 주제에 대해 더 이상 질문이 나오지 않을 때까지 계속됩니다. 리더는 직원들의 말에 귀를 기울이고 그들에 대해 알고 있어야 합니다. 여기에 부족한 부분이 있다면 그것은 모두의 혼란과 실패로 직결될 것입니다."

## 명확한 비전과 장기 계획으로 조직의 변화를 꾀하라

마이런 '마이크' 얼먼(Myron 'Mike' Ullman, WHF 81-82)의 여정에는 '혼란과 실패'가 존재하지 않았다. 사람에 대해 아는 것이 WHF를 시작하는 그의 첫 번째 과제가 되었기 때문이다. 얼먼은 신시내티 대학의 영업 담당 최고 책임자로 일하던 중 WHF로 뽑혀 미국 통상대표부 대사 윌리엄 브록 3세(William Brock Ⅲ)의 직속 보좌관이 되었다.

"나는 통상에 대해서는 잘 알지 못했습니다. 통상 분야에 있지도 않았고 법률가도 아니었으니까요. 하지만 그 일은 내가 대학에서 이미 공부한 것을 적용해볼 기회가 되었습니다. 나는 통상 분야의 모든 일에 관여했습니다. 처음에는 약간 부담스러웠습니다. 하지만 업무 능력과 커뮤니케이션에 개방적인 내 장점이 사람들에게 도움이 될 수 있다는 것을 알게 되면서 두려움이 줄어들었습니다. 1년의 4분의 3이 지났을 무렵 내 펠로 파트너인 토머스 셜(Thomas Shull, WHF 81-82)이 웨스트포인트에서 교편을 잡기 위해 그만두었기 때문에 나는 백악관 웨스트 윙으로 건너가 예산관리국의 제임스 베이커와 존 F. W. 로저스(John F. W. Rogers) 수석 보좌관의 어시스턴트로 일했습니다. 펠로십 기간의 마지막 3개월 동안 또 다른 종류의 일을 맡게 된 것이죠. 주로 백악관 자체의 시스템 변화와 관리 그리고 인사 관련 문제였습니다."

얼먼은 펠로십을 끝낸 후 소매(retail) 부문을 연구해보기로 결심했다. 그리고 20년간 페더레이티트 백화점(Federated Department Stores) 수석 부사장, 워프 홀딩스(Wharf Holdings Ltd.) 전무이사, R. H. 메이시 앤드 컴퍼니(R. H. Macy and Company)와 DFS 그룹(DFS Group Ltd.)의 회장 겸 CEO, 모에 헤네시 루이 비통(Moet Hennessy Louis Vuitton) 경영 책임자 등 세계 최대의 소매 기업들에서 고위직을 두루 역임했다. 얼먼은 자신의 자리에서 그 기업을 더 나은 곳으로 만들기 위해 애썼다.

오랜 역사를 가진 미국의 소매 업체 J. C. 페니의 책임자로 선임된 2004년 얼먼은 커다란 어려움에 직면했다. 당시 페니는 파산 직전의 상황에서 고투하고 있었던 것이다. 회사를 재건하고 다시 번영하도록 필요한 변화를 일으키는 것이 얼먼의 몫이었다.

"페니는 훌륭한 전통을 갖고 있었지만, 그 전통만으로는 현실을 극복하기 어려운 상황이었습니다. 당장이라도 파산할 지경이었으니까요. 그런데도 사람들은 그 전통에서 좀처럼 헤어나지 못하고 있었죠. 그게 마치 가장 중요한 문제라고 여기는 듯했습니다. 사람들은 내가 아무런 계획도 없이 부임했다는 데 커다란 충격을 받았습니다. 하지만 나는 그들을 믿었고, 우리가 5개월이 아닌 5년 후에 어느 위치에 있어야 하는지에 초점을 맞추었습니다. 나는 그와 관련한 문제를 광범위하게 논의한 후 그것을 이사회에 상정했습니다."

얼먼은 J. C. 페니를 이끌어갈 직원 6만 명 모두가 납득할 수 있는 비전을 제시했다.

"우리가 제시한 비전은 중부 아메리카에서 가장 유력한 최상의 쇼핑 상점이 되는 것이었습니다. 아주 간단한 비전이지만 여기에는 두 가지 명확한 목표가 있었죠. '최상의 쇼핑 상점'이란 그 분야에서 최고가 되겠다는 뜻이고 '중부 아메리카'란 다양성의 측면에서 우리 고객은 누구이며, 기준 소매가는 어떻게 정해야 하는지를 상세하게 제시하는 것이었습니다."

얼먼은 이후 J. C. 페니의 4방향 전략, 즉 고객·상품·직원·성과와 관련한 장기 계획을 세우기도 했다.

얼먼은 명확한 비전과 장기 계획을 수립하는 한편 회사의 문화를 파악하는 데 많은 시간을 할애했다. 특히 세부적인 조사를 통해 회사에 변화가 필요하다는 사실을 확신했다.

"정보 시스템 부서에 1600명의 사람들이 있었죠. 그런데 그들의 봉급 인상률과 보너스 비율이 모두 똑같았습니다. 그래서 그 부서의 책임자에게

1600명이 똑같은 성과를 거두고 있는지 어떻게 알 수 있느냐고 물었습니다. 모르겠다는 대답이 돌아왔죠. 그 책임자는 직원들이 자신을 공평한 사람으로 평가해주기를 원했던 겁니다. 많은 중간급 관리자들이 비슷한 생각을 하지요. 일테면 모든 사람을 똑같이 대우하는 것이 가장 공정한 일이라고 생각하는 겁니다. 하지만 그것은 우리가 할 수 있는 일 중에서 가장 불공정한 것입니다. 월등히 좋은 성과를 내는 사람이 그렇지 않은 동료와 똑같은 대우를 받는 것은 불합리한 일입니다. 더욱 중요한 문제는 좋은 성과를 내지 못한 사람이 여전히 그 자리에 있음으로써 회사에 대해 마땅히 해야 할 기여를 못한다는 점입니다. 그들에게는 적절한 상담을 통해 자기 적성에 맞는 다른 역할이 필요합니다. 만약 모두를 똑같이 대우한다면 근본적으로 팀의 수준을 낮추는 것입니다. 물론 편파적인 경영을 하라는 뜻은 아닙니다. 평가의 잣대는 모든 사람이 이해할 수 있어야 합니다. 페니에는 장기적인 성공을 위해 그런 변화가 필요했습니다."

얼먼은 회사의 문화를 변화시키는 최선의 방법으로 먼저 500명에 달하는 고위 관리자를 30명 단위의 그룹으로 나누어 리더십 원칙을 교육시켰다. 그들이 적극적으로 참여할 수 있는 분위기를 조성한 것은 물론이다.

이후 얼먼은 지방을 순회하며 매장 관리자들에게도 똑같은 메시지를 전했다.

얼먼의 노련한 리더십 덕분에 회사는 회생할 수 있었다. 2007년 〈포천〉은 J. C. 페니를 미국에서 가장 존경받는 기업으로 선정했다. 평범한 사람이라면 압도당하고 말았을 신경계 질환을 앓고 있음에도 불구하고 얼먼은 정력적으로 활동했다. 2008년 4월 세계소매업자대회는 그를 그해의 리더로 선정했다. 하지만 얼먼은 세계 최고의 소매업계 리더로 지명된 것조차 대수롭지 않게 여겼다.

"중요한 것은 내가 상을 받은 것이 아니라 우리가 해낸 일입니다. 나는 J. C. 페니를 재건해서 내가 떠난 후라도 계속 좋은 성과를 이어갈 수 있도록 돕고 싶었을 뿐입니다. 그것이 나의 목표였죠."

얼먼은 말한다.

"내가 앓고 있는 병처럼 누구나 자신이 감수해야 할 역경은 있게 마련입니다. 움직일 수 있는 능력이 점점 약해지고 있지만 아직은 걸을 수 있습니다. 당신이 보기엔 별로 좋지 않겠지만 말이죠. 진단을 받았을 때부터 나는 확신했습니다. 바쁘게 살고 적극적으로 활동한다면 일뿐 아니라 건강 면에서도 좋은 결과를 얻을 수 있을 것이라고 말입니다. 일을 계속하는 것이 내 건강에 오히려 도움이 되었습니다. 일터에서 새로운 가족을 만들고 젊은이들의 멘토가 될 수 있으니까요. 그들이 해내는 일이 바로 회사의 전통이자 유산이 될 것입니다."

## 결과를 통제하는 사람은
## 프로세스를 통제하는 사람이다

마이크 얼먼과 마찬가지로 토머스 셜 역시 위기에 처한 회사를 회생시킨 베테랑이었다. 셜은 스스로를 피를 흘리며 곤란을 겪고 있는 회사를 완벽하고 지속적인 회생의 길로 이끄는 일종의 '응급실 의사'라고 생각한다. 셜은 자신의 가족이 50년간 이어온 통조림 제조업과 목재업이 실패하는 어려움을 겪은 후 기업 회생 전문가로서의 경력을 쌓기 시작했다. 어쩌면 웨스트포인트와 하버드 경영대학원에서 배운 교훈, 즉 문제 해결 방법과 자기 절제에 대한 교훈이 셜을 그 길로 이끌었는지도 모른다. 또 어쩌면 WHF 기간 동안 그의 상관이었던 부수석 보좌관 딕 다먼(Dick Darman)의 영향을 받았을 수도 있다. 다먼은 그에게 "결과를 통제하는 사람은 프로세스를 통제하는 사람이다."라고 말해주었다. 영향을 준 요소가 무엇이든 셜은 WHF 기간 동안 워싱턴 D .C.의 베트남 전쟁 재향군인기념관(Vietnam Veterans Memorial) 설립을 도우며 많은 것을 배웠다.

워싱턴 사람들은 되도록 기념관 건립 사업과 거리를 두려고 했다. 기념관 사업이 거의 모든 면에서 많은 논란을 일으키고 있었기 때문이다. 텍사스의 억만장자 로스 페로(Ross Perot)와 상원의원 존 매케인(John McCain) 그리고 일반 시민과 심지어 일부 베트남전 참전 용사조차 기념관 건립에 강하게 반대했다. 반면 버지니아 주 상원의원 존 워너(John Warner) 등은 전몰 용사를 기리는 기념관 건립이 반드시 필요하다고 강하게 주장하고 있었다. 메모리얼 펀드(Memorial Fund)는 이미 전국적인 디자인 대회를 개최해 마야 린(Maya Lin)이라는 무명의 예일 대학 건축과 학생이 제출한 장엄한 'V' 자 형태의 검은색 벽면 디자인을 우수 작품으로 선정한 터였다. 일부 참전 용사들은 전몰 장병의 이름을 새긴 그 소박한 벽면 디자인을 모욕적인 것으로 받아들였다. 게다가 마야 린은 베트남 전쟁 당시 미국의 적국이던 중국계 미국인이었다. 그러나 지지자들은 기념관이 베트남에서 죽음을 당한 사람들에 대한 적절하고 품위 있는 기념물이라고 말했다. 제임스 베이커

수석 보좌관은 페로, 매케인, 워너 상원의원 등과의 회의 자리에 셜을 백악관 대표로 내보냈다. 당시 셜은 기념관 건립과 관련한 협상 테이블에서 해법을 도출하는 데 큰 역할을 했다.

셜은 말한다.

"백악관 사람 누구도 기념관 일을 맡으려 하지 않았습니다. 논란이 거셌으니까요. 로스 페로는 채택된 디자인에 반대했고, 그것을 무산시키기 위해 모든 노력을 다했습니다. 사실 많은 사람이 기념관 사업 자체에 반대하고 있었죠. 때로는 그 계획이 무산될지도 모른다는 생각이 들 정도였습니다. 하지만 나는 전쟁기념관 설립 지지자들과 비전을 공유하고 있었습니다."

타협안의 요소 중 하나는 베트남 전쟁에서 생존한 사람들을 기리는 조상(彫像) 디자인과 설치 그리고 깃대를 추가하는 것이었다. 셜은 조상과 깃대 부분을 승인해주어야 할 사람이 미국 국립미술관 관장이자 순수예술협회 회장 J. 카터 브라운(J. Carter Brown)이라는 것을 알게 되었다. 셜은 WHF의 오찬 교육 모임 때 브라운의 옆자리에 앉은 적이 있었다. 그는 조상과 깃대 문제를 논의하기 위해 브라운에게 전화를 걸었다. 대화가 끝날 즈음 브라운은 그 두 아이템이 기념관의 전체적인 심미감을 손상시키지 않을 것이라는 셜의 의견에 동의했다. 셜은 그 의견을 문서로 작성해달라고 부탁했고, 브라운은 그 부탁을 들어주었다.

몇 달 뒤 금요일 오후, 셜은 베트남 전쟁 재향군인기념관의 메모리얼 펀드 회장 잭 휠러(Jack Wheeler)로부터 전화를 받았다. 내무부, 특히 와트(Watt) 장관을 설득해 디자인 타협안을 승인하게끔 해달라는 내용이었다.

와트는 승인 프로세스의 마지막 반대자였다. 기념관 기공식은 그다음 주 월요일에 거행될 예정이었다. 셜은 와트의 부장관인 빌 혼(Bill Horn)에게 전화를 걸어 백악관이 이번 일이 성사되길 원하며, 와트의 승인이 반드시 필요하다고 말했다. 혼은 마침내 연설을 위해 덴버에 가 있던 와트 장관에게 전화를 걸어 승인을 얻어냈다.

이후 셜은 국립공원 관리국의 지역 책임자 잭 피쉬(Jack Fish)에게 전화를 걸어 건축 승인을 요청했다. 모든 허가를 얻었다는 셜의 말에 피쉬는 승인을 내주기로 약속했다. 메모리얼 펀드의 밥 두벡(Bob Doubek)은 공원 관리국 사무실에서 승인이 나기를 기다리고 있던 터였다. 그런데 몇 시간 후, 혼이 셜에게 전화를 걸어 10여 명의 의원이 로스 페로를 비롯해 디자인에 반대하는 사람들의 요청으로 승인을 막기 위해 와트에게 전화를 걸었다고 알려주었다. 하지만 다음 주 월요일에 기공식을 거행하기 때문에 주말에 정지 명령을 구하는 것은 불가능한 일이었다.

"나는 그 일을 성사시키기 위해 열정을 다했습니다. 그리고 1984년 레이건 대통령이 기념관을 헌정하던 날 모든 일이 끝났지요. 나는 그 기념관이 대단히 의미 있는 곳이라고 생각합니다. 많은 한계를 뛰어넘었으니까요. WHF 기간을 돌이켜볼 때, 내가 가장 자랑스럽게 생각하는 부분이기도 합니다."

셜은 펠로십 기간이 끝난 후에도 워싱턴에 머물면서 국가안전보장회의 부수석 보좌관과 로버트 '버드' 맥팔레인의 국방 담당 보좌관, 레이건 대통령의 국가 안보 담당 보좌관 등으로 일했다. 1980년대 중반 셜은 민간 부문으로 진출해 생거 해리스(Sanger-Harris)의 전략 기획, 인력, 조직 개발부 책임자, 이후에는 페더레이티드 백화점 책임자로 일했다. 그가 맡은 다음 직책은 매킨지 앤드 컴퍼니(McKinsey & Company)의 수석 컨설턴트였다. 그 자리에서 셸은 최고 경영자인 클라이언트들의 전략과 조직 문제 해결을 도왔다. 1992년에는 R. H. 메이시의 수석 부사장이 되어 단 2년 만에 100억 달러의 가치를 창출하는 회생 프로그램을 시작하고 메이시의 페더레이티드 백화점 인수 협상도 지휘했다.

하지만 셸에게 커다란 영예를 안겨주고 미국 최고의 기업 회생 전문가로서 입지를 굳히게 한 것은 1990년대 말 고급 소매 업체의 대명사인 뉴욕 바니스(Barneys)를 회생시킨 작업이었다. 1923년부터 뉴욕의 터줏대감이던 바니스는 1996년 파산을 신청했고, 그해에 2000만 달러의 적자를 기록한 후 문을 닫기 직전에 이르러 있었다. 바니스 창립자 바니 프레스먼(Barney Pressman)의 아들이자 바니스 기업 정신을 이끌어온 프레드 프레스먼(Fred Pressman)이 얼마 전 사망한 뒤였다. 설상가상으로 바니스는 일본 파트너 이세탄(Isetan)과도 사이가 좋지 않았다. 파산과 오랫동안 이어진 재정 관리 소홀이 고급 백화점의 이미지를 손상시켰다. 바니스는 시장의 변화에서 고립되었고 수익 하락에 기민하게 대응하지 못했다. 그렇다고 해서 갑작스러운 비용 절감 전략을 실시한다면 브랜드 가치가 떨어져 역효과를 내리라는 것을 셸은 꿰뚫고 있었다.

"나는 정말 중요한 것은 비즈니스의 기본적인 바탕을 이해하는 것이라고 생각합니다. 비용 절감 같은 일들이 기업 회생의 일부라는 것은 분명하지만, 특히 바니스같이 창의성과 판촉이 중요한 업계에서는 비용 절감이나 재무 조치를 창의적인 측면과 결합시키는 것도 대단히 중요합니다. 창의성과 재정적인 문제는 서로 연관되어 있습니다. 절대 함께할 수 없는 불구대천의 원수는 아니라는 말입니다."

## 조직의 과거와 현재를 파악하고
## 미래의 비전을 제시하라

셜은 세련된 고객을 위한 고급 백화점의 본가로서 바니스의 명성을 되찾기 위해 창의적이고 강력한 회사의 팀워크를 북돋움으로써 위기를 극복하고자 했다. 창립자 가족만큼 바니스 문화에 대해 잘 아는 사람은 없었다. 그래서 셜은 전(前) 공동 CEO인 진 프레스먼(Gene Pressman)과 로버트 프레스먼(Robert Pressman)에게 판촉 컨설턴트로서 중요한 역할을 맡아달라고 권했다. 그리고 바니스의 유명한 크리에이티브 디렉터 사이먼 두넌(Simon Doonan)에게도 회사에 남아줄 것을 청했다. 그 외 다른 판촉 담당 자리도 내부 인사들로 채웠다. 이어서 그는 충성도 높은 고객을 대상으로 인센티브 프로그램을 만들고 더 나은 고객 서비스를 제공하도록 직원들을 훈련하는 데 만전을 기했다.

이로써 바니스 고유의 문화가 유지되고 희망적인 관측이 되살아났다. 팀원 간의 커뮤니케이션도 강화되었다. 다음으로 셜은 매장의 심각한 재정 문제 쪽으로 주의를 돌렸다.

셜이 바니스에 부임했을 때(처음엔 사장 겸 최고 운영 책임자, 다음 해에는

CEO로서) 프레스먼 가족과 파트너 이세탄은 재무 문제로 서로 반목하고 있었다. 당시 프레스먼 일가는 이세탄에 6억 달러의 빚을 지고 있었고, 미국 내 몇몇 바니스 매장의 소유권을 둘러싼 분쟁을 겪고 있던 터였다. 하지만 혼란에서 벗어나 양측 모두 승자가 되는 방법을 찾기 위한 노력은 교착 상태에 빠져 있었다.

셜에게는 바니스를 살릴 수 있는 타협안이 있었지만, 그러려면 지분의 상당 부분을 포기하도록 프레스먼 일가를 설득해야 했다. 그는 프레스먼 일가 중 일부라도 설득할 수 있다면 그 결정이 다른 가족들 사이에 영향을 줄 것이라고 믿었다. 그의 믿음은 적중했다. 다음 단계는 일본 회사로 하여금 그 타협안에 사인을 하도록 만드는 것이었다.

"그동안 프레스먼 일가는 이세탄과 어떻게 일해야 할지 파악하는 노력을 기울이지 않았습니다. 그래서 우리가 초기에 한 일은 일본으로 날아가서 이세탄 사람들과 접촉하고, 그들을 존중하는 태도를 보여주는 것이었습니다. 우리는 이세탄에 채무를 재조정하자고 제안했습니다. 우리가 이세탄에 2억 8000만 달러에 상당하는 뉴욕과 시카고, 로스앤젤레스의 부동산과 2500만 달러의 현금을 증여하고, 프레스먼 일가는 1.5퍼센트를 제외한 모든 지분을 포기한다는 제안이었죠."

이세탄은 이 제안을 받아들였다. 그리고 바니스는 극적으로 회생했다. 셜이 경영을 맡은 지 2년이 지나 회사를 떠날 즈음 바니스는 1800만 달러가 넘는 영업 이윤을 냈다.


WHF 시절 베트남 전쟁 재향군인기념관 문제를 다루면서 연마한 셜의

숙련된 교섭 기술은 바니스를 회생시키고 번영하게 한 원동력이었다.

2000년대 중반 셜은 오랜 역사를 가진 또 다른 기업, 와이즈 푸드(Wise Foods)의 회생 작업을 맡았다. 그곳에서도 셜은 바니스에서와 같은 원칙을 적용했다.

셜은 협상의 기초 원리는 아주 간단하다고 말한다.

"내가 워싱턴에서 배운 교훈은 상대방 입장을 이해한 뒤에 그 격차를 해소하기 위해 노력하는 것이 대단히 중요하다는 것이었습니다. 그 격차를 해소하기 위해서는 기꺼이 타협에 나서야 합니다. '원칙'을 타협하라는 말이 절대 아닙니다. 그 단어가 가진 최고의 의미로서의 '타협'을 말하는 것입니다. 모든 관련자가 그 상황에서 낙승했다고 느끼거나 혹은 최소한 어떤 면에서는 성공적이라고 느끼게끔 만들어야 합니다. 나는 어떤 협상을 하든 다른 사람의 입장을 명확하게 파악해 나 자신뿐 아니라 나의 팀이 그들에게 가치 있는 것을 제공할 수 있도록 노력합니다. 회사를 회생시키는 것은 전적으로 팀워크와 관련된 일입니다. 외부에서 영입된 내가 할 일은 리더십의 공백을 메우고 견고한 팀워크를 만드는 것뿐입니다."

빌 코터, 조지 하일마이어, 마이크 얼먼, 토머스 셜은 전환기에서 변화를 이끄는 리더는 조직의 과거와 현재를 명확하게 이해하는 일에서 출발해 자신의 팀으로 하여금 미래에 대한 자신만의 비전을 발전시키도록 이끄는 사람이라는 것을 알고 있다. 리더는 팀워크를 강화하고 팀이 나아가는 길에 놓인 장애물을 제거함으로써 팀이 발전할 수 있게 만든다. 에이브러햄 매슬로(Abraham Maslow)는 이렇게 말했다.

"성장을 위해 발을 내딛지 않는다면 남은 선택은 안전을 위해 뒤로 물러서는 것뿐이다."

가장 성공적인 변화를 이끄는 리더는 자신의 팀이 편안한 곳으로 물러서려는 욕구를 극복하게끔 돕고 팀원들이 더 밝은 미래를 향해 꾸준하고 긍정적인 태도로 나아가도록 격려하는 사람이다.

제 19 장

---

# 리더는 직함과 직위가 아닌
# 경험과 역량을 이용한다

---

LEADERS LEAD THROUGH EXPERIENCE
AND COMPETENCE, NOT THROUGH TITLE
OR POSITION

>> 40년이 넘는 동안 WHF 프로그램은 수백 명의 젊은이에게 리더가 되기 위해 필요한 기술과 경험과 멘토를 제공해왔다. 이에 펠로들은 자신이 배운 리더십을 발휘해 세상을 한층 나은 곳으로 만듦으로써 린든 존슨과 존 가드너의 비전에 생명력을 불어넣었다. 열정적이고 총명한 사람들이 적극적으로 참여하는 자유로운 사회, 그것이 바로 린든 존슨의 꿈이었다. WHF 프로그램은 그 꿈을 실현하는 그만의 방법이었다. 이 프로그램은 미국 젊은이들에게 주는 린든 존슨의 선물이다. 그 선물을 받는 행운을 누린 사람은 누구나 그 가치를 잊지 않는다. ""

## 직위가 아니라 지식과 능력으로 조직을 이끈다

존 데 루카(John De Luca, WHF 65-66)가 1965년 WHF의 첫 클래스에 선발된 이유는 그 경력을 얼핏 보기만 해도 능히 짐작할 수 있다. 그가 학업에서 거둔 성과는 가히 비상할 정도였다. 펠로십에 지원할 당시 데 루카는 UCLA에서 정치학 학사 학위를 받았다. 뿐만 아니라 UCLA에서 언어학과 문학도 공부했다. 하버드 대학원 펠로이며 포드 펠로이기도 한 그는 하버드에서 소련연방 연구로 석사 학위를 받았으며, 그에 더해 아라비아의 역사 · 정치 · 언어를 공부했다. 소련연방에서 6개월간 살며 그 나라의 유명한 도시들을 여행했다. 로마에서도 두 번에 걸쳐 공부했다. 한 번은 풀브라이트 장학생으로 1년간 소련연방과 아라비아 관계를 연구했고, 또 한 번은 스콧 펠로십(Scott Fellowship)과 이탈리아 외무성의 원조로 박사 학위 연구를 수행했다. UCLA에서 국제관계학 박사 학위를 받고 국제관계학 조교수가 되었으며, 샌프란시스코 주립 대학에서 미국 외교 정책과 공산주의에 대한 강의를 했다.

하지만 데 루카에게 차례로 명예의 문을 열어준 뛰어난 경력도 그가 WHF로 국가 안보 보좌관 맥조지 번디(McGeorge Bundy)와 일할 때는 아무런 의미도 없는 것이 되어버렸다. 완고한 벽을 만나게 된 것이었다. 맥조지 번디는 WHF가 사무실에 들어오는 것조차 원치 않았다.

번디의 태도는 충분히 이해할 수 있었다. 워싱턴은 당시 대단히 소란한 시기를 겪고 있었기 때문이다. 베트남과 전쟁 중이었고 번디와 국가안보회의 참모들은 소련, 중화인민공화국, 기타 다른 잠재적 대립국과의 여러 가지 안보 문제를 다루고 있었다. 상황실을 돌아다니는 풋내기는 번디에게 전혀 필요한 존재가 아니었다. 그는 존 데 루카를 어르고 달래줄 만한 시간도 관심도 없었다.

데 루카는 말한다.

"번디는 아주 정당한 논거를 가지고 있었습니다. 그는 WHF들에게 예산관리국이나 홍보국 업무를 시킨다거나 연설문을 쓰게 하는 것은 이해했습니다. 하지만 그런 자리들은 내가 배치된 부서처럼 국가 안보 면에서 민감한 곳이 아니었습니다. 번디는 케네디의 측근으로 대단히 지적이고 강인한 사람이었죠. 그는 국무장관 딘 러스크, 국방장관 로버트 맥나마라와 일해야 했습니다. 그들 역시 나 같은 녀석이 방해가 되는 것을 원치 않았어요. 하지만 잭 밸런티(Jack Valenti)와 빌 모이어즈는 WHF 프로그램이 성공하려면 출입 금지 구역이 있어서는 안 된다고 주장했습니다."

번디는 수그러들었다. 하지만 조건이 있었다. 그는 펠로 프로그램 측과 그 열렬한 지지자인 밸렌티 그리고 모이어즈에게 데 루카를 시험 삼아 자신의 집무실에서 일하게 해주겠다고 말했다. 단, 다른 사람과 똑같은(큰 노력을 요하는 복잡한) 임무가 주어질 것이며 자기 역할을 다할 수 있어야만 자리를 지킬 수 있다고 했다. 데 루카는 망설임 없이 그 도전을 받아들였다. 그는 항상 자신에게 경계의 눈길이 쏠릴 것이라는 사실을 알고 있었다. 하지만 묵묵히 자신의 일을 해냈다. 대부분은 베트남 전쟁과 관련된 일이었다. 오래지 않아 사무실에는 젊은 WHF가 맡겨진 어려운 일을 곧잘 처리한다는 말이 퍼졌다. 그러자 데 루카에게 더 많은 일이 맡겨지기 시작했다. 마침내 데 루카는 자신이 시험을 통과했다는 사실을 알 수 있었다. 그는 사실상 국가안전보장회의의 거의 모든 업무에 참여했다.

데 루카는 말한다.

"하지만 모두 극비 사항이었습니다. 다른 펠로들에게조차 내가 무슨 일을 하고 있는지 말할 수 없었죠."

데 루카는 번디를 통해 백악관의 각 구성원들이 지닌 특유의 역할을 이해하는 것이 얼마나 중요한지 마음에 새길 수 있었다. 번디는 데 루카에게 다른 부서를 희생시키면서까지 국가안전보장회의의 직분을 내세우지 말라고 충고했다. 자신의 모든 참모가 모든 부서 장관의 역할을 존중하고 지원하기를 바랐기 때문이다.

"그것은 내게 큰 교훈이 되었습니다. 내가 백악관에 있다고 해서 장군보다 높은 지위에 있다는 뜻은 아니었으니까요. 우리는 효율적으로 일하기 위해 다른 사람들의 참여를 이끌어내야 했습니다. 명령 체계가 아닌 독립된 인격체로서 상대방의 말을 존중해주는 네트워크의 일원으로 말입니다."

국가안전보장회의는 데 루카에게 실질적인 배움의 환경을 제공했다. 특히 그는 매우 의미 있는 방식으로 협력의 가치를 깨달았다.

정상적인 상황이라면 베트남인들은 자급자족이 충분한 곡식을 얻을 뿐 아니라 여분은 수출하는 것이 보통이었다. 하지만 전쟁이 베트남의 농업 시스템에 찬물을 끼얹었다. 베트남에 쌀이 바닥난 것이다.

"우리는 이 문제가 대단히 큰 위기라고 생각했습니다. 국가안전보장회의 수석 참모는 베트남에 쌀을 보내라는 요청을 받았죠. 당시 나는 국내에서 남는 쌀을 활용하는 업무에 참여했습니다. 농무부의 협조는 물론 국방부의 항공모함, 항구의 군사적 보호, 충분한 운송 능력이 요구되는 일이었죠. 게다가 시간이 아주 중요한 문제였고, 성공 여부는 문제의 중대성을 이해하는 협력적 네트워크를 통해서만 가능한 상황이었습니다."

협력적 네트워크 구축의 중요성은 펠로십 기간 중 월트 로스토(Walt Rostow)가 국가 안보 보좌관이 되면서 강화되었다. 번디와 마찬가지로 로스토는 케네디 행정부 출신이었다. 명석한 학자로서 경제학과 정치학 이론에 대한 유명한 저서를 집필한 인물이기도 했다. 로스토는 공감을 이끌어내는 유형의 사람이었고 타고난 외교가였다. 직원들이 권력을 뽐내고 다니는 것을 용인하지 않았다. 그는 세계 전역의 상대방은 물론 미디어와도 사적인 유대를 형성하라고 팀원들을 격려했다. 그리고 데 루카에게 베트남 전쟁뿐 아니라 바티칸, 유럽, 인도네시아와 관련된 문제까지 다룰 수 있도록 허용했다.

데 루카는 외교 정책이 어떻게 만들어져 국가안전보장회의를 통과하고 그 과정에서 다른 모든 부서와 어떻게 협력하는지 그리고 대통령의 승인을 받기 위해 정책을 만들고 다듬고 제출하는 프로세스에는 무엇이 필요한지 배웠다. 이렇게 합의를 도출하는 과정에서 그는 다양한 연방 정부 사람들과 접촉했고, 그것이 번디로부터 배운 가르침을 더욱 강화해주었다. 지휘 권한은 얻어내는 것이라는 가르침 말이다.

"리더십은 직함을 가지는 것과 다릅니다. 힘은 직함에 자동적으로 따라오는 것이 아닙니다. 힘이란 당신이 직접 얻어내야 하는 것입니다. 나는 연방 정부에서 사람들을 상대하며 그 점을 배웠습니다."

데 루카는 말한다.

"당시 우리는 전쟁 중이었습니다. 나는 베트남 전쟁 조정위원회에 참석하게 되었죠. 따라서 내 일이 무엇인지 알아야 했습니다. WHF였던 나 같은 경우에는 특히 더 말입니다. 모든 부서에 대해, 나와 일하는 모든 사람들에 대해 알아야 했습니다. 누가 어떤 생각을 하고 있는지 알아내기 위해 계속 바삐 뛰어다니고 때로는 국무부에 가서 그들의 미팅에 참석해 시간을 보내기도 했습니다. 나는 어디에 가든 항상 그들이 필요로 하는 것을 가지고 가야 한다는 것을 배웠습니다. 그들의 일을 빠르게 진척시키는 데 도움이 되는 어떤 것이든 말입니다. 그것이 월트 로스토의 개성과 그의 스타일에서 내가 배운 것입니다."

펠로십 기간이 끝난 뒤에도 데 루카는 몇 달 더 워싱턴에 남아서 프랭크 처치(Frank Church) 상원의원의 국제 문제 담당 특별 보좌관으로 일했다. 그후 그는 가족과 함께 샌프란시스코로 돌아왔다.

당시는 샌프란시스코 시장 선거전이 한창일 때였다. 반독점 운동으로 유명한 법률가 출신 후보 조 앨리오토(Joe Alioto)는 데 루카에게 러시아계 미국인 유권자에게 호소할 방법을 조언해달라고 요청했다. 데 루카는 그 도전을 받아들였다. 시장으로 선출된 앨리오토는 데 루카를 부시장으로 발탁했다.

"앨리오토가 가장 처음 하려 했던 일은 워싱턴으로 가서 린든 존슨을 만나는 것이었습니다. 샌프란시스코에 대한 전적인 권한 이양이 필요했기 때문입니다. 또 당시 포드재단의 책임자였던 번디를 만나 샌프란시스코 경찰을 위한 자금 지원을 요청하고 싶어 했지요. 일테면 나한테 첫 번째 임무가 주어진 겁니다."

데 루카는 샌프란시스코 부시장이라는 직함으로서가 아니라 WHF 시절 워싱턴에서 성실함과 훌륭한 업무 성과로 좋은 평판을 얻고 있었기 때문에 앨리오토 시장과 함께 존슨 대통령과 번디를 만날 수 있었다. 그리고 그들의 요청은 모두 받아들여졌다.

하나의 도시를 이끈다는 것은 물론 어려운 일이다. 1960년대 말의 샌프란시스코는 특히 더 어려웠다. 조디악 킬러(Zodiac Killer)라는 별명의 연쇄살인범이 시민들을 공포로 몰아넣고 있었다. 인종차별로 인한 혼란도 흔했다. 경찰과 소방관들의 파업이 끊임없이 일어났고, 과격한 블랙 무슬림(Black Muslim) 그룹이 저지르는 무차별 살인이 이어졌다. 학생 시위가 일상화되었고, 마틴 루서 킹 목사와 로버트 케네디가 암살되었을 때는 전 도시가 불안에 휩싸였다. 막중한 스트레스였다.

데 루카는 종종 시청에서 잠을 자고 주말에도 집에 가는 날이 많지 않았다. 설상가상으로 앨리오토는 민사 소송에 휘말렸고 연방대배심은 반독점 법 운동과 관련해 뇌물을 받은 혐의로 그를 기소했다. 그로써 데 루카는 도시 운영에 대한 책임을 모두 떠맡게 되었다. 그는 거의 8년 동안 쉼 없이 일했다. 일상적인 업무를 차질 없이 해결하는 데 그치지 않고 도시를 더 나은 곳으로 발전시키기 위해 노력했다.

데 루카는 말한다.

"그 기간 동안 몇 가지 중요한 성과를 달성하기 위해 시민과 미디어와 부서의 지원을 얻어야 했습니다. 마켓 스트리트(Market Street) 조성을 위한 2200만 달러 공채 발행, 트랜스아메리카 빌딩(Transamerica Building) 건축, 엠바카데로 파이낸셜 센터(Embarcadero Financial Center) 건립, 공연 예술 센터(Performing Arts Center) 건립, 하이웨이 280(Highway 280) 건설 등 그 목록은 끝이 없습니다. 그 모든 혼란 속에서 우리가 도시를 안전하게 지키는 관리 기술을 보여주지 못했다면 어떤 것도 불가능했을 것입니다."

부시장 임기가 끝나자 데 루카는 샌프란시스코에 기반을 둔 와인 인스티튜트(Wine Institute)의 책임자로서 완전히 다른 방향의 경력을 쌓기 시작했다. 와인 인스티튜트는 주, 연방 그리고 세계적인 수준에서 1100개 이상의 양조장과 와인 관련 업체의 이익을 대변하는 조직이었다.

당시 어려움을 겪고 있던 이 조직은 강하고 유능한 리더를 절실히 필요로 했다. 갈등이 계속되면서 회원 수가 반으로 급감한 터였다. 조직의 재정 상태는 엉망이었다. 데 루카가 급히 방향을 전환시키지 못한다면 곧 파멸할 상태였다. 그는 무너져가는 이 조직을 구하기 위해 또 한 번 WHF 시절

배훈 교훈을 떠올렸다.

"나는 자리가 저절로 행정력과 훌륭한 결과를 만들어내는 것은 아니라는 사실을 잘 알고 있었습니다. 그 일을 하면서 균형 잡힌 협력을 추구하고 공동의 목표와 노력을 강력히 주장했습니다."

30년에 걸쳐 쌓은 데 루카의 리더십을 바탕으로 와인 인스티튜트와 캘리포니아의 와인업계는 번창했다. 그는 자신이 오기 전 탈퇴했던 거의 모든 사람을 다시 끌어들였다. 그리고 와인이 건강에 주는 혜택에 대한 연구를 실시하는 한편 미성년의 음주를 줄이기 위한 방편으로 유명인이 등장하는 광고를 금지하는 규약을 추진했다. 뿐만 아니라 미국 와인의 수출을 크게 신장시켰다. 〈와인 인서지에스트(Wine Enthusiast)〉는 2004년 데 루카에게 공로상을 수여하며 "조용하지만 유능한 와인 대사"라고 칭했다. 그리고 "눈에 띄지 않는 겸손한 태도로 외교적 수완을 발휘한" 그의 능력을 칭송했다.

"나는 WHF를 경험한 이래 40년 동안 내게 맡겨진 임무에서 물러선 적이 없습니다. 항상 동료들과의 네트워크를 구축하고, 직함이 아닌 전문적인 지식을 기반으로 조직을 이끄는 데 집중했죠. 그것이 나에게 일뿐만 아니라 개인적인 삶에서도 대단히 만족스러운 보상을 해준 셈입니다."

## 목표를 이루려면 전략을 개발하는 데 전념하라

조직에 도움이 되는 능력은 의심할 여지 없이 아서 '진' 듀이(Arthur

'Gene' Dewey, WHF 68-69)가 군 고위 장교의 참모 자리에서 미국 국제개발처(U.S. Agency for International Development, USAID)의 WHF로 발탁된 요인이었다. 웨스트포인트와 프린스턴 대학을 졸업한 듀이는 펜타곤으로 가기 전 이미 베트남전에 참전했고, 육군 참모 대학을 마친 뒤였다. 펜타곤에서 그는 4성 장군 프랭크 베슨(Frank Besson)의 부관으로 일했다.

듀이는 말한다.

"베슨 장군은 비범한 인물입니다. 다른 사람에 비해 15년은 앞서 있었지요. 그런 사람과 그토록 가까이에서 일한다는 것은 엄청난 특전이었습니다. 그는 관료주의를 헤치고 나아가는 모습을 보여주었습니다. 그것을 통해 나는 WHF 프로그램에 대한 준비를 갖추게 되었죠."

듀이는 펠로십 기간 동안의 계획을 세우고 싶었다. 하지만 그 임무가 무엇을 수반하는지 알지 못하고서는 상세한 계획을 만들기가 힘들었다. 그래서 일반적인 접근법을 취하기로 하고 해결이 필요한 문제를 놓치지 않기 위해 애썼다.

듀이의 국제개발처 상관인 빌 고드(Bill Gaud)는 기꺼이 임무를 맡겼다. 듀이를 나이지리아로 보내 국제개발처의 구호 노력이 어떤 결과를 내고 있는지 파악하도록 한 것이다. 당시 국제개발처는 '나이지리아-비아프라 전쟁'에 휘말린 사람들을 지원하기 위해 엄청난 돈을 쓰고 있었다. 고드는 모든 지원이 잘 전달되고 있는지 의구심을 갖고 있었다.

전쟁 때문에 폐허가 된 지역으로 날아간 듀이는 나이지리아 공군이 야간에 구호품을 투하하던 비행기를 격추시켰다는 사실을 알게 되었다.

이에 바다와 강을 이용해 구호품을 조달하는 계획을 세운 그는 즉시 국제개발처로 돌아와 닉슨 대통령이 최근 임명한 국무부의 나이지리아-비아프라 특별 대표 클라이드 퍼거슨(Clyde Ferguson)을 만나 자신의 계획을 브리핑했다.

"내 브리핑을 들은 퍼거슨이 말했습니다. '이쪽으로 와서 나하고 몇 주만 함께 일하세. 그 계획을 바로 착수하고 싶네.' 당시엔 그걸 '도강(渡江)' 계획이라고 불렀죠. 일이 무척 많았기 때문에 펠로십 기간이 끝날 때까지 국무부에서 퍼거슨과 함께 계속 일하겠다고 고드와 서로 합의를 보았습니다."

한 번도 대규모 구호 작업을 해본 경험이 없는 듀이는 그 프로젝트를 더안전하고 효율적으로 만드는 일에 착수했다. 가장 우선적인 일은 충분한 음식과 보급품을 보낼 수 있도록 비아프라 사람들이 얼마나 되는지 판단하는 것이었다. 듀이는 질병예방본부(Centers for Disease Control)의 통계를 이용해 그런 문제를 해결하는 혁신적인 방법을 고안해낸 사람이 있다는 사실을 알게 되었다. 이윽고 두 사람은 전쟁이 일어나기 전 해당 지역에서 투여된 천연두 백신의 숫자를 근거로 공식을 만들어냈고, 듀이는 그 수치를 근거로 구호 작업을 계획했다.

비아프라 사람들에게 구호물자를 제공하기 위한 노력을 계속하는 한편 듀이는 그에 필요한 외교적 노력에도 많은 관심을 기울였다. 다행히 나이지리아는 듀이와 퍼거슨의 계획에 동의했다. 하지만 비아프라의 지도자 오주쿠(Ojukwu)는 자국 국민에게 혜택을 주기 위해 고안한 계획임에도 불구하고 거부 의사를 밝혔다. 퍼거슨은 포기하고 미국으로 돌아갔다. 낙담한 듀이는 보급품 중간 기착지로 사용하던 섬으로 떠났다. 그리고 고통받는 비아프라 사람들을 생각하며 해변에 주저앉아 슬픔에 잠겼다.

다음 날, 그 섬의 가톨릭 주교가 면담을 요청했다. 그는 주교를 만나고 싶지 않았다. 주교가 비아프라 지도자를 편들며 원조를 제공하겠다는 미국의 노력을 비판할 게 뻔했기 때문이다.

불행히도 그의 예상은 적중했다. 주교는 미국이 비아프라를 충분히 원조하고 있지 않으며 모두가 나이지리아 편만을 든다고 지루한 불평을 늘어놓았다. 듀이는 주교에게 사실 관계를 따졌다. 비아프라의 무고한 국민들이 오주쿠의 고집 때문에 혹독한 대가를 치르고 있다며 듀이는 미국의 도강 계획을 주교에게 모두 설명했다. 주교의 태도는 점점 부드러워졌다. 이윽고 주교는 오주쿠가 그 주에 고해 성사를 하러 찾아오면 그와 이야기를 나눠 마음을 돌리도록 하겠다고 약속했다.

듀이는 말한다.

"나는 별로 기대하지 않았습니다. 설마 주교가 정말로 오주쿠에게 그 문제를 거론할까 싶었건 것이지요. 그런데 내가 워싱턴으로 돌아온 며칠 후 놀랍게도 비아프라 측에서 전화가 왔습니다. 오주쿠가 미국의 도강 계획을 받아들였다는 소식이었습니다. 눈이 휘둥그레질 만한 일이었죠. 오주쿠에게 그 제안을 받아들이도록 설득하기 위해 온갖 계획과 작전을 세웠지만 결국 완전히 다른 방법으로 그 일이 해결된 겁니다."

듀이는 펠로십 기간이 끝난 후 군으로 돌아가 베트남으로 두 번째 출정을 떠났다. 그 후 닉슨 행정부에서 WHF 프로그램 책임자 자리를 맡았고, 로널드 레이건 대통령은 그를 국무부 난민 프로그램 담당 부차관보로 임명했다.

듀이는 WHF를 통해 철두철미 준비하고 전문적 지식을 쌓는 것이 얼마나 중요한 일인지를 배웠다. 도강 계획을 고안하고 그것을 실행에 옮기는 동안 WHF라는 직함은 아무런 의미도 갖지 못했다. 중요한 것은 전문적인 지식과 성실한 태도였다.

"WHF를 통해 적절한 준비와 올바른 마음가짐이 없다면 일에 뛰어들어서는 안 된다는 가르침을 얻었습니다. 목표를 이루기 위해서는 전략을 개발하는 데 전념할 수 있어야 합니다. 당신에게 청사진을 제시해주는 조언자들에게 의지하겠다는 생각은 버려야 합니다. 스스로 기본 틀을 마음속에 그리고 공식화한 다음, 다른 사람들이 거기에 참여하고 그것을 기꺼이 받아들이도록, 그것에 대해 열의를 가지도록 고무시켜야 합니다."

40년이 넘는 동안 WHF 프로그램은 수백 명의 젊은이에게 리더가 되기 위해 필요한 기술과 경험과 멘토를 제공해왔다. 이에 펠로들은 자신이 배운 리더십을 발휘해 세상을 한층 나은 곳으로 만듦으로써 린든 존슨과 존 가드너의 비전에 생명력을 불어넣었다. 열정적이고 총명한 사람들이 적극적으로 참여하는 자유로운 사회, 그것이 바로 린든 존슨의 꿈이었다. WHF 프로그램은 그 꿈을 실현하는 그만의 방법이었다. 이 프로그램은 미국 젊은이들에게 주는 린든 존슨의 선물이다. 그 선물을 받는 행운을 누린 사람은 누구나 그 가치를 잊지 않는다.

존 데 루카는 이렇게 말한다.

"WHF 동료들과 보낸 그 멋진 한 해는 내 인생의 자양분이었습니다. 나

에게 그 기간은 지난 역사가 아니라 여전히 생생하게 살아 있는 현재 진
행형입니다. 아직도 그 프로그램을 떠나지 않은 것처럼 말입니다. 나에게
WHF는 언제나 살아 숨 쉬는 경험입니다. 나는 그로 인해 너무나 많은 축
복을 누렸습니다. 그렇습니다. 축복이야말로 WHF를 표현하는 가장 적절
한 단어입니다."

# WHF로 가는 길

존슨 대통령은 WHF 프로그램을 만들면서 미국의 가장 우수한 젊은이들에게
사회봉사에 따르는 책임과 어려움을 이해할 수 있는 기회를 주고자 했습니다.

-레이디 버드 존슨

### 까다로운 선발 규정

톰 카와 WHF 위원회는 WHF 프로그램의 선발 과정을 구상하면서 백
악관으로 오는 길을 꼼꼼하게 체크했다. 지원 과정이 평범하거나 단순한
인터뷰는 가능한 한 회피해야 했다. 따라서 그들은 지원자들을 엄격하게
선발하기 위해 고안한 일련의 장애물을 개발했다. 시타델(Citadel) 대학에서
의 연구와 한국전쟁 참전, 높은 수준의 연방경영인턴십(federal management
internship) 등에 참가해 리더십 모델에 대한 깊은 지식을 갖추고 있던 카는
로즈 장학금, 대학입학시험위원회(College Entrance Examination Board), 미국

해군사관학교, 평화봉사단, 엑슨 등 수많은 기관의 전문가들로부터 최고 중에서도 최고만을 선발하는 방법에 대해 조언을 구했다. 노스캐롤라이나 대학 윌리엄 프라이데이 총장의 간곡한 요청으로 '존 앤드 메리 R. 마클 재단(John and Mary R. Markle Foundation)'의 선발위원회 위원이 된 카는 그곳에서 펠로 최종 선발과 관련해 효과적인 기법을 발견했다.

카는 이렇게 말한다.

"나는 선발위원회 위원의 아내들이 참석하는 주말 선발 미팅이 대단히 효과적인 도구가 될 수 있다는 것을 배웠습니다. 그 아이디어를 우리의 WHF 계획에 결합시켰죠."

이러한 접근법은 시대의 산물로서 오늘날에는 진부한 것으로 취급될 만하다. 위원의 배우자들은 더 이상 선발 프로세스에서 공식적인 역할을 하고 있지 않지만 프로그램이 시작된 이래 매년 WHF의 최종 선발은 3일간의 주말 세션에서 이루어졌다.

WHF가 되는 과정은 정부와 관련된 모든 일이 그렇듯이 서식 작성으로 시작된다. 하지만 이것은 일반적인 서식과는 상당히 다르다. 톰 베블런은 WHF의 사무 절차를 '모든 지원 양식의 어머니'라고 부르며 단순히 패킷 (packet)을 보는 것만으로도 펠로가 되는 일이 어렵다는 것을 느낄 수 있다고 말했다.

"위원회가 알고 싶어 하는 것은 내가 일생 동안 무슨 일을 해왔는지입니다. 다시 말하면 '나'라는 존재에 대한 모든 사항을 완벽하고 정확하게 제시하라고 요구하죠. 내가 지금까지 살았던 모든 곳의 주소와 시간, 내 삶에 영향을 미친 모든 사람의 이름, 주소, 전화번호를 포함해서 말입니다. 내 학력과 수상 경력, 과외 활동의 상세한 사항도 요구했습니다. 내 열정의 근원은 물론 내 희망과 꿈과 포부에 대한 자세한 에세이를 요청했죠. 그리고 이 모든 것이 사실임을 증명해줄 다섯 사람의 이름과 직함, 주소, 전화번호를 적어야 합니다. 물론 가족이나 친척은 안 됩니다. 그 다섯 사람은 나의 보증인이 될 뿐만 아니라 추천서를 써주고 내 성격과 역량, 잠재력 등에 대한 자신의 견해를 자세하게 작성해야 합니다."

지원자들을 기진맥진하게 만드는 서식에도 불구하고 당시 카길의 젊은 부사장이었던 베블런은 온 힘을 다해 서류를 작성했다. 자신이 보수파 골드워터의 열렬한 지지자라는 사실에 비추어 WHF 선발이 초당파적인 경쟁이라는 존슨 대통령의 주장을 시험해보는 것도 재미있겠다는 생각을 했다. 자신이 린든 존슨이 뜻한 바대로 행동했다는 것을 거의 깨닫지 못한 셈이다.

## 지원서 작성

WHF 지원의 첫 단계는 철저한 인내력 테스트이다. 지원서 자체가 용기가 없거나 집중력이 부족한 사람에게는 맞지 않는다. 지원자의 성과, 리더십 잠재력, 사회봉사에 대한 헌신의 정도를 평가하기 위해 고안한 일련의 광범위한 질문과 요구 사항이 포함되어 있다. 펠로십에 선발된 사람의 경우 그 지원서는 FBI의 철저한 신원 조사를 거친다. 지원서 패키지는 세세한 부분까지 대단히 주의를 기울여야 하므로 마감일인 매년 2월 1일 전에 충분한 여유를 갖고 완벽하게 작성하는 것이 현명하다.

샘플 지원서가 부록에 포함되어 있기는 하지만 매년 9월이면 입수 가능한 실제 지원서는 www.whitehouse.gov/fellows에서 완성해야 한다. www.whitehouse.gov/fellows/about/pdf/ApplicationGuide.pdf에서 다운로드가 가능하다. 행정 자료, 자질 기술(記述), 추천서의 3개 파트마다 상세한 설명이 포함되어 있다. 추천서는 반드시 지시에 따라 작성해야 하며 그렇지 않을 때는 지원서가 자동 거부된다.

추천서는 지원서의 마지막 부분에 올라 있지만 가장 먼저 시작하는 것이 좋다. 추천서를 써줄 사람들의 스케줄과 변덕에 성공 여부가 달려 있으니 말이다. 최소한 3개의 추천서가 필요하지만 최대 5개까지 제출할 수 있다. 다른 어떤 것보다 추천서는 지원자의 장점과 약점, 창의성, 정직성, 작문이나 화술, 리더십 기술에 대한 '솔직하고 명확한 대답'을 요구한다.

예를 들면 지금부터 20년 동안 지원자가 어떤 일을 하게 될 것이라고 예상하는지 상상해보라는 질문도 있다. 가장 흡인력 있는 추천서는 물론 펠로십 지원자에 대해 신뢰감을 가진 사람이 작성한 것이다. 따라서 추천서는 다양한 분야에서 거둔 지원자의 성과에 대해 깊이 있고 균형 잡힌 분석을 제공할 수 있는 사람에게 부탁해야 한다. 지원자에 대해 피상적인 지식밖에 가지고 있지 않은 유명 인사의 추천서는 좋지 않다.

지원서의 두 번째 부분인 10개의 자질 기술은 교육과 직업적 경험, 자원봉사 활동에 대한 단순한 질문으로 시작된다. 지루하기는 하지만 사람을 놀라게 할 정도는 아니다. 하지만 질문 6에서 10까지의 에세이 문제는 다소 까다롭다. 특히나 작문을 힘들어하는 사람이라면 말이다. 8번 문제를 예로 들어보자. 지원자에게 특정 정책에 대한 제언을 기술하고 지지하는 '대통령에게 보내는 메모'를 500자 이내로 쓰라고 요구하는 다른 프로그램이 있는가? 실제로 펠로들은 펠로십 기간 동안 이런 일을 자주 한다. 펠로로서 일하기를 원하는 지원자라면 명확하고 간략한 대답은 물론 철자나 문법에 실수가 없어야 한다.

마지막이지만 소홀히 할 수 없는 것이 행정 자료 부분이다. 패킷의 기본적인 사항으로 이름과 주소, 시민권, 생년월일을 적는 공간이 있다. 군 복무와 위법 행위, 범죄 기록에 대한 질문은 물론 채무와 자녀 양육 의무 불이행에 대한 질문도 있다. 이 부분은 온라인으로 완성하며 이후에 자질 기술 부분이 곧바로 전송된다.

추천서는 추천인이 따로 작성해 발송한다.

### 지역 결선

마감 안에 도착한 지원서는 WHF 사무국에서 처리한다. 사무국 직원은 지원자들이 프로그램의 필요조건을 만족시키는지 확인한다. 지원자는 미국 시민이어야 하며 연방 정부의 공무원 신분이어서는 안 되며 최소한 학사 학위를 소지하고 있어야 하고 직업적으로도 안정적이어야 한다. 나이에 따른 제한은 없지만 이 프로그램은 개인의 경력 초반부에 직접적인 경험을 제공하기 위해 고안되었고 선발 프로세스 역시 그러한 목표에 충실한 것이 보통이다. 완성된 각각의 지원서는 적어도 3명의 전임 펠로가 읽는다. 그중 최소 한 사람은 직업적으로 해당 지원자와 같은 분야에 있어야 한다. 지원서를 읽은 사람들은 각각의 지원서에 점수를 매긴다. 평가는 직업적인 성과와 표출된 리더십, 공무에 대한 헌신, 다른 사람과 협력이 원활한지를 기준으로 가장 유망한 후보에게 높은 점수를 주는 방식을 따른다. 약 120명의 지역 결선 진출자들은 한층 상세한 조사 과정을 거친다. 후보자는 전국에서 3~4월 사이 10명의 지역 심사위원 중 한 명과 인터뷰를 한다. 지역 심사위원들은 각 도시의 저명한 시민들로 구성되며 로비를 방지하기 위해 위원들의 이름은 비밀에 붙여진다.

지역 결선 진출자는 자기 소개서와 사진, FBI가 신상 조사를 하는 데 필요한 서류를 제출해야 한다. 프로그램 초기의 신원 조사는 '전면적 신원 조사(full field investigation)'라고 불렸는데, 중앙인사위원회의 전문가들이 수행했다. 전문가들은 10여 명에 이르는 후보자 지인들을 방문하거나 전화를 걸었다. 그리고 각 응시자에 대해 수백 페이지에 달하는 보고서를 준비했다. 당시 톰 카의 일은 그 보고서를 하나씩 요약해 간략한 메모로 정리하는 것이었다. 대통령 위원회는 그 서류를 펠로 선발 자료로 이용했다. 백악관의 많은 임무는 고도의 기밀을 요하는 것이기 때문에 FBI의 신원 조사는 필수적이다.

지역 결선 진출자들은 왜 자신이 WHF에 선발되어야 하는지에 대한 명확하고 일관된 발언과 30초 그리고 3분간의 엘리베이터 피치(짧은 자기 판촉)를 준비해야 한다. 그에 더해 자신의 전문 분야와 성과, 포부에 대해서는 물론 현재 국내외 사건에 대한 자신의 지식과 의견을 논할 수 있도록 완벽한 준비를 갖추어야 한다. 지역별 인터뷰 결과를 기초로 대상자의 범위를 좁혀 선발된 약 24~30명의 전국 결선 진출자들은 4월에 발표된다.

### 전국 결선

전국 결선 진출자로 선발된 사람들은 '선발 주간'이라고 불리는 3일간의 인터뷰 과정을 위해 6월 초 워싱턴 D.C.에 모인다. 이 과정은 때로 일주일이 소요되기도 한다. 오랫동안 이 과정은 워싱턴 외곽의 초목 무성한 부지, 에어리 센터(Airlie Center)에서 열렸다. 하지만 1996년부터는 메릴랜드 아나폴리스에서 개최되고 있다.

결선 진출자들은 이 과정에서 WHF 대통령 위원회가 실시하는 대단히 세부적인 인터뷰를 거친다. 위원회의 각 심사위원들은 자신이 맡은 결선 진출자들과 공식적인 개별 인터뷰를 진행한다. 위원회의 이사들 역시 예정된 커피 타임과 식사 시간, 친교 시간 동안 후보자들과 비공식 토론과 그룹 인터뷰를 하며 후보자들에 대한 관찰과 판단을 계속한다. 대통령 위원회에서 일하며 여러 클래스의 펠로 선발에 참여했던 톰 존슨은 이 선발 과정이 백악관 직원 선발 과정보다 더 강도가 높다고 말한다.

## 심의

마지막 인터뷰가 끝나고 후보자들이 떠나면 심사위원들이 모여 심의를 한다. 선발 주간 동안 심사위원들은 보통 개별 후보자에 대한 자신의 의견과 우려를 다른 위원들과 교환한다. 이것이 어렵기만 한 의사 결정 과정의 속도를 높여준다. 예를 들어, 한 위원이 어떤 후보자에 대한 명확한 단점을 알아냈거나 후보자에 대한 직감을 가지고 있다면 자신의 그러한 입장을 다른 사람들과 나누고, 그 의견을 들은 위원들은 자신이 그 후보를 인터뷰할 때 참고한다. 그러므로 심의가 진행되는 동안 한 후보자에 대한 주요한 측면이 새롭게 대두되는 경우는 거의 없다. 심의 동안, 위원들은 각 후보자가 2006년 7월 WHF 책임자 자넷 아이젠스타트가 묘사한 이상적인 펠로상과 맞는지를 논의한다.

세상에 이름을 남긴 펠로는 자신의 일에 집중하고 열정을 다한다. 그들은 자기 주위의 더 넓은 세상에 대한 지적 호기심을 잃지 않는다. 그들은 도전과 변화에 유연하고 민감하다. 이러한 펠로들은 지적인 정직성과 동료에 대한 깊은 존중을 특징으로 하는 지적 토론 능력에서 개인적, 직업적 성숙함을 드러낸다. 그들은 또한 결과 지향적이며 자신의 책임을 진지하게 받아들인다. 그들은 겸손하고 진정 유능한 리더가 되기 위해서는 항상 일관된 가치관을 지켜야 한다는 것을 알고 있다.

367

가장 중요한 것은 직위나 직함이 얼마나 자주 바뀌든, 세상의 압력이 그들의 개인적 삶을 얼마나 거세게 잠식하든 아이디어와 문제를 용기를 가지고 정직하고 성실하게 처리하는 능력이다. 이러한 자질을 구현하는 펠로와 예비 펠로들은 모든 미국인이 본받아야 할 진정 가치 있는 표본이며 우리 모두에게 영감을 주는 귀중한 자원이다.

이러한 요소들을 모두 고려한 뒤 결선 그룹은 사실상 거의 모든 위원들의 목록에 들어 있는 8~10명의 새로운 펠로들로 압축된다. WHF는 연방 정부의 일원이므로 공무원과 동등한 기회를 가지며 선발에는 인종, 피부색, 신조, 종교, 성별, 연령, 민족, 성 정체성, 신체적 장애 등이 전혀 영향을 주지 않는다. 초기에 이 프로그램은 23~35세 사이의 지원자들만을 허용했으나 그 제한 역시 철폐되었다. 위원들은 흑인 후보가 몇 명인지, 여성이 몇 명인지, 군 출신이나 법률가가 있는지 혹은 어떤 지역의 대표인지에 대해 전혀 논하지 않는다. 초기에 존 가드너는 위원회가 어떤 것에 대해서도, 즉 남성, 여성, 지역, 인종 등 그 어떤 것에 대해서도 할당 인원수가 있어서는 안 된다고 강조했다.

### 업무 배치

선발 과정이 마무리되면 펠로들은 또 한 번 불안한 처지에 놓이게 된다. 이번에는 7월에 있는 배치 주간이다. 펠로들은 일련의 인터뷰를 위해 워싱턴 D. C.를 왕복하며 배치 주간을 보낸다. 그리고 백악관 참모와 각료, 혹은 '상관'들이 펠로를 선택하기 위해 경합하는 사이 좋은 임무를 할당받기 위해 움직인다.

배치 주간이 되기 전 펠로십 사무국은 WHF를 원하는 모든 상관들에게 각 펠로의 전체 지원서 패킷, 사진, 자기 소개서가 포함된 기록부를 전달한다. 상관들은 함께 일하고 싶은 펠로 혹은 펠로들이 누구인지 알려달라는 요청을 받는다. 그와 동시에 펠로들은 자신이 가장 선호하는 일자리가 어디인지 질문을 받는다. 모두가 바라는 것을 기초로 펠로십 사무국은 각 펠로당 6~8회의 인터뷰 스케줄을 잡는다. 이 인터뷰는 펠로십 기간의 성공뿐 아니라 이후의 성공에도 대단히 중요하다.

대부분의 펠로들은 펠로십 배치 인터뷰가 자신의 인생에서 가장 중요한 미팅이었다는 데 뜻을 같이한다. 인터뷰 뒤에 프로그램 책임자는 원하는 펠로를 원하는 부서, 기관, 사무국과 연결한다. 그 후 각 펠로가 9월 1일부터 다음 해 8월 31일까지 맡게 될 새로운 임무를 발표한다. 펠로들은 모두 연방 정부 보수 기준 GS-14, 3단계에 준하는 기본 봉급을 받는다. 2008년 기준으로 그 액수는 10만 3565달러였다.

## 리더십 박물관

펠로십 기간 동안 백악관 건너 NW, 잭슨 플레이스 712번지의 WHF 사무국에서는 총 75회의 오찬 회의와 세미나가 열린다. 이 회의에는 대통령은 물론 미디어 종사자, 포천 500대 기업의 CEO 등 민간과 공공 부문에서 최고의 영향력을 가진 리더들이 참석한다. 이 비공식 회의는 미국의 많은 거물들 말에 귀를 기울이고 그들과 활발하고 솔직한 논의에 참여할 기회를 줌으로써 펠로들의 경험을 확대하기 위해 고안되었다. 매년 약간의 차이는 있지만 전·현직 대통령, 각료, 은행가, 군 장성, 대법원 판사, 예술가, 학자, 저널리스트, 상하원 의원, 기업가 등 각 분야의 리더들과 함께하는 이 회의는 언제나 펠로들 사이에서 높은 기대를 불러일으킨다. 많은 펠로들은 이러한 회의가 펠로십 기간 중 가장 즐겁고 의미 있는 활동이었다고 이야기한다.

회의는 자유로운 토론을 장려하기 위해 완전 비공개로 진행된다. 그 때문에 어떤 펠로들은 대중 앞에서는 감히 꿈도 꾸지 못하는 질문을 던질 기회를 얻기도 한다.

### 대통령과의 비공개 대화

모든 펠로 클래스는 교육 프로그램의 일환으로 현직 대통령과 직접 만난다. 일부 펠로들은 한 번 이상의 기회를 얻기도 한다. 조지 W. 부시 대통령은 재임 기간 동안 매 클래스를 최소한 두 번씩 만났다. 프로그램 창설 책임자인 톰 카는 존슨 행정부 동안 펠로들이 매년 어림잡아 다섯 차례 이상 대통령과 만났고 영부인과도 모임을 가졌으며 부통령의 집에서 오찬을 갖기도 했다고 말한다.

이러한 사적인 만남에서 펠로들은 대통령에게 어떤 질문이든 할 수 있다. 펠로들은 미팅에 대한 비밀 준수 의무를 지켜야 하기 때문에 우리는 그곳에서 정확히 어떤 이야기가 오갔는지 알 수 없다. 하지만 펠로들은 미국 최고 책임자와의 대화를 통해 분명 아주 뜻 깊은 뭔가를 얻었을 것이다.


### 전 세계를 여행하는 펠로

펠로십 교육 프로그램에서 높은 기대를 받는 또 다른 요소는 여행이다. 펠로들은 여행을 통해 미국의 국내외 정책이 나라 안팎에 어떤 영향을 주는지 직접 볼 수 있다. 워싱턴에서 펠로십을 시작하며 펠로들은 어디를 여행하고 싶은지 그리고 각 목적지에서 무엇을 배우고자 하는지 이야기하고, 클래스는 이후 투표를 통해 어떤 여행을 위원회 책임자에게 제안할 것인지 정한다. 위원회 책임자는 클래스가 갈 곳을 최종적으로 결정한다. 펠로들은 베를린 장벽의 붕괴를 목격했고, 핵 정책이 파키스탄과 인도에 미친 영향을 공부했다. 에이즈 관련 대책을 배우기 위해 보츠와나를 방문했고, 마이애미에서 국경과 관세 문제를 공부했다. USSR에서 파나마 운하, 중동, 이스라엘과 팔레스타인에 이르기까지 지구를 횡단하며 세계의 공통적 인간애와 다양한 민족 그리고 정부가 처한 문제에 대한 인식을 넓혔다.

WHITE HOUSE FELLOWS
*Leadership & Public Service*

# 문제 1~10에 대한 지시

다음의 각 질문에 대해 새로운 페이지 혹은 페이지들로 구성된 복수 페이지의 단일 문서로 대답해야 한다. 각 페이지 우측 상단에 지원자의 이름과 질문의 번호를 표기한다. 답변에는 질문을 포함시키지 않는다. 10개의 질문에 대한 답변을 한 개의 문서로 업로드한다.

## 1. 경력과 학력 요약

별개의 종이에 '경력/학력 요약'이라는 제목을 적고 지원자가 역임한 모든 직책을 가장 최근의 것부터 시작해 연대별로 나열한다. 날짜와 사업체 이름, 출신 학교를 포함한다. 무직(無職) 기간도 밝힌다. 대답은 한 페이지로 제한한다. 자세한 사항은 이후의 질문에서 제시할 수 있다.

> 사례
> 98/11-현재 에크미 수석 부사장
> 96/9-98/11 에크미 영업이사
> 96/6-96/9 무직/구직
> 94/8-96/6 빅 대학 MBA 학생
> 94/6-94/8 페루 봉사 프로젝트
> 90/9-94/6 스몰 칼리지 학생

## 2. 교육 배경

별개의 종이에 '교육 배경'이라는 표제를 적고 다음의 정보를 상술한다.
1) '출신 학교'라는 제목 아래 학위를 받은 모든 출신 학교의 이름, 위치, 재학 날짜를 나열한다.
2) '활동'이라는 제목 아래 지원자가 참여했던 모든 과외 활동을 나열한다. 각각에 대해 간단히 설명하고 주관 기관, 참여 기간을 포함한다. 주요 수상 내역을 나열한다.

## 3. 경력

별개의 종이에 '경력'이라는 제목을 적고 근무 이력을 상술한다. 현재의 직위에서 시작하며 모든 재직 기간과 무직 기간에 대해 설명한다. 이력서로 대체해서는 안 된다. 필요에 따라 여러 페이지를 사용할 수 있다. 7년 이전에 가졌던 직업에 대한 고용주의 연락처는 필요치 않다. 다음을 지침으로 사용한다.

· 근무 날짜
· 정확한 직함
· 고용주
· 고용주의 주소와 전화번호
· 업무의 성격
· 감독한 직원의 숫자

현재 직위에 대해서는 지원자의 성과에 대해 200단어 미만의 간략한 설명을 덧붙인다. 이전의 업무 성과에 대해서도 설명할 수 있으나 각각의 설명이 100단어를 넘어서는 안 된다.

### 4. 자원 활동

별개의 종이에 '자원 활동'이라는 제목을 적고 지원자가 참여했던 (직업과 관련되지 않은) 시민 활동이나 사회 활동을 나열한다. 다음을 지침으로 사용한다.

· 조직명
· 주와 도시의 이름
· 조직의 목적이나 목표
· 조직의 규모
· 참여의 정도
· 참여 기간
· 수상 경력

### 5. 전문 활동

별개의 종이에 '전문 활동'이라는 제목을 적고 지원자가 참여했던 전문 활동을 나열한다. 다음을 지침으로 사용한다.

· 조직명
· 주와 도시의 이름
· 조직의 목적이나 목표
· 조직의 규모
· 참여의 정도
· 참여 기간
· 수상 경력

### 6. 가장 중요한 직업적 성과

별개의 종이에 '직업적 성과'라는 제목을 적고 지원자의 전문 분야에서 가장 큰 공헌을 했다고 생각하는 것에 대해 설명한다. 설명은 200단어를 넘어서는 안 된다.

## 7. 가장 중요한 공동체 봉사 기여

별개의 종이에 '공동체 봉사 기여'라는 제목을 적고 공동체에 대한 가장 큰 공헌이라고 생각하는 것에 대해 설명한다. 설명은 200단어를 넘어서는 안 된다.

## 8. 대통령에게 보내는 메모

별개의 종이에 '대통령에게 보내는 메모'라는 제목을 적고 특정한 정책을 제언하는 메모를 작성한다. 왜 그것이 중요하다고 생각하는지, 그것이 어떤 문제를 초래하는지, 왜 대통령이 지원자의 제언을 지지해야 한다고 생각하는지 설명한다. 메모는 500단어를 넘어서는 안 된다.

## 9. 인생의 목표

별개의 종이에 '인생의 목표'라는 제목을 적고 인생의 포부와 어떤 성과를 올리고자 하는지, 어떤 지위에 오르고 싶은지 기술한다. 설명은 300단어를 넘어서는 안 된다.

## 10. 나는 왜 WHF가 되려 하는가

별개의 종이에 '나는 왜 WHF가 되려 하는가'라는 제목을 적고 이 펠로십에 지원한 계기, 지원자가 생각하는 스스로의 장점과 프로그램에 적합한 자질, 지원자가 프로그램에 참여함으로써 생기게 될 혜택을 설명한다. 설명은 300단어를 넘어서는 안 된다.

### 추천서

본 지원서의 일부인 후보자 평가를 복사해 지원자에 대해 잘 아는 최소 3명, 최대 5명의 사람에게 나누어준다. 추천인은 지원자의 자질과 성격에 대해 직접적인 지식을 가지고 있어야 한다. 가능하다면 최소 한 명의 추천인은 지원자의 전문 분야에 대해 전문적인 소양을 갖춘 자여야 하고, 최소 한 명의 추천인은 지원자의 주요 공동체 활동이나 시민 활동에 대한 지식을 갖춘 자여야 하며, 최소 한 명의 추천인은 지원자의 직업적 성과에 대해 지식을 갖춘 자여야 하고, 최소 한 명의 추천인은 지원자의 현재 직속상관이어야 한다.

추천서는 반드시 우편으로 제출한다. 속달 우편의 사용을 권한다. 각 추천인은 추천서를 봉투에 넣고 봉인 위에 서명한 다음 우편으로 송달한다.

The PRESIDENT'S COMMISSION ON WHITE HOUSE FELLOWSHIPS

c/o Sheila Coates 1900 E Street, NW, Room B431 Washington, DC 20415

속달 우편 사용 시 전화: (202) 606-2575

추천서는 0000년 2월 1일까지의 소인이 찍힌 것만을 인정한다.

# WHF 지원서 후보자 평가

받는 이: (평가서 작성자)

보내는 이: WHF 대통령 위원회

대상자: (지원자 이름)

상기 WHF 지원자를 위해 추천서 작성에 시간을 할애해주셔서 감사합니다. 다음의 질문에 대한 솔직하고 구체적인 응답을 포함한 추천서는 대통령 위원회가 전국에서 11~19명을 선발해 각료들과 고위 백악관 관리들의 전임 유급 특별 보좌관으로서 한 해 동안 워싱턴에서 일하게 될 후임 WHF 클래스를 선발하는 데 큰 도움이 될 것입니다.

추천서는 반드시 우편으로 제출해야 합니다. 추천서 발송에 대한 지침은 지원자에게 제공할 것입니다. 지원 마감은 2월 1일입니다.

1. 지원자와 얼마나 오랫동안 어떤 관계를 맺어왔습니까?
2. 지원자의 주요 장점은 무엇입니까? 이러한 장점이 드러난 경우를 설명해주십시오.
3. 지원자의 주요 약점은 무엇입니까?
4. 지원자는 자신의 전문 분야에 어떤 영향을 끼쳤습니까?
5. 지원자는 지원자의 전문 영역 외의 공동체에 어떤 영향을 끼쳤습니까?
6. 지원자가 한 일 중 당신이 창의적이라고 생각하는 일은 무엇입니까?
7. 지원자의 작문 능력을 어떻게 묘사하겠습니까?
8. 지원자의 지적 소양을 어떻게 묘사하겠습니까?
9. 지원자의 화술을 어떻게 묘사하겠습니까?
10. 지원자의 개인적 정직성을 어떻게 묘사하겠습니까?
11. 지원자의 합의 도출 능력, 협상 능력, 리더십 기술을 어떻게 묘사하겠습니까?
12. 지원자가 향후 15년에서 20년 동안 어떤 일을 할 것이라고 예상하십니까?

기업가, 투자 은행가, 기업 이사, 작가로서의 내 삶은 때때로 아주 혼란
스러웠다. 하지만 얼마나 먼 곳을 여행하든, 하루가 얼마나 정신없이 돌아
가든 나에게는 마음만 먹으면 언제든 떠올릴 수 있는 그리고 나를 가장 중
요한 일로 되돌아가게 하는 특별한 이미지가 있다. 그것은 세상에서 다른
무엇보다 사랑하는 사람들, 나의 가족이다. 특히 내 초고를 편집하고 고쳐
주며 나의 한 걸음 한 걸음을 지켜주는 아름다운 아내 크리스티나를 언급
하지 않을 수 없다. 그녀의 우아함과 재치와 지혜가 나에게 끝없는 즐거움
과 영감을 가져다준다. 그 때문에, 아니 그보다 더 많은 이유 때문에 이 책
을 아내에게 바친다.

그리고 소중한 나의 아이들―올리비아, 스털링, 며느리 앰파로, 막내 팔
로마―이 있다. 아이들은 내 우주의 중심이며 내가 매일 아침 눈을 뜨는
이유이다. 이 놀라운 아이들 하나하나가 너무나 자랑스럽다. 나는 그 애들
의 아빠라는 것을 엄청난 영광으로 생각한다.

내 어머니 메릴린 매카시 가르시아에게 특별한 감사를 전한다. 나뿐 아

니라 공립학교 7학년 과학 교사로서 가르친 아이들 수백 명의 교육에 헌신한 어머니의 모습은 내가 배움을 멈추지 않고 세계관을 넓혀갈 수 있는 원동력이다. 어머니는 이 책의 제목을 짓는 데 큰 도움을 주셨다. 그리고 어머니의 친한 친구 제임스 '스파이크' 레이도 내 모든 발걸음에 성원을 보내주셨다. 어머니에 대한 감사의 마음은 헤아릴 수 없이 크다. 1970년대 파나마 공화국의 공중위생국장이었던 작고한 내 아버지 카를로스 A. 가르시아에 대한 마음이 그렇듯이 말이다. 아버지는 내게 다른 사람을 위해 봉사하고 진정한 리더가 된다는 것이 무엇을 의미하는지 가르쳐주셨다.

아주 오래전에 돌아가셨지만 파나마 출신의 내 할아버지 에스타니슬라도 가르시아와 할머니 버지니아 가르시아, 플로리다 주 데이토나비치 출신의 내 외할아버지 '맥 박사(Dr. Mac)'와 외할머니 수지 매카시에 대한 이미지 역시 나의 기억에서 절대 바래지 않을 것이다. 언제나 지원과 격려를 잊지 않고 내 인생의 가장 든든한 동지가 되어주는 우리 남매 진저, 콜린, 브라이언에게도 고마움을 전한다.

가장 최근 내 가족이 된 에콰도르 퀴토 출신의 알베르토 아빌라와 그의 아내 수지, 알베르토의 어머니 로리타를 비롯한 아빌라 일가, 베토와 이사벨, 다리오와 페르난다, 가비는 피를 나눈 가족처럼 나를 따뜻하게 지원해준다.

훌륭한 조언과 끊임없는 격려를 보내주는 내 친한 친구 조지 버던, 마크 하게먼, 마이크 라모스, 로버트 스테이플즈에게도 감사의 인사를 전한다.

이 멋진 이들을 인생에서 만난 나는 정말 큰 축복을 받은 사람이다.

최고의 팀이 아니었다면 이 야심찬 프로젝트를 완성할 수 없었을 것이다. 파멜라 수아레즈는 리서치, 사실 관계 확인, 편집 등 이 책의 모든 측면에서 도움을 주었다. 그녀는 이 책의 페이지 한 장 한 장을 더 나은 것으로 만들어주었다. 오랫동안 나와 함께 일해온 대단히 유능한 나의 비서 안젤라 무르시아는 사전 리서치를 수행하고 200개가 넘는 인터뷰 계획을 세워 가능한 한 짧은 시간에 각각의 인터뷰에서 필요한 모든 것을 얻을 수 있게 해주었다. 진저 윌모트는 이따금 믿을 수 없을 만큼 빠듯한 마감 시간에도 LBJ 도서관의 오디오 파일을 솜씨 좋게 받아 적고 모든 인터뷰를 기록했다. 이 세 사람의 비범한 여성이 작업을 진척시켰고 엄청난 끈기와 프로 정신과 유머로 이 프로젝트를 완성시켰다.

나의 멘토 중 한 사람으로 전임 펠로이자 현재 수단, 아프가니스탄, 소말리아 같은 전 세계 분쟁 지역의 빈민들을 위한 의료 사절단으로 활동하고 있는 육군 소장 버나드 뢰프케에게도 감사를 전한다. 20년 전 버나드는 WHF 선발 프로세스에 참가한 나를 도와주었다. 4년 전 이 책을 쓰도록 격려한 것도 그였다. 버나드는 내 인생에 크나큰 영향을 끼쳤다. 그는 진정한 미국인의 표본이다.

WHF 재단 협회(WHFFA)의 상무이사 잭 르카이어는 뛰어난 사실 확인과 편집 교정 기술을 매 장마다 적용해주었고 이 책의 모든 요소를 한데 모으는 데 귀중한 노력을 기울였다. WHFFA의 전 대표인 다이앤 위는 이 프로젝트에 대한 초기의 승인 작업을 책임졌고 뒤이은 모든 인터뷰를 시작할 수 있도록 길을 마련해주었다.

WHF 대통령 위원회의 회장이자 〈레이디스 홈 저널(Ladie's Home Journal)〉과 〈모어 매거진(More Magazine)〉의 전 발행인 겸 상무이사인 미르나 블라이스 역시 이 프로젝트를 지원해주었다. 자넷 아이젠스타트는 내가 이 책을 집필할 당시 WHF 대통령 위원회의 책임자였다. 그녀는 엄청난 지원을 해주었고 흥미로운 이야깃거리를 가진 최근의 펠로들을 소개해주었다. 톰 카, 스티븐 스트릭핸드, 허드슨 드레이크, 데이비드 밀러, 아서 듀이, 버나드 뢰프케, 랜디스 존스, 마시 헤드, 재키 블루멘설, 조슬린 화이트, 브룩 쉬어러 역시 도움을 준 전임 책임자들이다.

WHF의 역사를 구성할 당시 이 프로그램과 관련된 많은 사람이 귀중한 견해와 지원을 제공해주었다. 톰 존슨은 나로 하여금 LBJ 도서관과 그곳의 역사적 자료와 테이프에 접근할 수 있도록 해주었다. 빌 모이어즈, 데이비드 록펠러, 빌 프라이데이, 전 노동부 장관 윌러드 워츠는 프로그램이 초기에 어떻게 구성되었으며 어떤 기능을 했는지 상세하게 설명해주는 관대함을 보여주었다. WHF 위원회에 오랫동안 재임한 다나 미드와 로저 포터, 프레데릭 벤슨은 자신들의 경력을 바탕으로 오랫동안 진화되어온 프로그램의 선발 과정과 관련된 귀중한 일화와 상세한 사항들을 전해주었다. WHF를 통해 린든 존슨이 가장 신뢰하는 상담 상대가 되었던 도리스 컨즈 굿윈은 퓰리처상 수상 작가, 역사가, 뉴스 분석가 그리고 보스턴 레드 삭스 팬으로서 바쁜 스케줄 가운데에서도 시간을 내어 린든 존슨에 대한 그녀만의 지식을 나와 공유했다.

나의 친구 레이먼드 아로요, 톰 카, 파블로 슈나이더는 초고를 읽고 유용한 논평을 제공했으며 편집에도 도움을 주었다. 많은 전임 WHF 역시 다양한 초고를 읽고 비평해주었다. 카렌 갈라츠와 낸시 켈리, 미첼 리스, 존 쉐퍼드, 다이앤 위, 킨니 젤리슨에게 깊은 감사를 전한다.

맥그로힐(MaGraw-Hill)의 이사를 역임하고 라틴아메리카계 비즈니스 리더들의 프라이머(PRIMER) 네트워크 회원인 아이비 라티머(Ivy Latimer)에게도 감사를 표한다. 그는 출판사에 나를 소개해주었다. 나의 편집자 녹스 휴스턴과 변호사 켄 브라우닝에게 진심어린 감사를 드린다. 이 두 사람은 이 프로세스 내내 뛰어난 지도력과 최선의 충고로 나를 지원했다. 늘 그렇듯이 나의 오랜 비즈니스 파트너이며 내가 아는 한 가장 명석하고 가장 열심히 일하고 가장 정직한 사람 카밀로 살로몬의 지원에 꼭 감사의 인사를 하고 싶다. 우리의 새로운 파트너 마틴 카브레라와 로버트 아길라, 로버트 리버티니에게도 감사를 전한다. 우리에 대한 당신들의 믿음에 감사한다.

물론 관대함과 열정으로 이 프로젝트에 참여해준 모든 WHF에게도 감사한다. 이런 뛰어난 인물들과 리더십에 대해 이야기를 나눈 것은 내 인생에서 가장 교훈적이고 재미있고 감동적인 경험이었다. 이 책에 이들의 이야기를 절반도 싣지 못한 것이 너무나 아쉬울 뿐이다. 다음 책에서 많은 남은 이야기를 활용하고 싶은 것이 나의 진심 어린 바람이다.

마지막으로 나의 삶을 기회와 도전과 무한한 사랑으로 채워주시고 은총을 허락하시어 희망과 평화로운 정신으로 매일을 새롭게 시작할 수 있도록 하시는 하느님께 감사드린다.

1. 콜린 파월 · 조셉 E. 페르시코 공저,《나의 미국 여행》(뉴욕, 랜덤하우스)

2. 조지 W. 부시, WHF 40주년 기념식(워싱턴 D. C., 2005) 논평

3. 윌리엄 J. 반덴 휘벨, '프랭클린 델라노 루스벨트와 린든 베인즈 존슨: 국가의 건설자들'(LBJ 대통령 도서관에서의 연설, 2000년 3월 14일)

4. 린든 B. 존슨, 페이튼 앤더슨에게 보낸 서한, 1966년 7월 28일

5. 페이튼 앤더슨, W. 토머스 존슨에게 보낸 서한, 1966년 8월 1일

6. 도리스 컨즈 굿윈,《린든 존슨과 아메리칸 드림》(뉴욕, 세인트 마틴스 프레스)

7. 마리 페머 치아로도, 구두 역사 인터뷰 Ⅲ(Oral History Interview Ⅲ) 필기록, 1972년 8월 16일

8. 도리스 컨즈 굿윈 인터뷰, 아카데미 오브 어치브먼트(Academy of Achievement), 1996년 6월 28일

9. '위대한 사회의 건설과 경영은 가능한가?', 〈타임〉, 1967년 1월 20일

10. 에릭 F. 골드먼,《린든 존슨의 비극》(뉴욕, 델, 1968)

11. WHF들에게 보내는 데이비드 록펠러의 서한, 2008년 10월 24일, 워싱턴 D. C. WHF 프로그램 자료 파일

12. WHF 브로슈어

13. 콜린 파월, 미첼 리스 취임식에서의 논평, 2003년 10월 30일

14. 콜린 파월 논평, '2003 리더십 강의: 국무부에서는 왜 리더십이 중요한가', 2003년 10월 28일

15. 이브 카 · 밀라 카 공저,《울프 트랩 스토리》(울프트랩연합, 1977)

16. 롤리타 C. 발도, '60년이 지났는데도 흑인 장교는 드물다', 연합 뉴스 임팩트, 2008년 7월 23일

17. '제인 파이퍼: NBC, 자신의 원더우먼에게 올가미를 던지다', 〈시카고 트리뷴〉, 1978년 11월 12일

18. 'RCA 회장 파이퍼는 최고 연봉을 받는 여성 경영인이다', 〈시카고 트리뷴〉, 1979년 3월 12일

19. '텔레비전이 80년대로 들어가다', 〈뉴욕 타임스〉, 1979년 8월 19일

20. '조사 중인 NBC의 이모저모', 〈시카고 트리뷴〉, 1979년 2월 11일

21. 'NBC 조사의 범위 확대', 〈뉴욕 타임스〉, 1979년 5월 9일

22. '조사를 피하기 위한 고투', 〈타임〉, 1979년 5월 14일

23. '난 절대 안 해', 〈타임〉, 1980년 7월 21일

24. '파이퍼, 공식적으로 NBC 사임', 〈뉴욕 타임스〉, 1980년 7월 11일

25. 'NBC의 청렴 인사', 〈타임〉, 1979년 5월 14일

26. '아직도 초점을 찾지 못한 프레드 실버먼의 NBC', 〈뉴욕 타임스〉, 1980년 7월 13일

27. 알베르토 R. 곤잘레스, '그들에 대한 신뢰를 잃었다: 검사 해임은 정치가 아닌 성과에 관련된 것이었다', 〈USA 투데이〉, 2007년 3월 7일

28. 마이클 E. 오핸런 · 제이슨 H. 캠벨 공저,《이라크 인덱스: 사담 이후 이라크의 재건과 안전에 관한 변수 추적》, 브루킹스 연구소, 2008년 7월 17일

29. '미국, 수단에 연말까지 국제연합군 수용 요구', 〈뉴욕 타임스〉, 2006년 12월 21일

30. 앤드루 S. 나치오스, '대통령의 수단 특사, 상원 대외관계위원회에서의 증언', 워싱턴 D. C.,
    2007년 4월 11일
31. 피터 워커, '수단 대통령 오마르 알 바시르의 다르푸르 대량 학살 혐의', 〈가디언〉, 2008년 7월 14일
32. 어빙 L. 제니스, '집단사고', 〈사이콜로지 투데이〉, 1971년 11월
33. '킹 센터의 사명', 2008년 7월 31일 접근(www.thekingcenter.com/tkc/mission.asp)
34. 존슨 대통령과 마틴 루서 킹 2세의 전화 통화, 1965년 1월 15일, 12:06 pm, 인용 번호 6736,
    전화 대화 녹음, 린든 B. 존슨 대통령 자료실
35. A. H. 하스킨, '워싱턴이 위버라는 카드를 내놓다', 〈뉴욕 타임스 매거진〉, 1961년 5월 14일
36. 스티브 하이모프, '존 데 루카, 조용하지만 유능한 와인 대사', 〈와인 인서지에스트〉, 2004년
    12월 15일
37. 리처드 L. 윌리엄스, '가장 뛰어나고, 가장 어려운 성과를 낸 15명 우등생', 〈스미소니언〉, 1978년 8월
38. WHF 40주년 기념 DVD
39. 스티브. P. 스트릭랜드, 린든 B. 존슨 대통령 행정부의 WHF 대통령 위원회, 1963년 11월-1969년
    1월, 《통치 역사》, 제1권, 1968년 11월 1일

WHITE
백악관 주식회사
HOUSE
INC.

1판 1쇄 인쇄 2010년 8월 23일
1판 1쇄 발행 2010년 8월 30일

지은이      찰스 가르시아
옮긴이      이영래
발행인      허윤형
영업마케팅   김창희
펴낸 곳      황소북스
주소        서울 마포구 서교동 375-37번지 303호
전화        02)334-0173 팩스 02)334-0174
홈페이지     www.hwangsobooks.co.kr
등록        2009년 3월 20일(신고번호 제 313-2009-6호)


ISBN 978-89-963287-4-2 (03320)